全国经济专业技术资格考试

真题详解与临考预测

5套真题试卷

人力资源管理专业知识与实务·中级

优路教育中级经济师考试研究中心 编

目录清单

2023年《人力资源管理专业知识与实务》真题试卷

2022年《人力资源管理专业知识与实务》真题试卷

2021年《人力资源管理专业知识与实务》真题试卷

2020年《人力资源管理专业知识与实务》真题试卷

2019年《人力资源管理专业知识与实务》真题试卷

人们常说"未来可期",
那什么是可期的未来?
我想,
大概就是——
不断努力,努力,再努力!
让热爱从不降温!
让生活慢慢变成我们喜欢的样子!

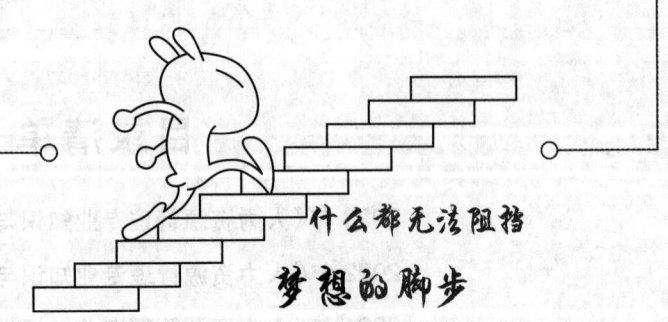

什么都无法阻挡
梦想的脚步

2023年全国经济专业技术资格考试真题试卷
《人力资源管理专业知识与实务》

一、单项选择题(共60题,每题1分。每题的备选项中,只有1个最符合题意。)

1. 关于斯坎伦计划内涵的说法,错误的是(   )。
   A. 利润分享方案增加了劳动支出
   B. 计划的成败取决于劳资双方是否能够相互信赖
   C. 企业回报率提高而增加的效益应当与员工分享
   D. 员工是有能力并且愿意贡献他们的想法和建议的

2. 关于关键绩效指标的说法,正确的是(   )。
   A. 关键绩效指标是由主管人员决定的
   B. 关键绩效指标一旦确定,就不应随企业战略的调整而变动
   C. 关键绩效指标应当是可量化的或可行为化的
   D. 关键绩效指标应该覆盖所有的业务流程活动

3. 关于劳动力市场歧视的说法,错误的是(   )。
   A. 运用求职者所属的特殊群体的特征预测某位求职者未来生产率的做法可能会产生统计性歧视
   B. 雇主、员工和客户都有可能成为劳动力市场歧视的主体
   C. 生产率特征相同的劳动者因人口类型不同而受到区别对待的情况属于歧视
   D. 两类人员之间存在的工资性报酬区别若不能得到明确解释,就可以归为工资歧视

4. 对充分就业产生显著影响的非正常性失业类型是(   )。
   A. 周期性失业   B. 结构性失业
   C. 摩擦性失业   D. 季节性失业

5. 调整劳动关系必须妥善处理好(   )。
   A. 劳动者和用人单位之间的权益关系
   B. 企业发展与社会发展之间的关系
   C. 企业发展和维护职工合法权益的关系
   D. 企业短期目标和长远目标之间的关系

6. 某市总人口为1 000万人,其中16周岁以下人口为200万人,就业人口为550万人,失业人口为50万人。该市的劳动力参与率是(   )。
   A. 75%   B. 80%
   C. 60%   D. 55%

7. 根据我国的就业调查统计办法,不充分就业人员的判定标准中不包括(   )。
   A. 工作时间短的原因不在个人   B. 获得的劳动报酬低于最低工资水平
   C. 调查周内的工作时间未达到20个小时   D. 愿意有更多的工作时间

8. 在战略执行过程中,为及时掌握各项战略任务的完成情况及重要工作的进度,公司需要运用的工具是( )。
   A. 人力资源计分卡　　　　　　　　B. 战略地图
   C. 高绩效工作系统　　　　　　　　D. 数字仪表盘

9. 关于离岸经营的说法,错误的是( )。
   A. 对模块化的工作岗位比较适合采取离岸经营的做法
   B. 离岸经营会将工作岗位转移到其他国家
   C. 对高技能工作岗位不适宜采取离岸经营的做法
   D. 对生产类及呼叫中心等服务岗位采取离岸经营做法的情况较多

10. 社会保险的保险人是( )。
    A. 社会保险管理机构　　　　　　　B. 社会保险经办机构
    C. 保险公司　　　　　　　　　　　D. 用人单位

11. 在经济不景气时期,很多白领劳动者在失业后,不得不做网约车司机或快递员之类的工作,这种现象属于劳动力( )。
    A. 水平流动　　　　　　　　　　　B. 向上流动
    C. 随机流动　　　　　　　　　　　D. 向下流动

12. 在协调劳动关系的三方机制中,政府一方是指( )。
    A. 地市级以上政府劳动行政管理部门
    B. 乡镇街道以上的政府部门
    C. 居委会等基层组织
    D. 县(区)级以上政府劳动行政管理部门

13. 通过有意制造紧张氛围来考查候选人的情绪变化和反应的面试形式被称为( )。
    A. 结构化面试　　　　　　　　　　B. 压力面试
    C. 行为事件面试　　　　　　　　　D. 情境化结构面试

14. 矩阵组织形式的主要特点不包括( )。
    A. 一名员工有两位领导　　　　　　B. 组织内部有两个层次的协调
    C. 产品部门形成的横向联系灵活多样　D. 通常实行直线—参谋制

15. 劳动关系正常运行的基本要求是( )。
    A. 劳动者当家作主
    B. 用人单位和劳动者都不追求自身利益
    C. 劳动者服从用人单位管理
    D. 劳资双方寻求双方都能接受的平衡点

16. 关于劳动力市场的说法,错误的是( )。
    A. 劳动者通过劳动力市场实现的是劳动力使用权的转让
    B. 劳动力市场为劳动力供求双方提供了一个接触、谈判和交易的机制
    C. 劳动力供求双方通过劳动力市场达成的雇佣合同必须是书面的
    D. 劳动力市场是确保劳动力资源得到有效配置的根本手段

17. 在组织结构体系中,反映各管理部门构成的结构是( )。
    A. 部门结构　　　　　　　　　　　B. 层次结构
    C. 职权结构　　　　　　　　　　　D. 职能结构

18. 用人单位可以依法申请行政复议的情形包括( )。
    A. 对劳动能力鉴定委员会做出的鉴定结论不服的
    B. 对社会保险经办机构确定的单位工伤保险费率不服的
    C. 对劳动人事争议仲裁委员会做出的裁决不服的
    D. 对人社部门作出的行政处分不服的

19. 劳动人事争议仲裁委员会中除了应有劳动行政部门的代表,还应包括( )。
    A. 司法行政部门代表和职工所在用人单位代表
    B. 工会代表和司法行政部门代表
    C. 工会代表和企业方面代表
    D. 司法行政部门代表和企业方面代表

20. 按照桑南菲尔德的组织文化分类,堡垒型组织的主要特征是( )。
    A. 非常重视适应、忠诚感和承诺
    B. 着眼于公司的生存
    C. 鼓励冒险和革新
    D. 喜欢雇用年轻的大学毕业生,并为其提供专门的培训

21. 下列情形中,不属于劳动争议的是( )。
    A. 因确认劳动关系发生的争议
    B. 因用人单位支付工资发生的争议
    C. 因社保经办机构拒绝发放养老金发生的争议
    D. 因用人单位解除劳动合同发生的争议

22. 建立和维护绩效管理体系的成本应小于该体系带来的收益,这体现出的有效绩效管理的特征是( )。
    A. 实用性   B. 可接受性
    C. 可靠性   D. 敏感性

23. 关于我国上市公司限制性股票的说法,错误的是( )。
    A. 若激励对象的业绩目标未达成,公司有权按激励对象购买时的价格回购股票
    B. 若激励对象的工作年限未满足约定要求,公司有权收回免费赠予的限制性股票
    C. 激励对象可以低价获得一定数量的公司限制性股票
    D. 激励对象获得公司限制性股票后可以自由转让

24. 通过绩效考核结果分析发现,有些员工的工作态度很好,但工作能力不足。针对这类员工,组织应采取的措施是( )。
    A. 对员工进行必要的培训   B. 给予员工适当的晋升
    C. 对员工进行适当的惩罚   D. 给予员工必要的奖励

25. 按照我国法律,用人单位不包括( )。
    A. 三甲医院   B. 个体工商户
    C. 民办幼儿园   D. 家庭

26. 关于企业人力资源供给预测的说法,错误的是( )。
    A. 经济发展形势和毕业生规模会对企业的人力资源供给产生影响
    B. 企业人力资源供给预测就是对企业外部的人力资源供给情况进行预测

C.企业人力资源供给情况会受到外部劳动力市场供给情况的影响
D.企业人力资源供给预测需综合考虑人力资源供给的数量、质量和结构等情况

27.要想参加全国技术能手的评选,必须首先获得的荣誉是( )。
   A.地市级技术能手称号   B.省(行业)级技术能手称号
   C.省(行业)劳动模范称号   D.地市级劳动模范称号

28.接受正规学校教育越多的人往往也是接受在职培训较多的人。能够解释这种现象的原因不包括( )。
   A.企业往往愿意向接受正规教育较多的人提供更多的在职培训
   B.接受正规教育越多的人参加在职培训所需的学习时间往往越短
   C.接受正规教育较多的人更重视企业提供的培训机会多少,而不是工资水平高低
   D.接受正规教育越多的人从事的工作往往要求他们接受更多的在职培训

29.关于与劳动力市场相关的人口分类的说法,错误的是( )。
   A.处于劳动年龄内但是不愿意找工作的人属于非劳动力人口
   B.经济活动人口就是劳动力人口
   C.正在上大学而没时间工作的人属于非经济活动人口
   D.一个社会的人口可以划分为就业人口和失业人口两大类

30.采取成本领先战略的企业中,常见的人力资源管理活动是( )。
   A.降低质量标准以确保低成本
   B.关注竞争对手的薪酬情况
   C.尽可能降低浮动薪酬在员工总薪酬中所占的比重
   D.鼓励员工进行创新

31.员工进行公平比较时,属于纵向比较的是( )。
   A.员工将自己在不同组织中的工作和待遇进行比较
   B.员工将自己的工作和报酬与本组织中的其他人进行比较
   C.员工将自己的工作和报酬与自己的上级进行比较
   D.员工将自己的工作和报酬与其他组织的员工进行比较

32.决策者具有较高的模糊耐受性水平,倾向于关注人和社会,这种决策风格属于( )。
   A.行为型   B.分析型
   C.概念型   D.指导型

33.老王在一家市属事业单位担任一把手,某民营企业家看重老王的工作能力和社会影响力,( )。
   A.若老王从本单位辞职,可以不经审批直接到企业任职
   B.若老王从本单位退休,可以不经审批直接到企业任职
   C.经过上级部门审批后,老王可以到企业兼职
   D.按照相关规定,老王不可以到企业兼职

34.在MBTI人格测试中,反映人对待外界的方式的两极性维度是( )。
   A.感觉—直觉   B.外倾—内倾
   C.理性—情感   D.判断—感知

35. 关于上市公司股票期权激励计划的说法,错误的是( )。
   A. 非经股东大会特别决议批准,每名激励对象通过全部有效的股权激励计划获授的本公司股票累计不得超过公司股本总额的1%
   B. 公司全部有效的股权激励计划涉及的标的股票总数累计不得超过公司股本总额的10%
   C. 允许公司为激励对象依股权激励计划获取有关权益而提供贷款
   D. 股权激励计划有效期满时,公司不得依据此计划再授予任何股权

36. 关于效率工资的说法,错误的是( )。
   A. 效率工资是与员工个人的生产率挂钩的工资
   B. 效率工资有利于降低员工离职率
   C. 效率工资高于市场均衡工资水平
   D. 效率工资有利于提高员工生产率

37. 在西蒙的决策过程中,探索、研究和分析可能发生的行为系列属于( )。
   A. 结束活动阶段   B. 选择活动阶段
   C. 开始活动阶段   D. 设计活动阶段

38. 当一个人处于职业生涯发展阶段中的建立期时,其典型的身份是( )。
   A. 学徒   B. 导师
   C. 同事   D. 顾问

39. 关于在职培训成本承担方式的说法,正确的是( )。
   A. 一般在职培训的成本应全部由企业承担
   B. 特殊在职培训的成本应全部由员工个人承担
   C. 一般在职培训和特殊在职培训的成本均可由企业和员工共同分担
   D. 所有在职培训的成本应全部由企业承担

40. 快递公司对货运司机实施的标准驾驶测试属于( )。
   A. 人格测试   B. 工作样本测试
   C. 认知能力测试   D. 知识测试

41. 多位考官在同一时间和同一地点共同对一位应聘者进行面试的形式是( )。
   A. 单独面试   B. 系列面试
   C. 小组面试   D. 集体面试

42. 关于人才管理的说法,错误的是( )。
   A. 人才管理要求人才工作具有前瞻性和主动性
   B. 人才管理重视人才开发的投资回报率
   C. 人才管理要求多途径获取人才
   D. 人才管理重在一次性大规模招聘优秀人才

43. 教育投资产生的社会收益不包括( )。
   A. 提高社会道德水平,提高市场效率
   B. 降低失业率,减少失业福利支出
   C. 提高受教育者的收入预期
   D. 促进国民收入水平提高和社会财富增长

44. 关于劳务派遣行政许可的说法,正确的是( )。
   A. 依法申请劳务派遣经营许可业务,注册资本不得少于100万元
   B. 劳务派遣经营许可证有效期为两年
   C. 劳务派遣单位需要延续行政许可有效期的,应当在有效期届满100日前书面提出延续行政许可的申请
   D. 劳务派遣单位合并后设立新公司的,应当依法重新申请劳务派遣行政许可

45. 以管理者为中心的领导风格强调( )。
   A. 关怀   B. 民主
   C. 产出   D. 支持

46. 关于根据创新战略确定员工薪酬制度的说法,正确的是( )。
   A. 应根据员工向客户提供的服务的数量和质量支付薪酬
   B. 应突出对产品和技术创新的奖励
   C. 奖金部分在总薪酬中所占的比例应当控制在较低水平
   D. 薪酬水平应略低于竞争对手

47. 用人单位依法向劳动者支付经济补偿的时间应当是( )。
   A. 办理工作交接后3个月内
   B. 劳动合同解除之日起6个月
   C. 办理工作交接时
   D. 劳动者书面要求用人单位支付经济补偿之日

48. 在进行战略规划时,对竞争对手技术创新、新竞争对手的出现等方面所做的分析,属于SWOT分析中的( )。
   A. 战略机会分析   B. 组织劣势分析
   C. 战略威胁分析   D. 组织优势分析

49. 在马斯洛需要层次理论中,自我实现需要包括( )。
   A. 对个人理想的追求   B. 对地位的追求
   C. 对爱的追求   D. 对自主权的追求

50. 劳动力需求曲线的形状表明,在其他条件一定的情况下,劳动力需求量的变化规律是( )。
   A. 先随工资率上升而上升,后随工资率上升而下降
   B. 先随工资率上升而下降,后随工资率上升而上升
   C. 随着工资率的上升而上升
   D. 随着工资率的上升而下降

51. 在组织文化的结构层次中,精神层指的是( )。
   A. 表层   B. 深层
   C. 里层   D. 中间层

52. 关于集体合同制度的说法,正确的是( )。
   A. 集体合同的订立主体是用人单位、本单位职工和当地劳动行政部门
   B. 集体合同可以口头形式签订
   C. 集体合同制度是调整劳动关系的一项基本制度
   D. 《集体合同规定》是规范集体合同制度的最高层级法律

53. 关于职位评价方法中排序法的说法,正确的是( )。
   A. 适用于规模较大的企业 B. 操作成本较低
   C. 不易受到主观因素影响 D. 能够精确确定各职位之间的相对价值

54. 从人力资本投资的角度看,上大学的总收益是大学毕业后获得的( )。
   A. 终身工资性报酬减去若其高中毕业直接工作能够获得的终身工资性报酬
   B. 终身工资性报酬减去上大学的直接成本和机会成本
   C. 终身工资性报酬减去上大学的直接成本
   D. 终身工资性报酬

55. 用人单位按照国家规定的基本养老保险费缴费时,其保险费的计算标准是( )。
   A. 本地区最低工资标准×2×国家规定的比例
   B. 本地区在岗职工的平均工资×0.8×国家规定的比例
   C. 本单位职工的工资总额×国家规定的比例
   D. 本地区在岗职工的平均工资×国家规定的比例

56. 用人单位拖欠劳动报酬时,劳动者依法申请支付令的对象是( )。
   A. 人民法院
   B. 人民法院或劳动人事争议仲裁委员会
   C. 劳动行政部门
   D. 劳动人事争议仲裁委员会

57. 弗罗姆期望理论公式中,决定人的动机的因素不包括( )。
   A. 期望 B. 公平
   C. 工具性 D. 效价

58. 当企业的人力资源需求小于供给时,比较适合采取的措施是( )。
   A. 鼓励员工加班加点 B. 非核心业务外包
   C. 招募人员 D. 裁员

59. 优等劳动力市场和次等劳动力市场相对隔离的主要原因是( )。
   A. 两种劳动力市场存在工作条件差异
   B. 两种劳动力市场存在工资福利水平差异
   C. 两种劳动力市场存在技能要求差异
   D. 两种劳动力市场存在工作保障性差异

60. 关于魅力型领导及其追随者特征的说法,错误的是( )。
   A. 魅力型领导促使追随者产生出高于期望的绩效
   B. 魅力型领导的追随者从自身与领导的关系中获得自尊
   C. 魅力型领导的追随者表现出对领导的高度忠诚和信心
   D. 魅力型领导会使追随者对组织的归属感降低

二、多项选择题(共20题,每题2分。每题的备选项中,有2个或2个以上符合题意,至少有1个错项。错选,本题不得分;少选,所选的每个选项得0.5分。)

61. 按照马斯洛需要层次理论的观点,基本需要包括( )。
   A. 尊重的需要 B. 自我实现的需要
   C. 归属和爱的需要 D. 生理需要
   E. 安全需要

62. 职位评价遵循的原则有( )。
   A. 保密化原则 B. 标准化原则
   C. 实用性原则 D. 竞争性原则
   E. 系统性原则

63. 下列组织结构设计参数中,属于组织结构特征因素的有( )。
   A. 组织规模 B. 关键职能
   C. 职业化程度 D. 专业化程度
   E. 集权程度

64. 外籍人员获得中国永久居留资格后,可以享受的权益有( )。
   A. 可以在中国购房、并享受中国公民同等待遇
   B. 可以无限期在中国(境内)居留
   C. 在中国境内工作,可以不办理外国人来华工作许可
   D. 可以在中国境内申请驾照
   E. 在中国境内工作,可以不参加社会保险

65. 目前我国正在为技能人才探索建立新八级职业技能等级制度。相比原有的五级,新增的有( )。
   A. 学徒工 B. 高级工
   C. 首席技师 D. 高级技师
   E. 特级技师

66. 下列组织发展方法中,属于结构技术类型的有( )。
   A. 合并职能部门 B. 工作再设计
   C. 实验室训练 D. 调查反馈
   E. 敏感性训练

67. 关于劳动监察的说法,正确的有( )。
   A. 劳动行政部门无权对被依法吊销营业执照的单位实施劳动监察
   B. 劳动行政部门有权做出罚款决定
   C. 在紧急情况下,劳动行政部门可限制用人单位部分管理人员进出工作场所
   D. 劳动行政部门可以对职业培训机构实施劳动监察
   E. 劳动行政部门有权到用人单位工作场所进行检查

68. 人力资本投资活动包括( )。
   A. 业余时间炒股票
   B. 在毕业工作后参加单位组织的培训
   C. 上大学
   D. 在工作之余自费参加专业技能培训
   E. 为找到更好的工作而搬家到另一个地方

69. 关于决策的有限理性模型的说法,正确的有( )。
   A. 通过计算选择出最佳备选方案
   B. 决策或决策时追求利益最大化

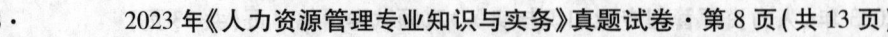

C.决策者在进行选择时不必知道所有可能方案
D.决策者认知的世界是真实世界的简化模型
E.在选择备选方案时,决策者试图寻找令人满意的结果

70. 下列情况中,可以认定工伤的有( )。
    A.在上下班途中受到交通事故伤害的
    B.工作时间前后在工作场所内从事与工作有关的预备性工作受到事故伤害的
    C.在工作时间和工作岗位上突发疾病在72小时内抢救无效死亡的
    D.在工作时间和工作场所内因工作原因受到事故伤害的
    E.患职业病的

71. 劳动关系系统运行所具有的功能包括( )。
    A.动力功能   B.阻力功能
    C.约束功能   D.自动平衡功能
    E.自动发散功能

72. 劳动力市场的特点包括( )。
    A.劳动力市场是多样的
    B.劳动力市场是有形的
    C.劳动力购买方所处的地位更为不利
    D.劳动力市场交易对象具有难以衡量性
    E.劳动力市场交易具有延续性

73. 在我国的失业人员统计中,失业人员必须满足的条件包括( )。
    A.要求就业   B.在法定劳动年龄内
    C.有工作能力   D.未能就业
    E.工资水平低于社会平均工资

74. 关于无领导小组讨论的说法,正确的有( )。
    A.它不适合应届大学毕业生
    B.它可以考察被测试者的领导能力和人际交往能力
    C.它对测试题目的要求比较高
    D.它对评价者的评分技术要求比较高
    E.它可以避免被测试者掩饰自己的行为

75. 关于"双肩挑"这种职业生涯管理方法的说法,正确的有( )。
    A.它主要是为组织中的技术或专业人员设计的
    B.它是一种评价中心的方法
    C.它是一种组织层次的职业生涯管理方法
    D.它是组织培养高层管理者的主要方式之一
    E.它是指员工同时承担技术工作和管理工作

76. 在战略执行过程中,人力资源管理职能负有主要责任的活动有( )。
    A.形成完备的培训与开发体系   B.开展工作设计
    C.建立报酬管理体系   D.配备合适人员
    E.开发组织信息系统

77. 关于非全日制用工的说法,符合法律规定的有( )。
   A. 一方当事人提前1日可以通知对方终止协议
   B. 以小时计酬为主
   C. 周工作时间累计不能超过24个小时
   D. 双方订立口头协议的,劳动报酬支付周期不超过15日,订立书面协议的,支付周期不超过20日
   E. 双方当事人不得约定试用期

78. 影响人力资源需求预测的因素包括( )。
   A. 组织结构调整情况
   B. 组织的技术变革
   C. 劳动力市场就业情况
   D. 组织经营产品的市场情况
   E. 组织的战略定位

79. 关于根据成本领先战略确定绩效管理策略的说法,正确的有( )。
   A. 仅选择直接上级作为评价主体即可
   B. 可以选择标杆超越法改进绩效
   C. 可以多选择一些主观性指标进行评价
   D. 应尽量选择行为导向的评价方法
   E. 应避免考核频次过高

80. 关于职工退休年龄的说法,符合国家有关规定的有( )。
   A. 从事有害身体健康的工作达到一定年限的,男年满50周岁,女年满40周岁
   B. 因工致残,由医院证明并经劳动能力鉴定委员会确认完全丧失劳动能力的,男年满50周岁,女年满45周岁
   C. 从事井下、高空劳动达到一定年限,男年满55周岁,女年满45周岁
   D. 男干部年满60周岁,男工人年满55周岁
   E. 女干部年满60周岁,女工人年满50周岁

三、案例分析题(共20题,每题2分。由单选和多选组成。错选,本题不得分;少选,所选的每个选项得0.5分。)

(一)

某公司受经济环境影响,生产经营发生严重困难,三年来持续亏损,急需降低经营成本,为此,公司计划实施经济性裁员20名。公司提前20日向工会说明了相关事项,听取了工会意见,之后向劳动行政部门书面报告了裁员方案,随后当地劳动行政部门书面同意企业实施裁员。得知被列入裁员名单后,赵某和于某非常不满。赵某觉得自己离退休都不到两年了,没有功劳还有苦劳,李某更是不满,认为自己在公司工作时曾被确认因工负伤,还被认定部分丧失劳动能力,公司不能这样甩包袱。已知,公司全体员工的月平均工资是5 000元,当地在岗职工月平均工资是4 500元。当地月最低工资标准是2 000元。近两年来,赵某和李某月工资都是4 000元。

根据以上资料,回答下列问题:

81. 该公司实施经济性裁员的过程中,不符合法律规定的做法有( )。
   A. 提前20日向工会说明情况
   B. 听取工会意见
   C. 向劳动行政部门书面报告裁员方案
   D. 决定裁员20名

82.关于公司在实施经济性裁员时能否辞退赵某的说法,正确的有(   )。
   A.公司不能辞退赵某,因为赵某离退休年龄不到两年
   B.公司可以辞退赵某,因为这属于用人单位的用工自主权
   C.根据案例提供的信息,无法确定公司是否有权辞退赵某
   D.公司不能辞退赵某,因为赵某被辞退后找工作更难

83.关于公司在实施经济性裁员时能否辞退李某的说法,正确的有(   )。
   A.公司不能辞退李某,因为李某属于因工负伤且部分丧失劳动能力
   B.公司可以辞退李某,因为李某虽因工负伤,但只是部分丧失劳动能力
   C.案例信息未说明李某部分丧失劳动能力的程度,无法确定公司是否有权辞退李某
   D.案例信息未说明李某是否在规定医疗期内,无法确定公司是否有权辞退李某

84.假设赵某和李某属于裁员范围,公司支付经济补偿的标准是(   )。
   A.每满一年向两人各支付2 000元
   B.每满一年向两人各支付5 000元
   C.每满一年向两人各支付4 500元
   D.每满一年向两人各支付4 000元

(二)

几年前某公司经理销售业绩下降,被竞争对手赶超,销售人员士气低落,为扭转不利,高层任命工作能力强的老张做销售部负责人。

老张上任的第一件事,就是提高全体销售的人员基本薪酬,望以此提升员工积极性,但效果不如人意,为解决此问题,老张进行了员工调查。

员工薪酬是按职务、职称和工龄确定,与工作干多干少,工作好坏无关,故无积极性。对此,老张改变原激励策略,决定在销售部实行绩效薪金制。将销售业绩与晋升挂钩,两年后,公司销售额翻倍,员工积极性上升。

根据以上资料,回答下列问题:

85.根据双因素理论,老张领导的销售部员工更关注(   )因素。
   A.保健   B.激励
   C.工资   D.安全

86.根据公平理论,员工不仅关心自己绝对报酬,也关心(   )。
   A.自己与他人关系   B.额外福利与工作安全
   C.自己工作与家庭平衡   D.自己与他人投入产出比率比较

87.该公司销售部实行绩效薪金制,可选择的绩效有(   )。
   A.创新   B.薪酬
   C.组织   D.个人

88.老张在公司销售部实行绩效薪金制,优点包括(   )。
   A.提高员工基本薪酬   B.减少管理者工作量
   C.加强管理者的监督职能   D.为公司节约成本

(三)

某公司成立五年多以来业务一直发展良好,但近一年由于激励不足,出现了部分优秀员工流失的情况,针对这一问题,公司决定在未上市的情况下,采用股权计划对员工实施激励,具体方案由人力资源部负责设计。公司初步设计的股权激励方案中有这

样一段内容,公司按照依法合规原则设计员工持股计划,拟通过股票期权和业绩股份等方式有效激励员工,并赋予持有业绩股份的员工分红权和配股权。

根据以上资料,回答下列问题:

89.在该公司初步设计的股权激励方案中,不恰当的做法有(   )。
　　A.实施员工持股计划　　　　　　B.采用股票期权方式实施
　　C.采用业绩股份方式实施　　　　D.赋予持有业绩股份的员工以配股权

90.除了依法合规,该公司实施员工持股计划还应当坚持的原则有(   )。
　　A.风险自担原则　　　　　　　　B.自愿参与原则
　　C.标准化原则　　　　　　　　　D.公平性原则

91.除了方案中提出的股权激励方式,该公司还可以采用的股权激励方式有(   )。
　　A.股份期权　　　　　　　　　　B.虚拟股票期权
　　C.限制性股票　　　　　　　　　D.股票增值权

92.该公司的员工持股计划激励的对象可以包括(   )。
　　A.公司董事　　　　　　　　　　B.公司供应商的董事
　　C.公司监事　　　　　　　　　　D.公司经理

(四)

赵某于2019年10月1日入职某公司担任高级产品经理,双方订立的劳动合同约定,"合同期限三年,自2019年10月1日至2022年9月30日,公司登记地是甲地,赵某实际工作场所是乙地。"2020年1月10日,该公司与赵某又签订补充协议约定:"公司为赵某安排专业技术培训,费用包括培训费3万元,培训期间差旅费1万元,赵某应当服务公司满4年,自入职之日起计算,赵某未按约定服务期满的,应当向公司支付违约金4万元"。随后,赵某参加了专业技术培训,公司承担了4万元的费用。

2021年9月30日,赵某正式离职,离职申请书载明离职系个人原因,2021年10月,公司向甲地劳动人事仲裁委员会申请仲裁,2021年11月,赵某向乙地劳动人事仲裁委员会申请仲裁。

根据以上资料,回答下列问题:

93.劳动争议仲裁的管辖权应该为(   )的劳动人事争议仲裁委员会。
　　A.甲地　　　　　　　　　　　　B.乙地
　　C.甲乙共同负责　　　　　　　　D.甲地和乙地的上级部门

94.赵某劳动合同的期限为(   )。
　　A.2019年10月1日~2023年9月30日
　　B.2019年10月1日~2022年9月30日
　　C.2020年10月1日~2023年9月30日
　　D.2020年10月1日~2022年9月30日

95.赵某应赔偿公司的违约金是(   )元。
　　A.40 000　　　　　　　　　　　B.0
　　C.20 000　　　　　　　　　　　D.30 000

96.如果当事人对管辖地有异议,应当在(   )提出。
　　A.答辩期满前　　　　　　　　　B.开庭审理前
　　C.开庭审理中　　　　　　　　　D.开庭结束前

(五)

某公司所在行业近两年出现了爆发式增长,公司也随之取得了快速发展,如今进入了相对稳定期,盘点这两年的发展,总经理老王感慨万分,当初公司在做人力资源规划时,尽管行业面临着前所未有的发展机会。他和公司人力资源总监老张等几位高管根据经验冷静地做出了判断,如今来看确实对形势把握得比较准确。正因为行业火热时领导冷静决策,没有在短期内招聘过多人员,所以现在随着业务增长逐渐平缓,员工虽有少量冗余,但并不需要像业界其他公司一样大规模裁员,可以采取更加柔性、员工受伤害程度相对低的办法来应对。

老王认为,未来做人力资源规划时也要避免盲目冒进,一定要严格根据企业的市场占有率来决定人力资源需求规模。现在公司所在的整个行业进入了稳定期,公司已经找到了人力资源需求与一些关键指标之间的直接联系,可以用量化的方法进行更科学的预测。

根据以上资料,回答下列问题:

97. 老王希望根据市场占有率确定公司人力资源需求规模的做法,体现的影响人力资源需求预测的因素有( )。
   A. 组织的战略定位
   B. 组织结构调整
   C. 组织的产品需求情况
   D. 组织的技术变革

98. 公司前两年在行业爆发期进行人力资源需求预测时采取了经验判断法,关于该方法的表述,正确的有( )。
   A. 经验判断法适用于短期预测
   B. 经验判断法不如定量方法可靠
   C. 经验判断法要求管理者具有丰富的工作经验
   D. 经验判断法是一种定性的方法

99. 根据老王的要求,公司在未来适合采用的人力资源预测方法有( )。
   A. 人员替换分析法
   B. 马尔科夫分析法
   C. 比率分析法
   D. 德尔菲法

100. 根据老王的观念,对于目前的人员冗余问题适合采取的处理方法有( )。
   A. 加班加点
   B. 开展业务外包
   C. 进行职位分享
   D. 雇用临时工

2022年全国经济专业技术资格考试真题试卷

《人力资源管理专业知识与实务》

一、单项选择题(共60题,每题1分。每题的备选项中,只有1个最符合题意。)

1. 事业部制组织形式的优点不包括( )。
   A. 有利于提高生产效率
   B. 有利于高级管理人员集中精力进行战略决策和长远规划
   C. 会减少运营费用和管理成本
   D. 会增加企业的活力

2. 为减少摩擦性失业,政府可采用的政策是( )。
   A. 加快劳动力市场信息传递
   B. 出台刺激经济增长的政策
   C. 对失业者进行免费培训
   D. 出台强化薪酬保密的法律法规

3. 回归迁移属于劳动力流动中的( )流动。
   A. 跨行业
   B. 跨产业
   C. 跨地区
   D. 跨职业

4. "STAR"原则中的"T"指的是( )。
   A. 任务
   B. 行动
   C. 结果
   D. 情景

5. 事业单位根据事业发展和工作需要聘用急需的高层次人才时,经批准可设置的岗位类型是( )。
   A. 工勤岗位
   B. 特设岗位
   C. 管理岗位
   D. 技术岗位

6. 避免劳动力出现短缺的方法中,见效快、可撤回程度高的是( )。
   A. 培训转岗
   B. 招聘新员工
   C. 延长工作时间
   D. 进行技术创新

7. 领导生命周期理论与其他权变理论的不同之处在于,它强调的是( )。
   A. 下属的人格特质
   B. 下属的忠诚度
   C. 下属与任务匹配
   D. 下属的成熟度

8. 假设其他条件不变,劳动力供给曲线不变,需求曲线向右移动,则( )。
   A. 均衡工资率和均衡就业量均上升
   B. 均衡工资率和均衡就业量均下降
   C. 均衡工资率上升,均衡就业量下降
   D. 均衡工资率下降,均衡就业率上升

9. 基于期望理论,对个体动机水平不产生直接影响的因素是( )。
   A. 强化
   B. 工具性
   C. 效价
   D. 期望

10. 德尔菲法具有一些明显的优点,其中不包括( )。
   A. 花费时间较短　　　　　　　　B. 避免了从众的行为
   C. 具有较高的准确性　　　　　　D. 能吸取和综合众多专家的意见

11. 根据马斯洛需要层次理论,人们对食物、水、居住场所、睡眠等身体方面的需要属于( )。
   A. 生理需要　　　　　　　　　　B. 安全需要
   C. 自我实现需要　　　　　　　　D. 归属和爱的需要

12. 矩阵组织形式最有效的使用环境为( )。
   A. 简单/静态　　　　　　　　　B. 简单/动态
   C. 复杂/静态　　　　　　　　　D. 复杂/动态

13. 李某大学毕业因为经济不景气,工资水平低,放弃工作去选择读研究生,关于李某上大学说法正确的是( )。
   A. 机会成本更低　　　　　　　　B. 固定成本更低
   C. 高的贴现率　　　　　　　　　D. 高的内部收益率

14. 社会保险基金的主要缴纳主体是( )。
   A. 国家　　　　　　　　　　　　B. 社会团体
   C. 个人及家庭　　　　　　　　　D. 用人单位

15. 李某的医疗期是12个月,他在公司可能工作的年限是( )年。
   A. 8　　　　　　　　　　　　　B. 9
   C. 12　　　　　　　　　　　　D. 7

16. 根据职业兴趣理论,适合从事教育、咨询工作的职业兴趣类型是( )。
   A. 现实型　　　　　　　　　　　B. 社会型
   C. 常规性　　　　　　　　　　　D. 企业型

17. 幼儿园通过幼师幼儿比确定需要招聘的幼师人数是( )。
   A. 比率分析法　　　　　　　　　B. 趋势预测法
   C. 经验判断法　　　　　　　　　D. 回归分析法

18. 发生争议的劳动者一方在( )人以上,并有共同请求的,可以推荐3~5名代表参加仲裁。
   A. 5　　　　　　　　　　　　　B. 10
   C. 15　　　　　　　　　　　　D. 20

19. 劳动关系中最基础的关系是( )。
   A. 经济关系　　　　　　　　　　B. 政治关系
   C. 文化关系　　　　　　　　　　D. 法律关系

20. 劳动关系三方协调机制的三方是( )。
   A. 政府、工会、企业　　　　　　B. 政府、劳动者、企业
   C. 政府、工会代表、雇主代表　　D. 劳动者、工会、企业

21. 决策者具有较低的模糊耐受性以及很强的任务和技术取向,属于( )决策者。
   A. 指导型　　　　　　　　　　　B. 分析型
   C. 概念型　　　　　　　　　　　D. 行为型

22. 在组织结构设计中部门结构是指组织的( )。
   A. 纵向结构　　　　　　　　　　B. 职权结构
   C. 横向结构　　　　　　　　　　D. 职能结构

23. 组织领导和员工共同信守的基本信念、价值标准、职业道德以及精神风貌属于( )。
   A. 精神层   B. 组织文化的里层
   C. 制度层   D. 物质层

24. 在SWOT分析中,通过考察组织的运营环境,分析组织所面临的各种战略机会以及所受到的各种威胁的是( )。
   A. 内部分析   B. 外部分析
   C. 战略分析   D. 比较分析

25. MBTI人格测试中,关于注意力集中的维度是( )。
   A. 判断—感知   B. 理性—情感
   C. 外倾—内倾   D. 感觉—直觉

26. 公文筐的特点不包括( )。
   A. 操作简单容易   B. 不能考察人际技能
   C. 编制成本低   D. 效度比较高

27. 关于控制实验法的说法错误的是( )。
   A. 可以提高评估的准确性   B. 操作比较复杂
   C. 开发成本高   D. 适用于管理技能培训活动的效果评估

28. 根据路径—目标理论,下属工作是结构化的,则( )领导可以带来高的绩效和满意度。
   A. 指导型   B. 支持型
   C. 参与型   D. 成就取向型

29. 根据理性模型,决策者在任何方面都是完全理性的,下列不是决策者具备的特征的是( )。
   A. 从目标意义上分析,决策完全理性
   B. 存在完整和一致的偏好系统,使决策者在不同的备选方案中进行选择
   C. 决策者无法知道所有备选方案
   D. 对计算复杂性无限制,可以通过计算选择出最佳备选方案

30. 主要回答到哪里去竞争的问题,即做出组织应该选择经营何种业务以及进入何种行业或领域的战略层次是( )。
   A. 组织战略   B. 竞争战略
   C. 职能战略   D. 经营战略

31. 在关键绩效指标分类中,"不合格品比率"属于( )。
   A. 数量类   B. 质量类
   C. 成本类   D. 时限类

32. 组织层次的职业生涯管理方法不包括( )。
   A. 工作轮换   B. 建立职业生涯信息中心
   C. 成立潜能评价中心   D. 实行利润分享

33. 企业产品的外观和包装及建筑风格属于组织文化建设中的( )。
   A. 物质层   B. 制度层
   C. 精神层   D. 文化层

34. 布莱克和默顿的管理方格图,横坐标代表的是( )。
   A. 关心人   B. 关心任务
   C. 人际关系   D. 工作任务

35. 生命周期理论认为,影响领导风格选择一个重要因素是( )。
    A. 下属的成熟程度   B. 工作属性
    C. 组织任务   D. 上级的授权

36. 变革型领导的特点不包括( )。
    A. 激励下属   B. 智慧化管理
    C. 奖励   D. 个性化关怀

37. 从激励的内容来看,激励分为( )。
    A. 正面激励和负面激励   B. 他人激励和自我激励
    C. 物质激励和精神激励   D. 内源性激励和外源性激励

38. 经营性人力资源服务机构,应该自开展业务之日起( )日内向人力资源社会保障行政部门备案。
    A. 10   B. 15
    C. 20   D. 30

39. 下列不属于国家科学技术奖的是( )。
    A. 国家最高科学技术奖   B. 国家自然科学奖
    C. 国家技术发明奖   D. 全国技术能手和中华技能大奖

40. 基本养老保险实行( )模式。
    A. 社会账户与个人账户统筹   B. 政府账户与个人账户统筹
    C. 社会账户与集体账户统筹   D. 政府账户与集体账户统筹

41. 人力资本投资活动中,不包括( )。
    A. 劳动力流动   B. 培训
    C. 教育   D. 薪酬调查

42. 一些美国公司将原本设在本土的客户呼叫服务中心迁往印度,这种做法属于( )。
    A. 离岸经营   B. 培训转岗
    C. 临时用工   D. 工作分享

43. 关于领导—成员交换理论,说法错误的是( )。
    A. 领导对"圈里人"比"圈外人"投入更多的感情、时间
    B. 这是一种互惠的交换过程
    C. 领导和下属通过个体进行反馈信息
    D. 领导对"圈里人"很少采用正式的领导权威

44. 体现员工的平均文化程度或职业培训期限,描述的是( )。
    A. 规范化程度   B. 专业化程度
    C. 职业化程度   D. 制度化程度

45. 关于稳定战略下的人力资源管理,说法正确的是( )。
    A. 降低奖金、福利薪酬等薪酬水平   B. 注重员工内部的提升
    C. 看重公司的成长和合并   D. 保持管理手段的规范性和一致性

46. 企业对经营活动进行分解,指明战略目标实现的路径和总体脉络,体现的是战略性人力资源管理的( )工具。
    A. 战略地图   B. 数字仪表盘
    C. 人力资源计分卡   D. 关键绩效指标

47. 关于差异化和成本领先战略下的绩效管理,说法正确的是( )。
   A. 差异化战略以结果为导向
   B. 差异化战略下考核周期不宜过短
   C. 成本领先战略以行为为导向
   D. 成本领先战略下考核的主体要多元化

48. 关于职位评价,说法不正确的是( )。
   A. 职位评价是解决外部竞争性问题
   B. 职位评价体现内部公平性
   C. 职位评价体现相对价值
   D. 要建立统一的职位评价标准

49. 关于资本价格和劳动力需求,说法错误的是( )。
   A. 资本价格下降的规模效应引起劳动力需求上升
   B. 资本价格下降的收入效应引起劳动力需求上升
   C. 资本价格下降的替代效应引起劳动力需求下降
   D. 资本价格上升的规模效应引起劳动力需求下降

50. 关于虚拟股票期权,说法正确的是( )。
   A. 期权人拥有股票的表决权
   B. 期权人持有的股份可以进行转让和出售
   C. 行权价格取决于公司股票的价格
   D. 期权人只是在名义上拥有而非真正购买公司股票

51. 考察人力资源管理岗位求职者对劳动法律法规条文掌握程度的甄选测试是( )。
   A. 一般认知能力测试
   B. 身体能力测试
   C. 心理测试
   D. 知识测试

52. 工作年限5年以上不到10年,可以领取( )的失业保险金。
   A. 6个月
   B. 12个月
   C. 18个月
   D. 24个月

53. 职业生涯锚中,具有分析、人际沟通和情绪控制能力的人属于( )。
   A. 自主独立型
   B. 管理能力型
   C. 冒险型
   D. 创造型

54. 在劳动调解中,当事人的资料内容有欠缺的,( )。
   A. 调解人员应及时通知申请人补齐相关证据
   B. 调解人员可以代替当事人进行补缴证据
   C. 当事人不用提供新的证据
   D. 调解人员应根据情况进行取证

55. 某国家16岁以上的人口是600万,就业人口50万,失业人口400万,16岁以下的人口500万,该国家的劳动力参与率是( )。
   A. 50%
   B. 60%
   C. 75%
   D. 80%

56. 关于基本医疗保险说法正确的是( )。
   A. 单位缴费比例是8%
   B. 是抵御疾病风险的一种社会保险
   C. 个人缴费4%
   D. 单位缴纳的要划入个人账户

57. 张某法定年龄退休后个人养老账户余额为4.17万元,那么他按月领取的养老金是( )。
   A. 400元
   B. 300元
   C. 350元
   D. 250元

58. 企业劳动争议调解委员会在劳动调解前的准备工作包括( )。
   A. 与当事人达成协商一致
   B. 收集证据
   C. 了解事实情况,并做好当事人的思想工作
   D. 征求当事人的同意进行协商

59. 实现愿景过程中的基本行为规范和道德伦理是指( )。
   A. 使命
   B. 愿景
   C. 价值观
   D. 制度规范

60. 内部一致性信度包括分半信度和( )。
   A. 重测信度
   B. 复本信度
   C. 同质性信度
   D. 评价者信度

二、多项选择题(共20题,每题2分。每题的备选项中,有2个或2个以上符合题意,至少有1个错项。错选,本题不得分;少选,所选的每个选项得0.5分。)

61. 社会保险法律适用的基本规则正确的有( )。
   A. 法律效力高于行政法规
   B. 同位法中特别规定与一般规定不一致时,适用于特别规定
   C. 地方性法规效力高于本级和下级政府规章
   D. 同位法中新的规定与旧的规定不一致,适用于新的规定
   E. 原则上追溯既往

62. 下列属于绩效改进工具的有( )。
   A. 目标管理法
   B. 卓越绩效标准
   C. 六西格玛管理
   D. ISO质量管理体系
   E. 标杆超越

63. 关于组织设计,描述正确的有( )。
   A. 静态设计只针对组织结构设计
   B. 古典的设计是对组织结构的静态设计
   C. 动态设计是只对组织运行的设计
   D. 动态设计是对组织结构和运行的设计
   E. 现代的设计是动态的

64. 属于绩效评价量表法的有( )。
   A. 行为锚定法
   B. 行为观察量表法
   C. 图尺度评价法
   D. 关键事件法
   E. 描述法

65. 劳动者出现下列行为应向用人单位支付违约金的有( )。
   A. 违反服务期
   B. 违反竞业限制
   C. 破坏用人单位财产
   D. 重大过失导致用人单位发生严重损失
   E. 与他人串通获取利益导致本单位发生损失

66. 关于组织发展描述正确的有( )。
   A. 增强组织的有效性和员工幸福感
   B. 重视参与和合作
   C. 主张建立新型、有效的健康组织
   D. 强调等级和权威
   E. 重视员工参与决策

67. 组织战略包括( )。
    A. 竞争战略   B. 成长战略
    C. 总成本领先战略   D. 稳定战略
    E. 职能战略

68. 豪斯的路径—目标理论的四种领导方式包括( )。
    A. 支持型   B. 指导式
    C. 成就取向式   D. 参与式
    E. 魅力型

69. 马斯洛需要层次模型中的高级需要包括( )。
    A. 尊重的需要   B. 归属和爱的需要
    C. 生理需要   D. 自我实现的需要
    E. 安全需要

70. 用人单位与劳动者发生争议,用人单位应提供( )。
    A. 社会保险缴纳情况   B. 是否存在劳动关系
    C. 劳动保护提供情况   D. 劳动者档案
    E. 工资发放表

71. 马尔科夫分析法的特点有( )。
    A. 体现了企业内部职业晋升的通道
    B. 它是人力资源供给预测的方法
    C. 反映不同时间人员的占比、人数
    D. 通过供给更好预测未来人员的需求
    E. 它属于人员关系替换法

72. 绩效计划的准备阶段,需要收集的资料有( )。
    A. 近几年绩效管理资料   B. 战略管理资料
    C. 工作分析资料   D. 工作报酬的信息
    E. 工作评价

73. 经营性人力资源服务机构应当在服务场所明示的事项有( )。
    A. 营业执照   B. 服务项目
    C. 收费标准   D. 监督机关和监督电话
    E. 服务对象

74. 领导的技能主要包括( )。
    A. 概念技能   B. 工作技能
    C. 技术技能   D. 人际技能
    E. 创新技能

75. 有效的绩效管理体系特征有( )。
    A. 公开性   B. 可靠性
    C. 准确性   D. 可接受性
    E. 实用性

76. 绩效面谈的目的有( )。
    A. 向员工反馈绩效的结果 B. 进行不良业绩的诊断
    C. 商讨下一年工作目标   D. 与员工达成改善共识
    E. 提高员工的工资水平

77. 薪酬成本控制的方法有( )。
   A. 冻结雇用
   B. 控制基本薪酬
   C. 减少奖金
   D. 压缩福利费用
   E. 加班加点

78. 要使测试到达较高的信度,需要注意( )。
   A. 样本要有广泛的代表性
   B. 注意测试的难度和长度
   C. 保持良好的测试环境
   D. 测试的难度越大越好
   E. 让被测试者保持自然放松的心态

79. 关于平等保护,下列说法正确的有( )。
   A. 劳动关系中,首先保护劳动者
   B. 对国有和非国有单位赋予同等的权力
   C. 对各类用人主体的权益平等保护
   D. 对于女职工优先保护
   E. 对于特定人群平等保护

80. 评价中心技术中的公文筐测试法,可以测试出的能力包括( )。
   A. 领导能力
   B. 问题解决能力
   C. 人际交往能力
   D. 行政管理能力
   E. 压力承受能力

三、案例分析题(共20题,每题2分。由单选和多选组成。错选,本题不得分;少选,所选的每个选项得0.5分。)

(一)

某公司在刚成立初期,非常注重员工的忠诚感和承诺度,但是随着市场规模的扩大与竞争激烈,公司高层认识到,传统的经营模式已经不能更好地适用未来战略的需要。于是,和大家商讨后,决定在原来的组织结构上进行优化,合并部门,增加新的产品部、设计部门,在未来的发展中更加注重冒险和革新。

根据以上资料,回答下列问题:

81. 该企业最开始的组织文化类型属于( )。
   A. 堡垒型
   B. 俱乐部型
   C. 棒球队型
   D. 学院型

82. 该企业未来的组织文化属于( )。
   A. 俱乐部型
   B. 学院型
   C. 堡垒型
   D. 棒球队型

83. 该企业采取的组织变革方式是( )。
   A. 以结构为中心
   B. 以系统为中心
   C. 以人员为中心
   D. 以技术为中心

84. 若该企业实行组织变革,则组织变革程序中的最后一个步骤是( )。
   A. 确定问题
   B. 实行变革
   C. 变革效果评估
   D. 组织诊断

(二)

某公司在进行人员招聘中,由主管部门和人事部共同牵头进行。它们由3~5名面试的领导小组成员组成,对员工开展单独面试。因为不同的领导者提出不同的问题,有时比较随意,所以最终面试取得的效果不好。于是,公司总经理决定,改善和优化面试方法,增加情境化面试等手段,后面公司在人员甄选方面也取得了一定的成绩。

根据以上资料,回答下列问题:

85. 该公司最初的面试属于（　　）类型。
    A. 结构化面试　　　　　　　　　B. 非结构化面试
    C. 半结构化面试　　　　　　　　D. 情境化面试

86. 该公司采取的面试方法有（　　）。
    A. 集体面试　　　　　　　　　　B. 小组面试
    C. 单独面试　　　　　　　　　　D. 系列面试

87. 以下属于情境化面试的是（　　）。
    A. 你最大的优点是什么？
    B. 请回顾下你过去的工作成绩？
    C. 交给你这个项目,你采用怎样的方法和手段去实施？
    D. 在某项工作中,你遇到困难,应该怎样去做？

88. 该公司还可以采用一些特殊的面试形式,不包括（　　）。
    A. 电话面试　　　　　　　　　　B. 网络视频面试
    C. 压力面试　　　　　　　　　　D. 线下面试

（三）

小王于2019年1月1日入职某公司,并与公司签订了劳动合同。3月1日,小王在下班的路上遭遇非本人责任的意外交通事故,后被送往医院进行抢救治疗。小王认为自己受伤属于工伤,要求公司承担赔偿责任,而公司认为小王因交通事故中受伤不应是工伤。双方一直未向社会保险行政部门提出工伤认定申请。由于小王在住院期间迟迟未康复,公司考虑到自身的生产经营和岗位情况,于是在2020年9月1日支付了小王2个月的经济补偿金并解除了劳动合同。小王认为自己在工伤期间,公司不应该解除劳动合同,所以向当地劳动人事争议仲裁委员会申请仲裁。

根据以上资料,回答下列问题:

89. 单位认为小王受伤不是工伤,应最晚于（　　）提交工伤认定申请。
    A. 2019年3月30日　　　　　　　B. 2019年4月30日
    C. 2019年1月31日　　　　　　　D. 2019年12月31日

90. 小王对劳动合同解除不服,向当地劳动人事争议仲裁委员会申请仲裁的时间不能超过（　　）。
    A. 2021年10月1日　　　　　　　B. 2021年12月31日
    C. 2021年8月31日　　　　　　　D. 2022年9月1日

91. 关于劳动合同解除的说法正确的是（　　）。
    A. 企业支付了经济补偿,可以解除
    B. 该员工不是工伤,可以解除
    C. 企业没有过错,可以解除
    D. 企业不得违法解除,解除需提供合适的证明

92. 若小王在该公司工作1年零8个月,提出与公司解除劳动关系的话,公司应向小王支付（　　）个月工资的经济补偿。
    A. 1　　　　　　　　　　　　　　B. 2
    C. 3　　　　　　　　　　　　　　D. 4

(四)

小张和小李毕业后一起进入了某广告公司从事销售工作,销售部的老刘是他们的直接领导,起初,老刘会给他们规定具体工作任务,并亲自安排他们该做什么不该做什么。三个月后,他们发现老刘对他们的指导逐渐减少,有时甚至与他们一起决策。一年后,老刘退休了,决定从他俩中选一个出来接替他的职位,为此,进行了民主测评,小张因为和大家相处得好而得了高分,小李感到很郁闷,领导者需要什么方面的技能呢?小李又缺了些什么呢?

根据以上资料,回答下列问题:

93. 按领导风格生命周期理论,老刘最开始是属于( )领导风格。
    A. 授权式　　　　　　　　B. 推销式
    C. 指导式　　　　　　　　D. 参与式

94. 按领导风格生命周期理论,三个月后老刘属于( )领导风格。
    A. 授权式　　　　　　　　B. 推销式
    C. 指导式　　　　　　　　D. 参与式

95. 小李缺乏的技能是( )。
    A. 概念技能　　　　　　　B. 技术技能
    C. 沟通技能　　　　　　　D. 人际技能

96. 关于让小李困惑的领导技能的说法,正确的有( )。
    A. 层级越高的管理者所需的技术技能越少,概念技能越多
    B. 任何层级的领导都需要人际技能
    C. 领导技能包括技术技能、人际技能、概念技能
    D. 概念技能处理的是事

(五)

韩鹏大学毕业,因为经济不景气,被迫暂时选择从事外卖员的工作,进入公司,韩鹏发现公司实行内部晋升,经过几年努力,韩鹏成为市场部经理,同时,他的母亲为了贴补家用,也出来工作。

根据以上资料,回答下列问题:

97. 韩鹏从事外卖工作属于被迫暂时选择进入( )。
    A. 次等劳动力市场　　　　B. 地区劳动力市场
    C. 优等劳动力市场　　　　D. 跨地区劳动力市场

98. 韩鹏母亲为了贴补家用也出来工作属于( )。
    A. 替代效应　　　　　　　B. 收入效应
    C. 灰心丧气的劳动者效应　D. 附加的劳动者效应

99. 韩鹏经过几年努力,成为市场部经理,公司实行的是( )。
    A. 晋升竞赛　　　　　　　B. 外部劳动力招聘
    C. 效率工资　　　　　　　D. 竞业限制

100. 韩鹏大学毕业,因为经济不景气被迫暂时从事外卖员的工作,这体现了劳动力市场的( )。
    A. 特殊性　　　　　　　　B. 交易的延续性
    C. 交易条件的复杂性　　　D. 劳动力出售者地位的不利性

2021年全国经济专业技术资格考试真题试卷

《人力资源管理专业知识与实务》

一、单项选择题(共60题,每题1分。每题的备选项中,只有1个最符合题意。)

1. 关于激励的说法,错误的是( )。
   A. 根据激励对象划分,可分为他人激励和自我激励
   B. 根据激励范围划分,可分为内源性激励和外源性激励
   C. 根据激励作用划分,可分为正向激励和负向激励
   D. 根据激励内容划分,可分为物质激励和精神激励

2. 战略性人力资源管理的理念,不包括( )。
   A. 要对人力资源管理活动的成本和收益进行分析和评价
   B. 人力资源管理是"成本中心"而不是"利润中心"
   C. 要对人力资源管理职能人员进行培训和提升
   D. 人力资源管理战略要和组织战略保持一致

3. 面对新冠肺炎疫情带来的严峻形势,我国政府为支持复工复产以及稳定就业,制定了减免小规模纳税人增值税政策。这种经济政策属于( )。
   A. 人力政策   B. 产业政策
   C. 财政政策   D. 货币政策

4. 关于古典组织设计理论的说法,正确的是( )。
   A. 它同时关注组织结构设计和运行制度设计两方面的研究
   B. 它只关注组织结构设计方面的研究
   C. 它是动态的
   D. 它只关注运行制度设计方面的研究

5. 领导研究中的俄亥俄模式将领导行为聚集在( )。
   A. 民主和关怀   B. 指导和支持
   C. 人际关系和参与   D. 关心人和工作管理

6. 《中华人民共和国工会法》规定,工会是自愿结合的工人阶级的( )。
   A. 盈利组织   B. 行政组织
   C. 群众组织   D. 事业组织

7. 下列选项中,属于虚拟股票期权的是( )。
   A. 股票期权   B. 股票增值权
   C. 员工持股计划   D. 限制性股票

8. 职能制组织形式在( )环境中效果好。
   A. 简单/动态   B. 简单/静态
   C. 复杂/动态   D. 复杂/静态

9. 提出双因素理论的学者是( )。
   A. 马斯洛   B. 赫兹伯格
   C. 麦克里兰   D. 奥尔德弗

10. 某项甄选测试的目的是评价求职者的逻辑能力,但是测试的题目设计不佳,变成了考查求职者的知识记忆情况,则该测试的( )比较低。
    A. 同时效度   B. 预测效度
    C. 内容效度   D. 效标效度

11. 情境化结构面试通常遵循所谓的"STAR"原则,其中"A"指的是( )。
    A. 时间   B. 情境
    C. 行动   D. 任务

12. 甲月收入工资为5 000元,其基本医疗保险个人缴纳金额为( )元。
    A. 400   B. 200
    C. 100   D. 300

13. 公司领导为了能实时跟进项目的进度,需要使用的是( )。
    A. 战略地图   B. 平衡计分卡
    C. 数字仪表盘   D. 人力资源计分卡

14. 下列不属于劳动争议范围的是( )。
    A. 劳动者与用人单位就赔偿金发生的争议
    B. 劳动者对工伤认定结果不服
    C. 劳动者与用人单位就加班费的计算发生的争议
    D. 劳动者因社保缴费问题发生的争议

15. 魅力型领导的道德特征不包括( )。
    A. 提升自己的个人愿景   B. 从危机中思考和学习
    C. 使用权力为他人服务   D. 激励下属独立思考

16. 关于有效推行参与管理的说法,错误的是( )。
    A. 组织文化必须支持员工参与
    B. 员工可以不具备参与的能力
    C. 员工应有充裕的时间参与
    D. 员工参与的问题必须与其自身利益相关

17. 下列能力中,难以通过角色扮演衡量的能力有( )。
    A. 问题解决能力   B. 行政管理能力
    C. 领导能力   D. 压力承受能力

18. 员工申诉管理的( ),要明确界定员工的申诉范围。
    A. 合法原则   B. 公平原则
    C. 明晰原则   D. 反馈原则

19. 关于劳动关系运行的实体规则,说法错误的是( )。
    A. 实体规则的主要内容是关于劳动者权利的维护,通常是由法律规定和认可的
    B. 劳动基本权的内容包括团结权、民主参与权、社会保障权、集体谈判权等
    C. 实体规则的主要法律表现形式为劳工标准,它是对劳动者权利的一般的、具体的和技术的规定
    D. 按照权利主体不同,实体规则主要是劳动者个人权利的规定和劳动者集体权利的规定

20.关于各类职位评价方法的说法,错误的是( )。
   A.因素比较法的设计难度低,易于理解
   B.分类法需要设定一套供参考的职位等级标准
   C.要素计点法是一种定量的职位评价方法
   D.排序法不适用于规模较大、职位类型多的企业

21.企业与员工约定5年的培训服务期,培训费用实际支出5万元,该员工在服务期3年之后辞职,则员工支付的违约金最高不超过( )。
   A.1万元   B.2万元
   C.3万元   D.5万元

22.关于绩效考核与绩效管理的说法,错误的是( )。
   A.绩效管理有助于企业战略目标的实现
   B.绩效管理的有效性在一定程度上取决于绩效考核的科学性
   C.绩效考核侧重绩效的识别
   D.绩效管理侧重绩效的判断

23.在组织文化结构中,体现出组织文化的核心和灵魂的是( )。
   A.物质层   B.标识层
   C.精神层   D.制度层

24.关于企业实施经济性裁员的说法,正确的是( )。
   A.经济补偿标准按员工工作年限,每满1年按半个月工资标准支付
   B.企业应提前30日向工会或全体职工说明经济性裁员的情况
   C.只要企业有重大技术革新情况,就可以经济性裁员
   D.实施经济性裁员无须向当地劳动行政部门报告

25.关于领导的技能的说法,正确的是( )。
   A.管理职位越高,对概念技能的要求越低
   B.人际技能是指在人际关系中操纵他人的能力
   C.技术技能也是领导技能的一种
   D.概念技能主要涉及的是"人"

26.我国对不充分就业人员进行判定有若干条标准,其中不包括( )。
   A.调查周内的工作时间不足标准时间的一半
   B.工作时间不足的原因不在本人
   C.年龄在18岁以上
   D.本人愿意从事更多的工作

27.甲公司将员工借调到乙公司工作,借调期间员工在工作时受伤,被认定为工伤,则( )。
   A.无法确定承担主体   B.甲公司应承担责任
   C.员工自行承担   D.乙公司应承担责任

28.关于绩效管理中的平衡计分卡法的说法,错误的是( )。
   A.这种方法的实施成本很高
   B.这种方法避免了仅仅关注财务指标的弊端
   C.这种方法实现了评估系统与控制系统的结合
   D.这种方法着眼于企业的短期目标实现

29. 下列人力资源管理举措中,与外部成长战略相匹配的是( )。
　　A. 为组织招募大量新员工
　　B. 强调以最小的代价进行组织精简和裁员
　　C. 绩效管理的重心是实现绩效管理的多元化
　　D. 注重人力资源的重新配置与组织文化的整合

30. 其他条件一定,不利于受训者从培训中获益的是( )。
　　A. 培训者接受培训时的年龄大
　　B. 受训后获得更高工资性报酬的时间长
　　C. 受训前后的工资性报酬差异大
　　D. 受训者本人需要承担的培训成本低

31. 对企业和员工双方都有约束,又能使双方共同获利,能够满足这种要求的是( )。
　　A. 特殊培训的成本和收益都由企业承担
　　B. 企业承担培训成本,员工获得培训收益
　　C. 一般培训的成本和收益都由员工承担
　　D. 企业和员工共同分担培训成本,分享培训收益

32. 绩效计划的制订原则,不包括( )。
　　A. 全员参与原则　　　　　　B. 战略相关性原则
　　C. 多职位通用原则　　　　　D. 系统化原则

33. 关于三重需要理论的说法,正确的是( )。
　　A. 亲和需要高的人不易受别人影响
　　B. 成就需要高的人不喜欢及时反馈
　　C. 权力需要高的人喜欢竞争
　　D. 成就需要高的人喜欢高度冒险的工作

34. 当人力资源需求小于供给时,组织可以采取的对策是( )。
　　A. 招聘新员工　　　　　　　B. 延长工作时间
　　C. 进行工作分享　　　　　　D. 努力降低人员流失率

35. 关于外国人来华工作的说法,错误的是( )。
　　A. 省级人民政府的外国人工作管理部门可以授予外国人工作许可
　　B. 经政府认定的外国高层次人才可以申请Z字签证
　　C. 外国人在中国境内工作应当取得工作许可和工作类居留证件
　　D. 外国高端人才申请工作许可没有年龄、学历限制

36. 近年来,随着越来越多的人在网上购物,某物流公司的员工人数迅速增加,这体现出影响人力需求的因素是( )。
　　A. 国际贸易环境　　　　　　B. 组织提供的服务
　　C. 组织变革　　　　　　　　D. 组织战略

37. 在组织结构体系中,组织的横向结构通常指的是( )。
　　A. 职权结构　　　　　　　　B. 层次结构
　　C. 部门结构　　　　　　　　D. 职能结构

38.在其他条件相同的情况下,如果为同一家企业工作的劳动者仅仅因为(　　)不同而呈现的系统性差别,称为工资歧视。
   A.工时
   B.岗位
   C.性别
   D.工龄

39.关于高等教育的信号模型的说法,错误的是(　　)。
   A.大学文凭可以表明文凭持有者具有较高的生产率
   B.高等教育投资没有为接受高等教育者提供任何有价值的信号
   C.利用高等教育文凭这种信号来筛选员工是有道理的
   D.高等教育投资没有提高高等教育接受者的劳动生产率

40.劳动力供给弹性指的是(　　)。
   A.劳动工时变动百分比与工资率变动百分比之比
   B.劳动工时变动数量与工资率变动数量之比
   C.劳动工时与工资率之比
   D.劳动工时变动百分比与工资率变动数量之比

41.关于人力资源需求预测方法中主观判断法的说法,错误的是(　　)。
   A.德尔菲法一般要进行多轮预测
   B.德尔菲法能够避免从众行为
   C.经验判断法适用于规模较小或环境稳定的组织
   D.经验判断法适用于长期的预测

42.关于劳动力需求的说法,错误的是(　　)。
   A.劳动力需求是一种产品需求
   B.从长期看,工资率上升的替代效应导致劳动力需求下降
   C.从长期看,工资率上升的规模效应导致劳动力需求下降
   D.其他条件不变,单个企业的劳动力需求随着工资上升而下降

43.企业未按时足额代扣代缴社会保险费的,应自欠缴之日起缴纳滞纳金,是(　　)。
   A.按日加收万分之二
   B.按日加收万分之三
   C.按日加收万分之五
   D.按日加收万分之四

44.关于股票期权激励的相关时间的说法,错误的是(　　)。
   A.股权激励的有效期自股东大会通过之日起计算,一般不超过10年
   B.股票期权授权日必须是股票市场正常交易日
   C.股票期权不可以在重大事项决定过程中至该事项公告后2个交易日交易
   D.股票期权授予日与获授股票期权首次可以行权日之间间隔不得少于2年

45.下列情形中,用人单位可以合法解除劳动合同的是(　　)。
   A.劳动者不能胜任工作,经培训或者调整岗位还是不能胜任工作的
   B.员工被认定为工伤且为七级伤残的
   C.劳动者不同意降低月工资收入的
   D.员工患病3个月无法从事工作的

46.某员工的实际工作年限为20年,其中在本企业工作年限为12年,则该员工的医疗期为(　　)。
   A.12个月
   B.9个月
   C.18个月
   D.6个月

47. 关于成长战略下的薪酬管理策略的说法,正确的是( )。
   A. 基本薪酬在薪酬结构中所占的比重较大
   B. 一般采取跟随市场的薪酬水平
   C. 提供高水平的福利待遇
   D. 长期而言,力求使员工获得较为丰厚的回报

48. 其他条件一定,更有可能导致员工提出离职的情形是( )。
   A. 劳动者受过高等教育　　　　　　B. 劳动者所在的企业薪酬福利高
   C. 劳动者在当前企业任职年限长　　D. 劳动力市场紧张

49. 下列专业技术人员参加的活动中,不可以计入继续教育学时的是( )。
   A. 单位组织的线上培训　　　　　　B. 单位组织的学术讲座
   C. 单位组织的科研项目评审会　　　D. 行业内组织的技术交流活动

50. 关于工资的说法,错误的是( )。
   A. 货币工资上升时,实际工资有可能下降
   B. 货币工资水平通常低于实际工资水平
   C. 实际工资等于货币工资与物价指数之比
   D. 一般用消费品物价指数来计算货币工资代表的实际工资水平

51. 引起劳动力市场非均衡的原因,不包括( )。
   A. 劳动者在企业之间的流动是有成本的
   B. 企业能够自由调整用工人数
   C. 有些企业会支付高于市场通行工资率的工资水平
   D. 在劳动力市场上存在工资刚性现象

52. 关于培训与开发效果评估中的结果评估的说法,错误的是( )。
   A. 它是培训与开发效果评估中最受组织高管层关心的内容
   B. 它是组织进行培训与开发效果评估的最重要内容
   C. 它重点评估受训人员对培训与开发的主观感受和看法
   D. 它是最具有说服力的培训与开发效果评价指标

53. 关于劳动力市场的说法,错误的是( )。
   A. 劳动力市场为劳动力供求双方提供了一个接触、谈判和交易的机制
   B. 劳动力供求双方通过劳动力市场交换劳动力质量和价格方面的信息
   C. 劳动力供求双方在劳动力市场上达成的是劳动力所有权转让交易
   D. 劳动力市场能同时满足个人需要和社会需要

54. 劳动关系系统运行的基本功能是( )。
   A. 动力功能和约束功能　　　　　　B. 打击功能和防御功能
   C. 激励功能和保障功能　　　　　　D. 维权功能和服务功能

55. 关于领导—成员交换理论的说法,错误的是( )。
   A. 领导-成员交换是一个互惠的过程
   B. "圈里人"通常比"圈外人"更具有工作责任感
   C. 领导倾向于对"圈里人"采用正式领导权威
   D. 领导把下属分成"圈里人"和"圈外人"

56. 关于人力资本投资及其相关理论的说法,错误的是( )。
   A. 人力资本投资的成本产生在当前
   B. 能够提高个人在劳动力市场上的收益能力的投资,均属于人力资本投资
   C. 人力资本投资的收益产生在未来
   D. 人力资本投资理论认为劳动者都是同质的

57. 关于结构性失业的说法,错误的是( )。
   A. 政府提供培训和劳动力市场信息有助于减少结构性失业
   B. 最主要的结构性失业是技术性失业
   C. 职位空缺与失业者的地理位置不匹配造成的失业属于结构性失业
   D. 通过恰当的政府干预可以避免结构性失业的出现

58. 关于绩效管理工具的说法,错误的是( )。
   A. 目标管理法在考核过程中存在大量的主观偏见
   B. 标杆超越法容易导致企业失去自身特色
   C. 目标管理法可能会牺牲企业的长远利益
   D. 标杆超越法中的标杆指的是最佳实践或最佳标准

59. 根据霍兰德的职业兴趣理论,具有聪明、理性、细致、喜欢批评等特点,偏好对各种现象进行观察、分析和推理,属于( )人格。
   A. 现实型   B. 常规型
   C. 研究型   D. 社会型

60. 关于劳动人事争议仲裁委员会的说法,错误的是( )。
   A. 委员会之间并不具有行政隶属关系
   B. 委员会由劳动行政部门代表、工会代表和企业方面代表组成
   C. 直辖市可以设立若干个委员会
   D. 委员会按行政区划层层设立

二、多项选择题(共20题,每题2分。每题的备选项中,有2个或2个以上符合题意,至少有1个错项。错选,本题不得分;少选,所选的每个选项得0.5分。)

61. 在培训开发与评估里,属于结果评估中硬指标的有( )。
   A. 时间   B. 质量
   C. 成本   D. 产出
   E. 客户满意度

62. 按工会的组织结构形式,工会可以划分为( )。
   A. 产业工会   B. 职业工会
   C. 企业工会   D. 地方性工会
   E. 总工会

63. 某垄断企业工资水平高,但实施薪酬保密,该企业对能力相同且在同一岗位上的人确定不同的工资水平,同时故意将高工资岗位留给有关系的人,而让那些能力相同的其他人从事工资较低的岗位,以上存在的劳动力市场歧视包括( )。
   A. 职业歧视   B. 统计性歧视
   C. 工资歧视   D. 客户歧视
   E. 雇主歧视

64. 关于晋升竞赛,下列说法正确的有( )。
   A. 候选人之间有较高的可比性,有助于激发候选人的最大努力
   B. 候选人在晋升竞赛过程中展现出来的优势越充分,获胜后得到的工资水平越高
   C. 要想晋升竞赛产生积极作用,应确保晋升结果只取决于候选人的实力和绩效
   D. 晋升竞赛中可以同时有多位候选者
   E. 晋升后的工资差距太小可能会在一定程度上削弱竞赛参与者的努力动机

65. 在劳动争议中,属于用人单位应提交的证据材料包括( )。
   A. 员工职业资格证书   B. 员工身份证复印件
   C. 出勤记录单   D. 企业规章制度文本
   E. 绩效明细表

66. 关于路径—目标理论的说法,正确的有( )。
   A. 路径—目标理论认为不同的领导行为适合于不同的环境因素和个人特征
   B. 路径—目标理论假定领导不具有变通性
   C. 路径—目标理论认为参与式领导会主动征求并采纳下属的意见
   D. 路径—目标理论认为指导式领导常常很关心下属的要求
   E. 路径—目标理论是豪斯提出来的

67. 下列关于绩效评价技术的说法,正确的有( )。
   A. 行为锚定法具有较低的信度
   B. 行为锚定法的开发成本较低
   C. 图尺度评价法无法为员工改进工作提供具体指导
   D. 图尺度评价法往往只有模糊的绩效标准
   E. 行为观察量表法的内部一致性较好

68. 下列关于职工大额医疗费用补助制度的说法,正确的有( )。
   A. 该险种有强制执行性
   B. 与基本医疗保险基金分开管理,分别核算
   C. 一般由商业保险公司经办
   D. 用于解决封顶线以上的大额医疗费用
   E. 采取每年缴纳一定额度费用的办法筹集资金

69. 下列关于薪酬设计的基本步骤的说法,正确的有( )。
   A. 薪酬调查方式包括企业间相互调查、委托调查、收集公开的信息及问卷调查
   B. 职位评价是对任职者所做的评价
   C. 薪酬结构是由薪酬等级和薪酬等级内部变动范围构成
   D. 职位评价主要是为了解决薪酬的内部公平性
   E. 薪酬调查主要是为了解决薪酬的外部竞争性

70. 下列关于职称审核的说法,正确的有( )。
   A. 针对海外高层次人才可以合理放宽资历、年限等条件限制
   B. 退休两年内的专业技术人才可以申报职称
   C. 长期在基层一线的专业技术人才,侧重考查其实际工作业绩,适当放宽学历要求
   D. 受处分期间的专业技术人员可以申报职称
   E. 具有重大技术研究突破的专业技术人才,可以直接申报高级职称

71. 在需要层次理论中,与ERG理论中的关系需要对应的有( )。
    A. 部分生理需要　　　　　　　　B. 部分安全需要
    C. 全部安全需要　　　　　　　　D. 部分尊重的需要
    E. 全部归属与爱的需要

72. 在进行人力资源需求预测时需要考虑的因素有( )。
    A. 组织内部的人力资源状况　　　B. 组织战略定位
    C. 组织结构调整情况　　　　　　D. 组织提供的产品或服务的情况
    E. 组织技术变革

73. 关于劳动能力鉴定的说法,正确的有( )。
    A. 劳动能力鉴定可以由用人单位、工伤职工或其近亲属提出申请
    B. 劳动功能障碍分为10个伤残等级
    C. 生活自理障碍分为5个等级
    D. 劳动能力鉴定委员会建立医疗卫生专家库
    E. 劳动能力鉴定结论应当及时送达申请鉴定的单位和个人

74. 领取失业保险金的条件包括( )。
    A. 家中有需要赡养的老人
    B. 非因本人意愿中断就业
    C. 年满18周岁以上
    D. 失业前用人单位和本人已经缴纳失业保险费满1年
    E. 已经进行失业登记,并有求职要求

75. 职能制的缺点包括( )。
    A. 管理范围较小,导致管理层懒散　　B. 狭隘的职能观念
    C. 横向协调差　　　　　　　　　　　D. 不利于培养全面素质的管理人才
    E. 适应性差

76. 在密歇根模式中,用来描述领导行为的维度包括( )。
    A. 技能管理　　　　　　　　　　　　B. 关心人
    C. 员工取向　　　　　　　　　　　　D. 工作管理
    E. 生产取向

77. 适用于不同竞争态势战略的绩效管理的说法,正确的有( )。
    A. 跟随者战略可以采用标杆超越法
    B. 跟随者战略应当仅选取直接上级作为考核主体
    C. 防御者战略可以将考核周期与奖金发放周期保持一致
    D. 探索者战略组织采用行为导向的评价方法
    E. 防御者战略可以采用系统化的评价方法,多角度选择考核指标

78. 关于非全日制用工的说法,正确的有( )。
    A. 薪酬发放周期最长不得超过半年　　B. 劳动者可以选择是否约定试用期
    C. 劳动者可以在三个用人单位工作　　D. 双方可随时终止用工
    E. 必须订立书面劳动合同

79. 下列属于人力资本投资的有( )。
   A. 用人单位的岗位培训
   B. 给子女支付学费
   C. 员工为了获得更高的薪酬到其他企业去求职
   D. 用人单位给解除劳动合同的员工支付经济补偿金
   E. 资助贫困家庭的儿童继续学业

80. 内部一致性信度的方式包括( )。
   A. 同质性信度
   B. 重测信度
   C. 评价者信度
   D. 复本信度
   E. 分半信度

三、案例分析题(共20题,每题2分。由单选和多选组成。错选,本题不得分;少选,所选的每个选项得0.5分。)

(一)

某大型公司近年来出现了员工流失、员工积极性下降等一系列问题,为此聘请咨询机构开展咨询服务。通过访谈和市场调查咨询机构发现,该建材公司的工资水平与市场水平大体持平,竞争力不明显。如果能将工资水平定为略高于市场平均水平,将有助于解决员工流失和工作积极性下降等问题,且公司目前的利润水平足以提供支撑。在访谈过程中,不少人反映公司的薪酬制度设计不合理。在任职要求类似的岗位中,劳动条件好和劳动条件差的岗位之间薪酬没有拉开合理差距,有些岗位大家不愿意干,技术水平要求高和要求低的岗位之间的薪酬差距明显过小。此外,一些通用工种核心员工流失,主要是由于本地新建了几家设备更先进、资本密集程度更高的大型企业,这些企业的薪酬水平明显更高,吸引走了本公司一部分人。

根据以上资料,回答下列问题:

81. 咨询机构在为该公司提供薪酬水平调整建议之前,首先对该公司的利润水平是否能够支撑进行了评估,这种做法表明了( )对工资水平决定的影响。
   A. 同工同酬
   B. 企业的工资支付能力
   C. 劳动者个人及其家庭生活费用
   D. 劳动力市场

82. 咨询公司建议将工资水平定为略高于市场平均水平,支持咨询机构这一建议的理由包括( )。
   A. 公司对员工约束更严格,因而需要提供一定的补偿性工资
   B. 公司直接聘用能力强的员工比自己培养员工更有利
   C. 公司提供较高的工资可以尽快填补职位空缺
   D. 有利于降低离职率

83. 在调查过程中,该公司反映的不合理现象表明,在该公司的薪酬管理实践中存在( )工资差别。
   A. 补偿性
   B. 竞争性
   C. 垄断性
   D. 技术性

84. 该企业与新建的几家大型企业之间存在的薪酬差距,在一定程度上说明了( )对薪酬水平的影响。
   A. 企业所在地理位置
   B. 企业的技术经济特点
   C. 工会化程度
   D. 成熟劳动力所占比重

(二)

某公司长期采取社会招聘的方式填补中基层管理者职位空缺,导致公司基层的不少年轻员工晋升无望,公司新任人力资源经理老李对此高度重视,组织集体讨论,研究解决方法。经过分析,大家认为,主要问题是公司对现有人力资源状况和人才底数掌握不清,导致一旦出现职位空缺就第一时间考虑从外部招人。老李决定先根据公司业务发展做好人力资源需求预测,然后认真盘点公司内部人力资源供给状况,做好人力资源供给预测,在此基础上,进一步加强人才梯队建设,以便更多的内部基层员工有机会晋升到管理岗位。

根据以上资料,回答下列问题:

85. 为配合人才梯队建设、以便更多的内部基层员工有机会晋升到管理岗位,可以选择的人力资源供给预测的方法是(　　)。
    A. 多元回归分析法　　　　　　　B. 人员替换分析法
    C. 专家讨论法　　　　　　　　　D. 定量分析法

86. 该公司在进行人力资源供给预测的分析时,主要对(　　)进行分析。
    A. 质量　　　　　　　　　　　　B. 数量
    C. 激励　　　　　　　　　　　　D. 流动

87. 进行公司内部人力资源供给预测分析,可以运用的方法是(　　)。
    A. 马尔科夫分析法　　　　　　　B. 比率分析法
    C. 一元回归分析法　　　　　　　D. 趋势分析法

88. 为了清楚掌握公司现有的人力资源状况,预测内部人力资源供给情况,该公司最应该做的是(　　)。
    A. 加强绩效考核　　　　　　　　B. 完善培训与开发体系
    C. 改善员工关系　　　　　　　　D. 建立员工技能数据库

(三)

小高由于工作能力出色,被选拔为市场部负责人,让公司领导感到意外的是,小高晋升为负责人之后,虽然工作依旧努力,但是他领导的市场部的业绩不升反降。在私下交流时,部门成员普遍反映,虽然小高工作负责,但是他在管理中缺少激励措施,导致员工们的积极性不高,而且小高只关心工作绩效,不太注重与成员之间的沟通协作,要求一切事项都必须按照他的要求执行。

根据以上资料,回答下列问题:

89. 根据生命周期理论,小高的领导风格是(　　)。
    A. 高工作—低关系　　　　　　　B. 高工作—高关系
    C. 低工作—低关系　　　　　　　D. 低工作—高关系

90. 成功的领导依赖于各项技能,小高需要提高的技能有(　　)。
    A. 概念技能　　　　　　　　　　B. 人际技能
    C. 技术技能　　　　　　　　　　D. 计划技能

91. 小高的领导风格属于管理方格图中的(　　)。
    A. "无为而治式"领导风格　　　　B. "乡村俱乐部式"领导风格
    C. "任务式"领导风格　　　　　　D. "中庸式"领导风格

92. 从小高的表现可以看出,根据路径—目标理论,小高属于(　　)。
   A. 成就取向式领导　　　　　　B. 支持型领导
   C. 指导式领导　　　　　　　　D. 参与式领导

(四)

从2009年1月1日起,张某一直在甲公司工作,月工资5 000元,双方签订无固定期限的劳动合同。2019年1月1日,甲公司被乙公司合并,甲公司未向张某支付经济补偿金。之后,经双方同意,张某与乙公司签订劳动合同,内容包括:期限2019年1月1日至2019年12月31日,月工资5 000元,试用期三个月,禁止内部员工谈恋爱。2019年8月1日,经乙公司主动提出,双方协商一致解除了劳动合同。2021年7月,张某达到退休年龄,向一位同事打听国家有关养老保险待遇的政策,同事回复:"你累计缴费未满足最低20年的缴费年限,不能按月领取养老金"。张某询问,能不能继续缴费直至满足最低缴费年限,同事回复:"国家没有继续缴费的规定"。

根据以上资料,回答下列问题:

93. 关于甲公司与张某解除劳动合同的说法,正确的是(　　)。
   A. 仅张某可以单方预告解除该劳动合同
   B. 仅乙公司可以单方预告解除该劳动合同
   C. 乙公司和张某都可以单方预告解除劳动合同
   D. 自甲公司被乙公司合并之日起,原劳动合同就无效了

94. 张某与乙公司签订的合同中,符合法律规定的是(　　)。
   A. 试用期三个月
   B. 期限2019年1月1日至2019年12月31日
   C. 禁止内部员工谈恋爱
   D. 月工资5 000元

95. 张某依法可以从乙公司获得的经济补偿为(　　)。
   A. 0.5万元　　　　　　　　　　B. 5.0万元
   C. 5.5万元　　　　　　　　　　D. 6.0万元

96. 关于张某同事回复内容的表述,下列说法正确的有(　　)。
   A. "不够最低20年的缴费年限"的回复是错误的
   B. "国家没有继续缴费的政策规定"回复是正确的
   C. "国家没有继续缴费的政策规定"回复是错误的
   D. "不够最低20年的缴费年限"的回复是正确的

(五)

某公司是一家处于行业领先地位的技术研发公司,公司员工的受教育程度较高,年龄结构也较为合理,公司高层重视员工培训,并制定了规范化的培训与开发效果评估体系,主要评估参培人员将所学知识、技能等运用到工作上的程度。同时,公司还特别重视员工的职业发展,让员工通过专业测评来了解自己的职业生涯锚,公司在人员调配、晋升等方面也会考虑员工的特点和个人职业生涯目标,员工对自己在公司的职业发展满怀期待,并为此积极努力。例如,张某今年27岁,打算去考非全日制研究生;王某在软件研发岗位已经工作了6年,打算去外地的子公司带领一个小团队;宋某通过测评发现自己的分析能力、人际沟通能力和情绪控制能力都比较

强,准备去迎接新的工作挑战。

根据以上资料,回答下列问题:

97. 根据培训与开发效果评估的理论,该公司进行的评估包括( )。

    A. 学习评估　　　　　　　　　B. 结果评估

    C. 工作行为评估　　　　　　　D. 投资收益评估

98. 该公司员工王某处于职业生涯发展的( )。

    A. 衰退期　　　　　　　　　　B. 探索期

    C. 建立期　　　　　　　　　　D. 维持期

99. 该公司职工张某处于职业生涯发展的( )。

    A. 衰退期　　　　　　　　　　B. 探索期

    C. 建立期　　　　　　　　　　D. 维持期

100. 该公司员工宋某的职业生涯锚是( )。

    A. 管理能力型　　　　　　　　B. 安全稳定型

    C. 技术/职能能力型　　　　　 D. 生活平衡型

2020年全国经济专业技术资格考试真题试卷

《人力资源管理专业知识与实务》

一、单项选择题(共60题,每题1分。每题的备选项中,只有1个最符合题意。)

1. 关于领导—成员交换理论的说法,错误的是(   )。
   A. 团体中领导者与下属在确立关系和角色的早期,就把下属分成"圈里人"和"圈外人"两个类别
   B. 属于"圈里人"的下属与领导者打交道时,比"圈外人"困难少,能够感觉到领导者对他们的关心
   C. 领导者也倾向于对"圈里人"投入比"圈外人"更多的时间、感情,很少采用正式领导权威
   D. 领导—成员交换理论认为,这种交换过程是一个单向的过程

2. 关于组织结构特征因素之中的管理层次的说法,错误的是(   )。
   A. 管理层次也称组织层次
   B. 管理层次是组织最高到最低一级管理组织的各个组织等级
   C. 管理层次决定了组织的管理幅度,起主导作用
   D. 管理层次的多少表明了组织结构的纵向复杂程度

3. 如果劳动力需求是富有弹性的,在只看绝对值的情况下,劳动力需求数量的变化规律是(   )。
   A. 需求量变化百分比大于其工资率变化百分比
   B. 需求量变化百分比小于其工资率变化百分比
   C. 需求量变化值大于其工资率变化值
   D. 需求量变化值小于其工资率变化值

4. 组织非常重视适应、忠诚感和承诺,该组织的组织文化类型属于(   )。
   A. 学院型组织   B. 俱乐部型组织
   C. 棒球队型组织   D. 堡垒型组织

5. 注册会计师职业资格考试属于(   )。
   A. 认知能力测试   B. 人格测试
   C. 知识测试   D. 心理测试

6. 导致不同产业部门之间形成工资差别的主要原因不包括(   )。
   A. 劳动力规模   B. 熟练劳动力所占的比重
   C. 技术经济特点   D. 所处的发展阶段

7. 下列知识型团队的绩效考核指标中,用来评估工作产出成果的是(   )。
   A. 效益型指标   B. 风险型指标
   C. 效率型指标   D. 递延型指标

8. 2019年3月1日,迈克尔(K国国籍,K国与中国签订有社保缴费协议)取得中国境内就业证书,迈克尔希望按照协议免除规定险种在规定期限的缴费义务,其应当提供K国参保证明的日期不得晚于( )。

　　A. 2020年9月1日　　　　　　　　B. 2020年6月1日
　　C. 2019年6月1日　　　　　　　　D. 2019年9月1日

9. 关于企业减少劳动力过剩的方法的说法,正确的是( )。

　　A. 自然减员的方法员工受伤害程度低
　　B. 冻结雇用的方法见效速度快
　　C. 鼓励提前退休的方法员工受伤害程度高
　　D. 职位分享的方法见效速度慢

10. 关于战略性人力资源管理中人才管理的说法,正确的是( )。

　　A. 尽可能一次性地招募大量人才以应对人才竞争
　　B. 在人才的获取和保留方面要具有前瞻性和灵活性
　　C. 最优秀、绩效卓越的员工才是人才
　　D. 组织内部培养的员工才是真正的人才

11. 根据权变理论,如果一个领导人对他最不喜欢的工作伙伴也用肯定性的形容词去描绘,说明他属于( )。

　　A. 工作取向型　　　　　　　　B. 权威取向型
　　C. 关系取向型　　　　　　　　D. 社会取向型

12. (教材已删除)社会主义新型劳动关系的特点不包括( )。

　　A. 权责明确　　　　　　　　B. 规范有序
　　C. 互利共赢　　　　　　　　D. 和谐稳定

13. 下列情况中,会在高等教育投资收益估计中造成高估偏差的是( )。

　　A. 上大学者可能本来就比没上大学者的能力更强
　　B. 在上大学的收益中包括无法被估算的心理收益
　　C. 在上学的成本中包括心理成本
　　D. 假如大学毕业生不上大学,他们的工资性报酬比高中毕业生更低

14. (教材已删除)对发展和谐劳动关系具有促进作用的做法是( )。

　　A. 强制已建立工会的企业必须开展集体协商
　　B. 劳动仲裁和劳动监察人员社会化、弹性化
　　C. 加强对企业实行特殊工时制度的审批管理
　　D. 国有企业按工资总额的固定比例提高员工工资

15. 关于员工申诉管理的说法,正确的是( )。

　　A. 非正式的申诉处理程序是由双方共同的上级进行说和
　　B. 正式的申诉处理程序,员工无需举证,由受理部门查明事实
　　C. 员工不满全部可以通过申诉程序进行
　　D. 员工申诉是一种表达不满的途径

16. 某公司决定通过提高产品质量、性能来战胜竞争对手,提高市场份额,从战略层次的角度看,这种战略是( )。
   A. 职能战略   B. 组织发展战略
   C. 竞争战略   D. 稳定战略

17. 下列人力资源管理活动中,与成本领先战略相匹配的是( )。
   A. 重视提高运营效率
   B. 鼓励员工大胆创新
   C. 对职位职责和工作流程规定比较宽松
   D. 薪酬水平领先市场水平

18. 下列做法中,属于工资歧视的是( )。
   A. 对于从事相同工作但所处地理位置不同的劳动者支付不同的工资
   B. 故意将女性劳动者安排到低工资的职业或岗位上去
   C. 对于其他条件均相同且从事相同工作的不同性别劳动者支付不同的工资
   D. 对于生产率存在差异的劳动者支付不同水平的工资

19. 劳动力市场是一种( )市场。
   A. 要素   B. 产品
   C. 资本   D. 期货

20. 关于绩效管理与绩效考核的说法,正确的是( )。
   A. 绩效考核侧重于信息的沟通和绩效的提高
   B. 绩效管理有助于组织战略目标的实现
   C. 绩效管理是绩效考核的重要组成部分
   D. 绩效考核有助于建设和谐的组织文化

21. 按照国家相关政策,关于专业技术人员继续教育的说法,正确的是( )。
   A. 内容包括公共科目、基础科目和专业科目
   B. 专业科目内容包括从事专业工作所需要的新理论、新知识、新技术、新方法等
   C. 专业科目一般不低于总学时的二分之一
   D. 每年累计总学时应不少于120学时

22. 关于员工持股计划的说法,正确的是( )。
   A. 员工所持股份占企业总股本的比例,一般不宜超过30%
   B. 持股员工可以是正式聘用的,也可以是非正式聘用的
   C. 企业高管与一般职工的认购比例,原则上控制在3∶1的范围内
   D. 持股员工数量不得低于员工总数的90%

23. 关于劳动力跨职业流动的说法,错误的是( )。
   A. 自愿性职业流动往往是向上流动的
   B. 两代人之间的职业差异越明显,则表明劳动力市场上的竞争越充分
   C. 服务业吸引大量劳动力的原因之一是该企业中的就业机会较多
   D. 在经济繁荣时期更容易看到自上而下的职业流动

24.劳动关系调整原则包括( )。
　　A.以政府协调为基础
　　B.促进经济发展和社会进步
　　C.强调劳动关系各主体各自义务
　　D.重点保护劳动关系主体权益

25.某公司进行人力资源供给预测时,针对某些关键职位,细致分析了组织内部能够填补该职位空缺的合适候选人,这种预测方法属于( )。
　　A.马尔科夫分析法　　　　　　　　B.人员替换分析法
　　C.转移矩阵　　　　　　　　　　　D.趋势预测法

26.下列对于实际工资的说法,错误的是( )。
　　A.实际工资是企业支付给员工的货币工资
　　B.政府在制定相关宏观经济政策时,应了解市场上的实际工资
　　C.消费者价格指数越高,相同货币工资所代表的实际工资水平越低
　　D.实际工资是劳动力供给决策的依据

27.当事人对劳动争议仲裁管辖的异议,应当在( )前提出。
　　A.裁决作出　　　　　　　　　　　B.答辩期满
　　C.案件开庭审理　　　　　　　　　D.辩论终结

28.下列成员中,不属于股票期权激励的对象的是( )。
　　A.上市公司的外籍核心业务人员　　B.上市公司的外籍董事
　　C.上市公司的高级管理人员　　　　D.上市公司的独立董事

29.下列措施中,不利于科技人员开展创新活动的是( )。
　　A.进一步提高财政项目中直接费用的比例
　　B.简化科研项目资金的预算编制科目
　　C.将项目聘用人员的社会保险补助纳入劳务费科目列支
　　D.建立学术助理制度

30.关于职位评价方法分类的说法,正确的是( )。
　　A.职位尺度比较法包括要素计点法和分类法
　　B.定性方法包括因素比较法和分类法
　　C.直接职位比较法包括因素比较法和分类法
　　D.定量方法包括要素计点法和排序法

31.职能制结构的缺点不包括( )。
　　A.横向协调性差　　　　　　　　　B.不利于强化专业管理
　　C.狭隘的职能观念　　　　　　　　D.企业领导负担重

32.下列关于基本养老保险制度,说法错误的是( )。
　　A.基金主要由用人单位和个人缴费以及政府补贴等组成
　　B.实行社会统筹与个人账户相结合的模式
　　C.灵活就业人员参加基本养老保险,由当地政府和个人共同缴纳
　　D.养老保险待遇只能在达到法定退休年龄后才能享受

33. 下列关于绩效监控与绩效辅导的说法，正确的是( )。
   A. 绩效辅导贯穿于绩效实施的整个过程
   B. 绩效辅导是绩效监控的基础
   C. 绩效辅导是管理者为掌握下属的工作绩效情况进行的一系列活动
   D. 绩效监控是在已经掌握下属工作绩效前提下，为提高绩效水平进行的一系列活动

34. 在决定上大学的合理年限时，决策的基本依据是上大学的( )。
   A. 平均成本等于平均收益   B. 总成本等于总收益
   C. 边际成本等于边际收益   D. 边际成本等于平均收益

35. 根据我国有关规定，关于劳务派遣的说法，不正确的是( )。
   A. 经营劳务派遣业务，注册资本不少于人民币200万元
   B. 劳务派遣许可证有效期为3年
   C. 劳务派遣单位注册资本发生变化，应当向许可机关提出变更申请
   D. 劳务派遣单位与劳动者、用工单位与劳动者之间均建立劳动关系

36. 关于人力资源需求预测方法的说法，正确的是( )。
   A. 德尔菲法采用集体讨论的方式，汇集了专家意见
   B. 经验判断法比较主观，应避免使用该方法
   C. 趋势预测法能够在外部环境变化较大的情况下准确地进行预测
   D. 在数据比较充分的情况下，定量方法预测比较准确

37. 在西蒙的决策过程理论中，探索、研究和分析时能发生的行为系列属于( )。
   A. 智力活动阶段   B. 选择活动阶段
   C. 设计活动阶段   D. 确认活动阶段

38. 会导致个人劳动力供给时间增加的是( )。
   A. 工资率上升的替代效应   B. 工资率下降的替代效应
   C. 工资率上升的收入效应   D. 工资率下降的规模效应

39. 根据生命周期理论，低工作—高关系的领导风格被称为( )。
   A. 指导式   B. 授权式
   C. 推销式   D. 参与式

40. 长期失业率是指在劳动力总人口中，失业时间达到( )的失业者所占的比例。
   A. 1年以及1年以上   B. 2年以及2年以上
   C. 3年以及3年以上   D. 半年以及半年以上

41. 某项甄选测试的目的是评价求职者的逻辑能力，但是测试的题目设计不佳，变成了考查求职者的知识记忆情况，则该测试的( )比较低。
   A. 同时效度   B. 效标效度
   C. 内容效度   D. 预测效度

42. 国家规定，工程技术领域的技能人员参评工程技术系列专业技术职称，必须有( )以上的职业资格。
   A. 技师   B. 初级工
   C. 中级工   D. 高级工

43. 根据生命周期理论,不仅表现出指导行为,而且富于支持行为的领导属于(　　)。
   A.指导式领导　　　　　　　　　　B.授权式领导
   C.推销式领导　　　　　　　　　　D.参与式领导

44. 关于组织发展的说法,错误的是(　　)。
   A.组织发展是有计划变革及干预措施的总和
   B.组织发展尤其强调等级权威和控制
   C.组织发展寻求的是增进组织的有效性和员工的幸福感
   D.组织发展的目的在于重视人与组织的成长、合作等

45. 关于职业生涯通道的说法,错误的是(　　)。
   A.它也称职业生涯路线
   B.它是个体一生的职业生涯轨迹
   C.它的四种基本类型中的双通道是为管理人员设计的
   D.它是个体在职业生涯中经历的一系列岗位和层级所形成的链条

46. 根据路径—目标理论,主动征求并采纳下属意见的领导属于(　　)。
   A.指导式领导　　　　　　　　　　B.参与式领导
   C.成就取向式领导　　　　　　　　D.支持型领导

47. 按照组织行为学有关理论,内源性动机包括(　　)。
   A.挑战性工作　　　　　　　　　　B.社会地位
   C.工资　　　　　　　　　　　　　D.表扬

48. 关于社会保险法适用的基本原则,错误的是(　　)。
   A.法律效力高于行政法规　　　　　B.同位法中一般规定优于特别规定
   C.地方性法规效力高于地方政府规章　D.原则上不溯及既往

49. 在其他条件不变的情况下,会导致劳动力需求量上升的是(　　)。
   A.资本价格下降的替代效应　　　　B.资本价格下降的收入效应
   C.资本价格上升的替代效应　　　　D.资本价格上升的规模效应

50. 导致劳动力非均衡现象出现的原因不包括(　　)。
   A.有些企业可能会支付超过市场通行水平的工资
   B.劳动者对工资率的反应是极其敏感的
   C.劳动者跨企业流动是有成本的
   D.企业往往并不能随意调整所雇用的员工人数

51. 根据霍兰德的职业兴趣理论,冒险、乐观、自信、有进取心,喜欢承担领导责任人的职业兴趣类型是(　　)。
   A.常规型　　　　　　　　　　　　B.艺术型
   C.企业型　　　　　　　　　　　　D.现实型

52. 关于劳动力流动对企业和员工影响的说法,错误的是(　　)。
   A.劳动力流动可能会导致企业提供的一部分培训投资损失
   B.劳动力流动对员工来说是收益大于成本的
   C.无论是对企业还是劳动者而言,劳动力流动都应有一个合理的限度
   D.劳动力流动可能会使企业增加培训新员工的成本

53. 关于党政领导干部在企业(社会团体)兼职的说法,正确的是( )。
   A. 经批准到企业兼职的党政领导干部,可以在企业兼职领取报酬
   B. 辞去公职的党政领导干部到企业兼职,无需经过组织人事部门的审批备案
   C. 已退休的党政领导干部,最多可以在1个社会团体兼职
   D. 不担任现职的党政领导干部,可以在企业兼职取酬

54. MBTI人格类型测试从4个两极性的维度来测试人的行为风格,其中反映获取信息的方式的维度是( )。
   A. 外倾—内倾   B. 感觉—直觉
   C. 理性—情感   D. 判断—感知

55. 对于操作人员和专业人员,工作绩效的主要依据是( )。
   A. 领导技能   B. 人际技能
   C. 技术技能   D. 概念技能

56. 下列关于薪酬体系设计的说法,错误的是( )。
   A. 工作分析是确定薪酬体系的基础
   B. 职位评价主要是为了解决薪酬的内部公平性
   C. 奖励性薪酬在薪酬体系中所占比重越高越好
   D. 薪酬调查主要是为了解决薪酬的外部竞争性

57. 关于劳动力流动的说法,错误的是( )。
   A. 领导风格等非经济因素会对劳动力流动产生影响
   B. 劳动力市场越宽松,劳动力流动越频繁
   C. 劳动者工资水平越低,流动的可能性越大
   D. 女性劳动者离职率相对较高的原因之一是需要考虑家庭角色分工

58. 下列属于交易型领导特征的是( )。
   A. 奖励   B. 激励
   C. 魅力   D. 愿景

59. 关于参与管理的说法,错误的是( )。
   A. 职位越高的管理人员越容易接受参与管理理念
   B. 参与管理符合双因素理论的主张
   C. 参与管理符合ERG理论的主张
   D. 参与管理是激励理论在实践中的一种应用

60. 不同评价者对同一个员工的评价基本相同,体现的有效绩效管理的特征是( )。
   A. 敏感性   B. 可靠性
   C. 可接受性   D. 实用性

二、多项选择题(共20题,每题2分。每题的备选项中,有2个或2个以上符合题意,至少有1个错项。错选,本题不得分;少选,所选的每个选项得0.5分。)

61. 魅力型领导的道德特征包括( )。
   A. 遵循外在道德标准   B. 提升自己的个人愿景
   C. 双向沟通   D. 从危机中思考与学习
   E. 使用权利为他人服务

62. 按照组织行为学中的领导风格理论,以员工为中心的领导风格强调(　　)。
   A. 督导　　　　　　　　　　B. 支持
   C. 民主　　　　　　　　　　D. 参与
   E. 产出

63. 关于员工持股计划主要内容的说法,正确的有(　　)。
   A. 上市公司全部有效的员工持股计划所持有的股票总数累计不超过公司股本总额的10%
   B. 它的激励对象包括企业在册管理的离退休人员
   C. 以非公开发行方式实施员工持股计划的持股期限不得低于36个月
   D. 单个员工所获股份权益对应的股票总数累计不得超过公司股本总额的2%
   E. 每期员工持股计划的持股期限不得低于24个月

64. 根据《人力资源市场暂行条例》,人力资源服务机构的类型有(　　)。
   A. 经营性人力资源服务机构　　　　B. 其他人力资源服务机构
   C. 外资人力资源服务机构　　　　　D. 民营人力资源服务机构
   E. 公共人力资源服务机构

65. ERG理论认为,人的核心需要有(　　)。
   A. 成就需要　　　　　　　　B. 生存需要
   C. 权力需要　　　　　　　　D. 关系需要
   E. 成长需要

66. 关于绩效管理中的标杆超越法的说法,正确的有(　　)。
   A. 标杆企业可以没有卓越的业绩
   B. 标杆的寻找范围应局限在同行业
   C. 标杆超越的实质是企业的变革
   D. 标杆企业被瞄准的领域应与本企业有相似的特点
   E. 标杆超越法更加重视比较和衡量

67. 组织战略执行过程中的五大要素除了信息系统,还包括(　　)。
   A. 组织结构　　　　　　　　B. 工作任务设计
   C. 员工关系　　　　　　　　D. 报酬系统
   E. 人员甄选、培训与开发

68. 在培训与开发效果评估中,结果评估的软指标包括(　　)。
   A. 工作满意度　　　　　　　B. 主动性
   C. 产出　　　　　　　　　　D. 工作习惯
   E. 成本

69. 关于劳动力市场的说法,正确的有(　　)。
   A. 在劳动力市场上有很多机构为劳动力供求双方的接触和联系提供方便
   B. 劳动力供求双方在劳动力市场上会通过某种方式交换劳动力质量和价格信息
   C. 劳动力供求双方通过劳动力市场达成协议后最终都会签订书面的正式雇佣合同
   D. 在劳动力市场上通常可以看到正在招聘员工的企业
   E. 在劳动力市场上通常可以看到正在通过各种方式找工作的劳动者

70. 明茨伯格认为,在决策过程的选择阶段,确定最终方案的方法一般有( )。
   A.在决策者经验或者知觉的基础上进行判断
   B.完全理性决策
   C.决策成员之间相互权衡
   D.有限理性决策
   E.在逻辑和系统的基础上对备选方案进行分析

71. 关于组织文化制度层的说法,正确的有( )。
   A.它也称组织文化的外层
   B.它制约和规范着物质层和精神层的建设
   C.它是组织文化的核心和灵魂
   D.它是组织文化的中间层
   E.它集中体现在组织中的各种行动准则或规章制度

72. 在其他条件一定的条件下,必然会导致劳动力需求量下降的有( )。
   A.工资率下降的替代效应
   B.工资率下降的规模效应
   C.工资率上升的规模效应
   D.工资率上升的替代效应
   E.工资率下降的收入效应

73. 关于人力资源规划的说法,正确的有( )。
   A.地区经济发展水平会影响人力资源供给情况
   B.人力资源供给预测主要就是预测企业未来需要的人员数量
   C.人力资源需求预测主要就是对劳动力市场形势进行预测分析
   D.人力资源规划要求进行人力资源需求和供给预测并进行平衡分析
   E.人力资源供给和需求预测可以采用定量和定性的方法

74. 关于事业岗位设置的说法,正确的有( )。
   A.管理岗位是担负领导职责或管理任务的工作岗位
   B.事业单位可以设置特设岗位,用于聘用急需的高层次人才
   C.对专业技术岗位实行最高岗位等级控制和结构比例控制
   D.事业单位岗位分为管理岗位、专业技术岗位、工勤技能岗位三类
   E.工勤技能岗位没有最高岗位等级控制和结构比例控制

75. 关于职称评审的说法,错误的有( )。
   A.专业技术人员跨单位流动后,必须重新评审或认定职称
   B.不具备职称评审条件的单位,可以委托其他单位的经核准备案的职称评审委员会评审
   C.民营企业中的专业技术人员可以参评专业技术职称
   D.符合条件的专业技术人员可以直接申报高级职称评审
   E.自由职业者不可以参评专业技术职称

76. 在高等教育投资收益评估中可能存在选择性偏差的原因有( )。
   A.在上大学的收益中还包括无法被计算的心理收益
   B.大学毕业生即使不上大学,也能比高中毕业就工作的人获得更多的工资性报酬
   C.高中毕业就工作的人即使上大学,其工资性报酬可能也比实际的大学毕业生更低
   D.大学毕业生如果不上大学,其工资性报酬可能会比高中毕业就工作的人更低
   E.高中毕业就工作的人如果上了大学,也能获得与大学毕业生相同的工资性报酬

77. 关于无领导小组讨论的说法,正确的有(   )。
    A. 它对考官的评分技术要求低
    B. 它鼓励求职者自由发言
    C. 它可以使用两难性问题、多项选择题作为试题
    D. 在讨论过程中考官不事先指定领导者
    E. 考官不参与讨论过程

78. 关于拥有中国永久居留资格的外籍人员的权利义务的说法,正确的有(   )。
    A. 在中国居留没有时间期限限制
    B. 在中国境内工作的,有权依法参加社会保险
    C. 在购房、子女入学等方面,享受中国公民同等的待遇
    D. 在中国境内工作的,必须办理外国人来华工作许可证
    E. 可以在中国境内申请驾照

79. 关于绩效管理中目标管理法的说法,正确的有(   )。
    A. 它的假设之一是员工是不愿意工作的
    B. 它聚焦于短期目标
    C. 它较为公平
    D. 它适用于企业战略在一定时期内相对稳定的企业
    E. 它可能增加企业的管理成本

80. 下列因素中,可能造成补偿性工资差别的有(   )。
    A. 劳动强度   B. 工作愉快程度
    C. 从业能力   D. 劳动条件
    E. 职业稳定性

三、案例分析题(共 20 题,每题 2 分。由单选和多选组成。错选,本题不得分;少选,所选的每个选项得 0.5 分。)

(一)

某公司招聘面试最初的效果不理想,几个面试官对同一求职者的打分差异大,录用人员中面试得分很高的人,入职后实际工作绩效不尽如人意。

针对这种情况,公司人力资源部对面试官进行了集中培训。讲授面试技巧,帮助了解面试中可能犯的错误,提高面试水平。与此同时,还推广采用情境化结构面试。这次集中培训取得了较好的效果。在后来的面试中,面试考官通过询问情境化题目,对求职者的工作经验和能力进行了较为准确的判断,招聘的人员也更加符合职位的要求。

根据以上资料,回答下列问题:

81. 集中培训前几个面试考官对同一位求职者的打分差异很大,这说明面试的(   )低。
    A. 复本信度   B. 评价者信度
    C. 内部一致性信度   D. 重测信度

82. 该公司招聘来的人员面试得分很高但入职后实际工作绩效不尽如人意,这说明面试的(   )较低。
    A. 构想效度   B. 同时效度
    C. 内容效度   D. 预测效度

83. 该公司采用情境化结构面试,可选择的题目有(　　)。
   A.你过去有没有遇到过带领团队实现具有挑战性目标的情况,你是如何做的?
   B.你的优点是什么?
   C.假设你的下属对你安排的工作不太满意,你该如何处理?
   D.你为什么愿意加入我们公司?

84. 在对面试考官的培训中,应告诉面试考官尽量避免的错误有(　　)。
   A.有意制造紧张气氛以考察求职者在压力状况下的表现
   B.对求职者进行的评价受到其前后求职者表现的影响
   C.提问和工作职责无关的问题
   D.说话过多,影响求职者作答

(二)

某高科技公司为了留住优秀人才,计划加大培训与开发的投入,完善公司的培训与开发体系,在职业生涯管理方面,突出事业留人理念。为此,公司人力资源管理部门制定了职业生涯管理措施与实施方案,包括成立公司后备优才的潜能评价中心、实施工作转换、与大学联合举办高级管理人员培训项目等。

同时,公司聘请了专业测评公司对员工的职业兴趣、优势才能、职业生涯锚等进行科学测评,发现员工之间确实存在明显差异。例如,小张等员工来自技术部门和财务部门,他们期望在专业方面发展,不愿意承担一般性的管理工作。而小李等员工却喜欢管理工作,并愿意承担更大的责任,在分析能力、人际沟通能力、情商等方面的测评分数高。

人力资源管理经理根据测评结果与这些员工进行了充分交流,帮助员工制定自己的职业生涯发展计划,提供职业生涯手册。同时为这些员工设置了有针对性的培训与开发项目,并通过多个渠道来进行效果评估,评估他们在知识、技能或态度方面是否有明显的提高或改变,重点评估他们学到了什么。

根据以上资料,回答下列问题:

85. 小张等员工的职业生涯锚类型是(　　)。
   A.技术/职能能力型　　　　B.自主独立型
   C.创造型　　　　　　　　D.管理能力型

86. 小李等员工的职业生涯锚类型是(　　)。
   A.自主独立型　　　　　　B.技术/职能能力型
   C.创造型　　　　　　　　D.管理能力型

87. 该公司所采用的方法中,属于组织层次的职业生涯管理方法的有(　　)。
   A.提供职业生涯咨询
   B.与大学联合举办高级管理人员培训与发展项目
   C.工作轮换
   D.成立潜能评价中心

88. 该公司实施的培训与开发效果评估属于(　　)。
   A.学习评估　　　　　　　B.工作行为评估
   C.反应评估　　　　　　　D.结果评估

(三)

自2010年起,张某在甲商贸公司工作。2017年3月,甲商贸公司分立为甲贸易公司、乙贸易公司和丙贸易公司。分立协议明确由甲贸易公司承受分立前甲商贸公司的所有劳动权利和义务,并明确张某继续留在甲贸易公司工作。甲贸易公司登记一直在江北地区,张某的实际工作所在地一直在江东地区。另外,张某户籍在江西地区,常住地在江南地区。

2018年5月7日,张某离开甲贸易公司。2018年8月7日,张某向调解组织提出书面申请,希望解决2012年2月至2017年2月之间,甲商贸公司拖欠其工资问题,后因调解未果,张某就上述拖欠工资问题向劳动争议仲裁委员会申请劳动仲裁。劳动争议仲裁过程中,劳动争议仲裁委员会要求张某提供工资发放明细表和社保缴纳情况证明。

根据以上资料,回答下列问题:

89. 在张某提起的劳动争议仲裁中,被申请人应是( )。
 A. 甲贸易公司
 B. 丙贸易公司
 C. 乙贸易公司
 D. 甲贸易公司、乙贸易公司和丙贸易公司

90. 张某可以向( )劳动争议仲裁委员会申请劳动争议仲裁。
 A. 江西区
 B. 江东区
 C. 江北区
 D. 江南区

91. 在张某提起的仲裁程序中,举证责任分配正确的是( )。
 A. 工资发放明细表由公司提供,社保费缴纳情况证明由张某提供
 B. 工资发放明细表由张某提供,社保费缴纳情况证明由公司提供
 C. 工资发放明细表和社保费缴纳情况证明都应由公司提供
 D. 工资发放明细表、社保费缴纳情况证明均由张某提供

92. 下列情形中,人民法院应当认定仲裁时效中断的有( )。
 A. 张某申请劳动争议仲裁的行为
 B. 张某离开甲商贸公司的行为
 C. 甲商贸公司分裂为三家公司的行为
 D. 张某向调解组织书面申请调解其工资争议的行为

(四)

某民营企业成立于2000年,目前已是中国知名日用品制造商。公司创立早期,由于人员少且多与公司老板有亲戚关系,人力资源部经理长期由亲戚担任,工资发放存在较大的主观性、随意性。随着公司快速发展,在现有规模阶段,原有的薪酬管理方法显然已不适用,员工抱怨责权不明、薪酬待遇不公、贡献与收入不成比例,大锅饭现象严重,薪酬水平在市场上缺乏竞争力。但是公司老板的看法却不同,他认为公司的薪酬成本已经很高了,甚至给公司的经营带来了很大压力。为此,公司邀请了人力资源专家进行诊断。

专家经过调查发现,该公司的薪酬分配原则不清楚。薪酬分配在职位间、员工间缺乏公平性,存在平均主义;此外,员工的薪酬水平较低,落后于同行业类似职位的薪酬水平,与该公司的市场地位不符,长此以往将影响公司的发展。

根据以上资料,回答下列问题:

93. 该公司薪酬管理存在的问题有( )。
 A. 员工之间薪酬差距过大
 B. 缺乏统一政策
 C. 薪酬水平设定没有参考市场
 D. 没有体现不同职位之间差异

94. 假设公司老板认为的"公司薪酬成本很高"确实存在,该公司可以采用的薪酬成本控制方法有( )。
    A. 控制员工加班工时　　　　　　B. 压缩现有员工人数
    C. 减少员工雇用　　　　　　　　D. 减少社会保险缴费

95. 为了提升企业市场的竞争力,该企业可以采取的薪酬策略有( )。
    A. 跟随策略　　　　　　　　　　B. 领先策略
    C. 滞后策略　　　　　　　　　　D. 匹配策略

96. 为了解决该公司的薪酬公平性问题,应进行( )。
    A. 工作分析　　　　　　　　　　B. 薪酬控制
    C. 薪酬调查　　　　　　　　　　D. 职位评价

(五)

小马是一家私营企业的人力资源经理,他在努力说服总经理增加员工培训预算。但总经理谈了几个看法:一是不要把眼光仅仅放在正式培训项目上,很多培训可以通过非正式的形式来完成;二是正式的培训课程看起来只产生直接支出的经费,但实际上还有很多隐性支出或机会成本;三是要考虑培训的收益问题,不能光想要培训预算;四是如果一旦接受过培训的员工离职,公司的培训支出就等于白花了,这个问题应该想办法解决好。

根据以上资料,回答下列问题:

97. 总经理在第一点中提到的非正式培训的形式有( )。
    A. 安排员工在上班时间去旁听一场免费技术讲座
    B. 老员工在工作中手把手地指导新员工完成工作
    C. 老员工在工休时间以聊天的方式向其他员工传授工作技巧
    D. 劳动者通过边干边学的方式积累工作经验

98. 关于总经理谈到的培训中的机会成本包括( )。
    A. 租培训教室的费用
    B. 员工由于参加脱产培训而无法工作的损失
    C. 有经验的师傅带徒弟,使其工作效率受到影响
    D. 企业利用机器从事培训所带来的工作损失

99. 关于总经理在第三点中提到的培训收益的说法,正确的有( )。
    A. 培训的收益有可能在长期中才能表现出来
    B. 操作性技术培训的收益比其他培训的收益更高
    C. 培训的收益主要表现在受训者生产率提高方面
    D. 培训收益可以在培训结束后马上测量出来

100. 针对总经理提出的第四个问题,为降低因员工离职造成公司培训投资损失的风险,小马可以采取的对策包括( )。
    A. 要求员工分担部分培训成本
    B. 要求员工通过签订书面合同承诺在受训后继续工作一定的时间
    C. 对接受培训后业绩突出的员工提供奖励
    D. 选择性价比更高的培训项目

2019年全国经济专业技术资格考试真题试卷
《人力资源管理专业知识与实务》

一、单项选择题(共60题,每题1分。每题的备选项中,只有1个最符合题意。)

1. 某高科技公司认为区块链技术未来前景巨大,于是做出了进入该领域的战略决策,这属于( )。
   A. 职能战略   B. 竞争战略
   C. 组织战略   D. 差异化战略

2. 关于工资差别的说法,错误的是( )。
   A. 人们不仅关心工资水平,也关心工资差别
   B. 工资差别具有重新配置人力资源的功能
   C. 工资差别的形成,原因之一在于劳动者的素质和技能并不完全相同
   D. 政府应努力消除不同企业的同类劳动者之间存在的工资差别

3. 关于劳动力流动的说法,错误的是( )。
   A. 劳动力流动是劳动者实现个人就业选择自由的重要手段
   B. 劳动力流动是同等质量的劳动力的转移,不属于人力资本投资
   C. 劳动力流动可以发生在不同的企业、职业、产业和地区之间
   D. 劳动力流动有助于劳动力得到更有效的利用

4. 关于股票期权的说法,正确的是( )。
   A. 股票期权收益人须在规定的时期内购买公司股票
   B. 股票期权适用于非上市公司
   C. 股票期权是一种权利,也是一种义务
   D. 股票期权是企业无偿给予经营者等激励对象的

5. 关于领导的说法,错误的是( )。
   A. 领导必须具有影响力,而影响力必须来源于组织的正式任命
   B. 领导必须具有指导和激励的能力
   C. 领导是一种影响群体、影响他人、以达成组织目标的能力
   D. 领导帮助个体和群体确认目标,并激励他们达到一定的目标

6. 当企业同时使用同一种测试的A卷和B卷进行甄选测试时,A卷和B卷在测试内容上的等值程度被称为( )。
   A. 复本信度   B. 分半效度
   C. 重测信度   D. 预测效度

7. 通过减少企业业务流程中的偏差,提升组织绩效水平的绩效改进方法是( )。
   A. 卓越绩效标准   B. 标杆超越法
   C. 六西格玛管理   D. ISO质量管理体系

8. 关于员工持股计划的说法,正确的是( )。
   A. 科学合理的员工持股计划能够降低企业融资成本
   B. 员工持股计划的认购者可以是本企业员工,也可以是企业外部人士
   C. 员工持股计划中员工所认购的股份进行转让不受限制
   D. 员工持股计划会显著增加企业的税务负担

9. 根据美国心理学家布莱克和莫顿的管理方格理论,在关心人和关心任务的坐标上都很高的领导风格是( )。
   A. "乡村俱乐部"的领导风格   B. "最理想"的领导风格
   C. "中庸式"领导风格   D. "无为而治"的领导风格

10. 决策风格常常被分为指导型、分析型、概念型、行为型,其中具有分析型决策风格的决策者的特征是( )。
    A. 较低的模糊耐受性水平、倾向于关注人
    B. 较高的模糊耐受性水平、倾向于关注人
    C. 较高的模糊耐受性水平、倾向于关注任务
    D. 较低的模糊耐受性水平、倾向于关注任务

11. 某类劳动力的工资率为每小时10元时,某城市对这类劳动力的需求总量为10万小时,已知该市对这类劳动力的需求弹性为单位弹性。则当这种劳动力的工作率上涨到每小时15元时,该市对此类劳动力的需求总量会变成( )万小时。
    A. 2   B. 5
    C. 4   D. 15

12. 根据赫茨伯格提出的双因素理论,属于保健因素的是( )。
    A. 责任   B. 成就感
    C. 认可   D. 工资

13. 首先提供一组描述人的个性或特质的词或句子,然后让其他人通过对被测试者的观察,对被测试者的人格或特质做出评价,这种方法叫作( )。
    A. 自陈量表法   B. 评价量表法
    C. 投射法   D. "大五"人格测试法

14. 关于在职培训对企业和员工产生的影响的说法,错误的是( )。
    A. 接受特殊在职培训较多的员工通常离职动机更强
    B. 企业在经济衰退时期也会尽可能避免解雇受过大量特殊在职培训的员工
    C. 接受一般在职培训较多的员工更容易在其他企业中找到工作,因为流动更容易
    D. 劳动者年纪越大,对在职培训进行投资的意愿往往越弱

15. 在预测一家企业未来的人力资源供给状况时,马尔科夫分析法依据的是( )。
    A. 企业的外部经营环境的变化 B. 企业未来的生产经营状况
    C. 企业过去的人员变动规律   D. 企业员工的离职率

16. 关于绩效管理工具的说法,正确的是( )。
    A. 目标管理法倾向于聚焦企业长期目标
    B. 标杆超越法中的标杆对象主要为其他行业的优秀企业
    C. 关键绩效指标法的指标应该尽量多一些,以便更加全面地评价绩效
    D. 平衡计分卡法从战略层面揭示了四个绩效角度之间的因果关系

17. 反映一种甄选测试技术对被测试者的工作绩效进行预测的准确程度的是( )。
   A. 内容效度　　　　　　　　　　B. 一致性效度
   C. 构想效度　　　　　　　　　　D. 效标效度

18. 根据弗罗姆的期望理论,影响动机的三种因素不包括( )。
   A. 情景　　　　　　　　　　　　B. 工具性
   C. 效价　　　　　　　　　　　　D. 期望

19. 关于股票增值权的说法,正确的是( )。
   A. 实施股票增值权时需全额兑现
   B. 股票增值权的行权期一般不超过任期
   C. 实施股票增值权时可以用现金,也可以折合成股票,还可以两者结合
   D. 股票增值权的激励对象拥有规定数量的股票所有权

20. 霍兰德的职业兴趣理论认为,有一类人的基本人格倾向是:冒险、乐观、自信、精力充沛、有野心,看重政治和经济方面的成就,喜欢追求财富、权利和地位,喜欢与人争辩,喜欢说服别人接受自己的观点。这类人的职业兴趣类型是( )。
   A. 研究型　　　　　　　　　　　B. 企业型
   C. 艺术型　　　　　　　　　　　D. 现实型

21. 情境化结构面试通常遵循所谓的"STAR"原则,其中的T指的是( )。
   A. 行动　　　　　　　　　　　　B. 情境
   C. 时间　　　　　　　　　　　　D. 任务

22. 在劳动力市场均衡分析图中,假定劳动力需求曲线不变,而劳动力供给却由于退休人口增加和新成长劳动力不足而出现了下降,则可能出现的情况是( )。
   A. 均衡工资率和均衡就业量同时下降
   B. 均衡工资率上升,均衡就业量下降
   C. 均衡工资率和均衡就业量同时上升
   D. 均衡工资率下降,均衡就业量上升

23. 关于有效推行参与管理的条件的说法,错误的是( )。
   A. 组织文化必须支持员工参与
   B. 不应使员工和管理者的地位和权力受到威胁
   C. 员工参与的问题必须与其自身利益无关
   D. 在行动前要让员工有充裕的时间进行参与

24. 高等教育的信号模型认为( )。
   A. 企业利用大学文凭对求职者进行筛选是没有意义的
   B. 即使没有高等教育投资信号,企业也能判断出求职者的实际生产率
   C. 高等教育投资是证明劳动者具有高生产率的信号
   D. 从社会角度来说,高等教育投资是没有意义的

25. (教材已删除)在劳动关系中,劳动者的基本义务是( )。
   A. 增进的义务　　　　　　　　　B. 服从的义务
   C. 保密的义务　　　　　　　　　D. 完成劳动任务的义务

26. 组织文化结构中的深层指的是( )。
   A. 标识层　　　　　　　　　　　B. 物质层
   C. 精神层　　　　　　　　　　　D. 制度层

27. 关于教育投资产生的社会效益,说法错误的是( )。
   A. 它有助于提高受教育者的终身工资性报酬
   B. 它有助于国民收入水平提高和社会财富增长
   C. 它有助于降低失业率和减少国家的失业福利支出
   D. 它有助于提高政策决策过程的质量和决策效率

28. 根据美国心理学家罗伯特·豪斯的观点,不属于魅力型领导特征的是( )。
   A. 高大英俊   B. 共情
   C. 自信   D. 印象管理技能

29. 关于工资率上涨对个人劳动力供给产生的影响说法正确的是( )。
   A. 工资率上涨的收入效应和替代效应都是导致个人劳动力供给时间减少
   B. 工资率上涨的替代效应导致个人劳动力供给时间减少
   C. 工资率上涨的收入效应和替代效应都是导致个人劳动力供给时间增加
   D. 工资率上涨的收入效应导致个人劳动力供给时间减少

30. ( )是指个人对他人的看法往往受到他人所属群体的影响。
   A. 晕轮效应   B. 趋中倾向
   C. 刻板印象   D. 首因效应

31. 企业在实施战略性人力资源管理时,可以通过对组织战略的实现过程进行分解,展示出必须完成的各种关键活动及其驱动关系,这种战略实施工具被称为( )。
   A. 战略地图   B. 目标管理
   C. 数字仪表盘   D. 高绩效工作系统

32. 关于人力资本投资模型的说法,错误的是( )。
   A. 人力资本投资的收益等于未来若干年中获得的货币收益之和
   B. 在人力资本投资模型中,通常把利率作为贴现率
   C. 利率越高,相同人力资本投资收益的实际价值越小
   D. 内部收益率越高,人力资本投资有利可图的可能性越大

33. 在个体的职业生涯发展阶段中,建立期的主要任务和活动是( )。
   A. 独自做出贡献   B. 训练与帮助他人
   C. 帮助组织制定政策   D. 协助与学习

34. 下列费用中,属于基本医疗保险基金支付范围的是( )。
   A. 境外就医的费用
   B. 应当由公共卫生负担的费用
   C. 应当从工伤保险基金中支付的费用
   D. 急诊、抢救的医疗费用

35. 关于激励理论中强化理论的说法,正确的是( )。
   A. 它强调人的内在心理状态   B. 它是一种人本主义观点
   C. 它对解释行为没有帮助   D. 它是一种行为主义观点

36. 领导者的生命周期理论将工作取向和关系取向两个维度相结合,高工作—高关系的领导风格是( )。
   A. 指导式   B. 参与式
   C. 授权式   D. 推销式

37. 在复杂/静态的环境中,最有效的组织设计形式是( )。
    A. 矩阵式组织形式　　　　　　　　B. 无边界组织形式
    C. 行政层级式组织形式　　　　　　D. 职能制结构

38. 根据美国心理学家伯恩斯的观点,属于交易型领导特征的是( )。
    A. 魅力　　　　　　　　　　　　　B. 差错管理
    C. 智慧型刺激　　　　　　　　　　D. 个性化关怀

39. (教材已删除)关于2018年中美贸易摩擦作为环境因素影响劳动关系的说法,错误的是( )。
    A. 美国提高进口关税,将使中国出口受到影响,进而影响出口产业的劳动关系,这是经济环境方面的影响
    B. 中国降低某些美国产品进口关税,进而影响在劳动关系中作为劳动者的中国消费者,这是社会文化环境方面的影响
    C. 美国给本国制造业提供更为优惠的条件,促使其制造业回流,进而影响中国制造业的劳动关系,这是政策环境方面的影响
    D. 美国停止对中国出口芯片,将使中国芯片相关产业受到影响,进而影响这些产业的劳动关系,这是技术环境方面的影响

40. ( )组织喜欢雇用年轻的大学毕业生,并为他们提供大量的专门培训,然后指导他们在特定的职能领域内从事各种专业化工作。
    A. 学院型　　　　　　　　　　　　B. 俱乐部型
    C. 棒球队型　　　　　　　　　　　D. 堡垒型

41. 关于协商一致解除劳动关系的说法,正确的是( )。
    A. 只需要当事人达成合意,无需法定原因
    B. 用人单位应支付经济补偿金
    C. 应采取书面形式
    D. 用人单位无需支付经济补偿金

42. (教材已删除)下列法律中,不属于劳动法律体系的是( )。
    A. 社会保险法　　　　　　　　　　B. 职业介绍与培训法
    C. 就业促进法　　　　　　　　　　D. 社会治安法

43. 关于企业不同发展战略下的薪酬管理特征的说法,正确的是( )。
    A. 在采用稳定战略的企业中,基本薪酬和福利在薪酬结构中占的比例较高
    B. 采用成长战略的企业会在短期内提供相对较高的基本薪酬
    C. 在采用收缩战略的企业中,基本薪酬在薪酬结构中所占的比例较高
    D. 采用稳定战略的企业一般采取低于市场水平的薪酬

44. 关于绩效评价技术的说法,正确的是( )。
    A. 根据某项评价标准,将每位员工逐一与其他员工进行比较选出优胜者,最后根据每位员工获胜的次数进行绩效排序,这种绩效评价方法是配对比较法
    B. 列出评估指标,要求评估者在观察的基础上将员工的工作行为与评价标准进行对照,以判断该行为出现的频率或完成程度,这种绩效评价方法是交替排序法
    C. 将每项工作的特定行为用一张等级表(从最积极的行为到最消极的行为)进行反映,评估者只需要将员工的行为对号入座,这种绩效评价方法是行为观察量表法
    D. 采用"掐头去尾"和"逐级评价"的方法最终获得员工业绩排序,这种绩效评价方法是行为锚定法

45. 在制定战略规划阶段,关于人力资源管理与战略规划之间的联系,说法错误的是( )。
   A.所谓单项联系,是指人力资源部门能够参与战略制定的过程
   B.所谓双向联系,是指战略规划与人力资源管理之间形成了互动联系
   C.所谓一体化联系,是指战略规划与人力资源管理之间的互动是动态和全方位的
   D.所谓行政管理联系,是指人力资源部门与组织的战略管理过程完全分离

46. 关于优等劳动力市场和次等劳动力市场的说法,正确的是( )。
   A.优等劳动力市场形成的原因是存在劳动力市场垄断
   B.优等劳动力市场就业条件好,工资福利水平高,但职业保障性较差
   C.次等劳动力市场就业条件差,工资福利水平较低,职业保障性也较差
   D.次等劳动力市场上的劳动者是无法进入优等劳动力市场的

47. 根据《中华人民共和国社会保险法》,不属于社会保险险种的是( )。
   A.失业保险   B.工伤保险
   C.生育保险   D.雇主责任险

48. 对理性模型表述正确的是( )。
   A.在选择备选方案时,决策者试图使自己满意,或者寻找令人满意的结果
   B.决策者所认知的世界是真实世界的简化模型
   C.决策者在进行选择时可以知道所有的可能方案
   D.与有限理性模型的差异主要体现在质的差异上

49. 从甄选测试分类的角度来看,通常所说的智商测试属于( )。
   A.知识测试   B.特殊认知能力测试
   C.一般认知能力测试   D.成就测试

50. 关于同工同酬的说法正确的是( )。
   A.同工同酬是指具有相同技术水平的劳动者应当得到相同的报酬
   B.同工同酬是指工作条件相同的劳动者应当得到相同的报酬
   C.同工同酬更容易在同一部门或单位内部实现
   D.同工同酬是指世界各国劳动者应当获得相同的实际工资

51. 关于劳动法律责任形式的说法,正确的是( )。
   A.吊销执照属于刑事责任   B.责令改正属于民事责任
   C.开除属于民事责任   D.查封属于行政责任

52. 下列情形中属于劳务派遣用工单位义务的是( )。
   A.依法出具解除或终止劳动合同的证明
   B.依法支付被派遣劳动者的劳动报酬和相关待遇
   C.依法为被派遣劳动者缴纳社会保险费,并办理社会保险相关手续
   D.提供相应的劳动条件和劳动保护

53. 关于企业不同竞争战略下的绩效管理策略的说法,正确的是( )。
   A.采取成本领先战略的企业,应尽量使绩效考核主体多元化
   B.采用差异化战略的企业,应尽量缩短绩效考核的周期
   C.采用差异化战略的企业,应尽量使绩效考核的主体简单化
   D.采用成本领先战略的企业,应该选取以结果为导向的绩效考核方法

54. 下列纠纷中,属于《中华人民共和国劳动争议调解仲裁法》受案范围的是( )。
   A.用人单位与劳动者因工伤医疗费发生的争议
   B.劳动者与社会保险经办机构因发放社会保险金发生的争议
   C.农村承包经营户与受雇人之间的纠纷
   D.劳动者对劳动能力鉴定委员会伤残等级鉴定结论的异议纠纷

55. 关于技术性失业的说法,错误的是( )。
   A.政府为失业者提供培训有助于应对技术性失业
   B.政府为失业者提供企业用工需求信息是解决技术性失业的有效手段
   C.技术性失业经常出现在产业结构调整阶段
   D.技术性失业属于一种结构性失业

56. 在组织结构的内容体系中,职能结构指的是( )。
   A.各管理部门的构成
   B.各管理层次的构成
   C.各管理层次、部门在权力和责任方面的分工和相互关系
   D.完成企业目标所需要的各项业务工作及其比例和关系

57. 关于在职培训的说法,正确的是( )。
   A.特殊在职培训有助于提高劳动者在任何企业中的劳动生产率
   B.绝大多数在职培训包括一般在职培训因素也包括特殊在职培训因素
   C.一般在职培训只对劳动者有用,对企业没用
   D.在职培训的成本是指企业因提供培训而直接支出的全部费用

58. (教材已删除)政府参与集体谈判,政府在劳动关系中扮演了( )角色。
   A.促进者　　　　　　　　　B.保护者
   C.调停者　　　　　　　　　D.雇佣者

59. 关于人才及人才管理的说法,错误的是( )。
   A.人才管理要求企业对人才的获取和保留具有前瞻性和灵活性
   B.人才管理有助于帮助企业实现战略目标
   C.人才管理涵盖人才的吸引、使用、保留、开发等诸多方面
   D.只有企业中最优秀的、最卓越的少数员工才是人才

60. 不属于动机三要素的是( )。
   A.决定人行为的方向　　　　B.坚持的水平
   C.努力的水平　　　　　　　D.行为的特点

二、多项选择题(共20题,每题2分。每题的备选项中,有2个或2个以上符合题意,至少有1个错项。错选,本题不得分;少选,所选的每个选项得0.5分。)

61. (教材已删除)现代劳动关系理论一般认为雇主的权利包括( )。
   A.奖惩权　　　　　　　　　B.工作时间决定权
   C.组织权　　　　　　　　　D.劳动指挥权
   E.自由雇佣权

62. 按照组织激励的公平理论,感到不公平的员工用来恢复平衡的方式有( )。
   A.改变自己的投入　　　　　B.增加自己的产出
   C.改变参照对象　　　　　　D.改变对产出的知觉
   E.辞职

63. 关于知识型团队的绩效考核的说法,正确的有( )。
   A.效率型指标能够反映知识型团队的工作产出成果
   B.风险型指标能够判断不确定性风险的数量和对团队及其成员的危害程度
   C.效益型指标能够反映知识型团队所付出的成本和投入产出比
   D.递延型指标能够反映知识型团队的工作过程和工作结果对客户、投资者、团队成员的长远影响
   E.知识型团队的绩效考核应该以行为为导向

64. 下列情形中,劳动争议仲裁员应当回避的情形有( )。
   A.仲裁员是本案代理人的近亲属的
   B.仲裁员与本案当事人有其他关系,可能影响公正裁决的
   C.仲裁员私自会见当事人的
   D.仲裁员与本案有利害关系的
   E.仲裁员属于非本地户籍的

65. 补偿性工资差别是由不同的职业在( )方面存在差异造成的。
   A.劳动强度
   B.从业者需要具备的从业能力
   C.劳动条件
   D.令人愉快的程度
   E.从业者需承担的责任

66. 关于晋升竞赛的说法,正确的有( )。
   A.晋升竞赛获胜者与失败者会共享奖金,只不过获胜者得到的比例更大
   B.若其他条件相同,晋升竞赛获胜者能得到的奖励越多,在竞赛中就会越努力
   C.晋升竞赛通常出现在内部劳动力市场存在的情况下
   D.晋升竞赛获胜者的成绩超过失败者的越多,可获得的奖金越多
   E.在晋升竞赛中要尽可能减少运气等不确定因素对竞赛结果产生的影响

67. 关于组织发展目的的说法,正确的有( )。
   A.它重视对人的尊重
   B.它重视合作与参与过程
   C.它重视权力与控制
   D.它重视质询精神
   E.它重视人员和组织的成长

68. 以管理者为中心的领导风格强调的有( )。
   A.参与
   B.支持
   C.独裁
   D.督导
   E.关怀

69. 美国心理学家赫伯特·西蒙认为,决策过程可以分为( )。
   A.智力活动
   B.情感活动
   C.意志活动
   D.选择活动
   E.设计活动

70. 关于培训与开发效果评估中的结果评估的说法,正确的有( )。
   A.它的评估软指标包括工作满意度、时间与成本等
   B.它是组织高管层最关心的评估内容
   C.它的评估硬指标包括产出、质量等
   D.它是培训与开发效果评估中最具有说服力的评价指标
   E.它是培训与开发效果评估中最重要的内容

71.（教材已删除）关于经营者年薪制的说法,正确的有( )。
   A.年薪制确定了经营者的最低业绩目标,当经营者未完成最低计划指标时会受到惩罚
   B.年薪制确定了经营者的封顶奖金,当计划指标超额完成时经营者会有更多奖励
   C.在年薪制结构中加大风险收入的比例,有利于在责任、风险和收入对等的基础上加大激励力度
   D.企业可以根据经营者在一个年度或任期内的经营管理业绩,确定与其贡献相当的薪酬水平及薪酬支付方式
   E.年薪制是一种高风险的薪酬制度,体现约束和激励相互制衡的机制

72.下列事项中,不能申请行政复议的事项有( )。
   A.劳动争议仲裁裁决   B.工伤认定结论
   C.工伤保险待遇审核决定   D.劳动能力鉴定结论
   E.行政处分

73.人力资源管理在整个战略管理过程中扮演重要角色,这体现在( )。
   A.人力资源管理有助于改善员工的技能
   B.人力资源管理能够通过参与组织内部的优劣势分析帮助组织制定战略规划
   C.人力资源管理能突破和引领企业的战略
   D.人力资源管理能够对战略执行产生重要影响
   E.人力资源管理有助于企业通过人来实现企业目标

74.下列主体中,属于社会保险法律关系主体的有( )。
   A.用人单位   B.劳动者
   C.人寿保险公司   D.国家
   E.社会保险的管理和经办机构

75.关于人力资本投资理论的说法,正确的有( )。
   A.它认可一个国家的资本在一定程度上包括社会全体成员的能力
   B.它将人的劳动能力储备视为一种资本
   C.它认为人力资本投资的成本和收益都产生在未来长期中
   D.它假定劳动者都是同质的
   E.它认为人力资本投资的重点在于其未来导向性

76.关于甄选中使用的公文筐测试的说法,正确的有( )。
   A.它适合对管理人员进行评价
   B.它能够考察被测试者的口头表达能力
   C.它的编制成本较高,评分也相对比较困难
   D.它对实施场地的要求不高
   E.它是一种情境模拟测试

77.人力资源需求预测的方法包括( )。
   A.德尔菲法   B.人员替换分析法
   C.趋势预测法   D.经验判断法
   E.比率分析法

78. 关于劳动力市场的说法,正确的有( )。
   A. 它能够以一定的工资率将劳动力有效地分配到不同的行业、职业、地区和企业之中
   B. 它是由各种局部性劳动力市场构成的一个总劳动力市场体系
   C. 它是特定的劳动力供求双方通过自由谈判达成劳动力使用权转让合约时所处的市场环境
   D. 它是在市场经济条件下对劳动力这种生产性资源进行有效配置的根本手段
   E. 它是一种特殊的产品市场

79. 关于工伤保险待遇的说法,正确的有( )。
   A. 一次性工亡补助金按照本省城镇居民人均可支配收入来确定
   B. 劳动者因工伤住院期间,伙食补助费由用人单位承担
   C. 停工留薪期期满后,劳动者仍需治疗的,继续享受工伤医疗待遇
   D. 停工留薪期期间,劳动者工资福利由所在单位按月支付
   E. 劳动者因工伤被鉴定为一至五级伤残的,退出工作岗位

80. 劳动者可以立即通知用人单位解除劳动合同的情形有( )。
   A. 用人单位未及时足额支付劳动报酬的
   B. 用人单位规章制度违反法律法规的规定,损害劳动者权益的
   C. 用人单位未按合同约定提供劳动保护的
   D. 用人单位合并或者分立的
   E. 用人单位安排劳动者加班未与工会协商的

三、案例分析题(共20题,每题2分。由单选和多选组成。错选,本题不得分;少选,所选的每个选项得0.5分。)

(一)

女职工甲与某公司依法签订无固定期限劳动合同。2017年7月甲怀孕,由于年龄较大,需要保胎,甲多次迟到或者不上班。2018年7月至12月累计15天没有上班。某公司规章规定,累计旷工10天以上构成严重违反用人单位规章。据此,公司与甲解除了劳动合同。甲认为公司违法解除,要求其承担违法解除的法律责任。

根据以上资料,回答下列问题:

81. 关于该公司解除行为的说法,正确的是( )。
   A. 因为甲处于孕期,公司无权解除劳动合同
   B. 公司解除劳动合同应通知工会,并经工会书面同意
   C. 作为解除依据的公司规章制度,应当内容合法、经过民主程序,并向劳动者公示或告知
   D. 因为甲签订的是无固定期限劳动合同,所以公司无权单方解除劳动合同

82. 关于该公司解除劳动合同后的义务的说法,正确的是( )。
   A. 因为甲是孕妇,公司应为其支付经济补偿
   B. 因为甲是孕妇,公司应为其支付赔偿金
   C. 公司应当保存已解除的合同文本至少2年备查
   D. 公司应在2个月内为劳动者办理社会保险和档案转接手续

83. 如甲以公司未为其缴纳社会保险为由解除劳动合同,下列判断中,正确的是( )。
   A. 如需支付经济补偿,则经济补偿按甲在公司的工作年限,每满1年支付一个月工资的标准支付
   B. 甲只能采取书面形式通知公司

C.甲须提前30天通知公司

D.公司无需支付经济补偿

84.若甲对该公司的解除行为不服,可以采取的救济途径是( )。

A.甲可以请求工会协助其与企业进行协商

B.甲可以直接向商事仲裁机构申请仲裁

C.甲可以直接向人民法院提起诉讼

D.甲可以向劳动行政部门申请行政复议

(二)

某市去年底人口总量为120万人,其中就业人口为95万人,非劳动力人口20万人。今年,该市正在按照人力资源和社会保障部门的要求开展城乡劳动力调查。在调查中发现,该市目前的人口总量和结构基本稳定,但非劳动力人口实现就业以及失业者退出劳动力市场的流量却明显增大。此外,调查还发现,由于机器人和人工智能等新技术的发展以及人工成本的不断上升,该市的很多制造业正在准备大规模引进自动生产设备,这种情况很可能会在未来几年中造成相当大一批制造业工人失业。

根据以上资料,回答下列问题:

85.该市去年年底的失业率为( )。

A.2% B.4.17%

C.5% D.1.67%

86.根据我国关于城乡劳动力调查的规定,被列为失业者的劳动者应当满足的条件有( )。

A.在近三个月中采取某种方式找工作并且在调查周内可以应聘的人

B.工资水平低于社会平均工资

C.年龄在16岁及其以上

D.在调查周内工作时间未达到1个小时

87.其他条件不变,该市在调查中发现的劳动力市场流量变动情况对其失业率可能产生的影响有( )。

A.失业者退出劳动力市场的流量增大会导致该市未来的失业率上升

B.非劳动力实现就业和失业者退出劳动力市场的流量增大都会导致该市未来的失业率上升

C.非劳动力实现就业和失业者退出劳动力市场的流量增大都会导致该市未来的失业率下降

D.非劳动力实现就业的流量增大会导致该市未来的失业率下降

88.由于该市生产企业大批引入自动生产设备而在未来可能引发的失业属于( )。

A.摩擦性失业 B.周期性失业

C.结构性失业 D.季节性失业

(三)

某企业自成立后发展迅速,随着市场份额的不断扩大,企业人员数量由2 500人增加至6 000人。但是随着市场产能过剩,市场空间逐步缩小,企业决定采取收缩战略,再加上该企业的产品类型较为单一,所以企业整体的人数冗余情况比较严重。而与此同时,内部有些部门还存在着人手不足和明显的人岗不匹配现象,在行业不景气的大形势下,未来如何维持企业运营并保持一定增长,需要企业充分利用现有的人力资源,以满足战略发展的需要,对此,该企业的管理者感到比较困惑。

根据以上资料,回答下列问题:

89. 为了更好地利用现有人力资源,该企业需要重点做好的人力资源管理工作有( )。
   A.人力资源优化配置   B.提高员工福利
   C.招聘新员工   D.做好人力资源规划
90. 该企业当前面临的人员冗余问题,反映了( )对人力资源需求的影响。
   A.技术   B.企业战略
   C.人力资源供给   D.产品市场
91. 能解决该企业内部有些部门人才短缺的方法有( )。
   A.本部门员工加班加点
   B.通过改进生产技术提高效率
   C.对其他部门中可用的富余人员在培训后转到人才紧缺部门
   D.在本部门内进行职位分享
92. 为应对企业整体人员过剩的情况,企业可以采取的方法有( )。
   A.业务外包   B.裁员
   C.鼓励提前退休   D.冻结雇佣

(四)

小马上高中时,父亲让他退学回家务农,理由是上大学没用,因为村里有些孩子虽然上了大学,也没有找到好工作,还不如早早出去打工的同龄人挣钱多。小马听从父亲安排,在家里干了一年多农活,但收入实在太低。于是,他跟随同村大姐从湖南老家来到广东一家电子装配厂工作,虽然工作辛苦,但收入比在农村务农高很多。

几年后,小李惦记家中多病的父母没人照顾,于是从广东回到了湖南老家,边干农活边经营一家小超市。而继续留在广东的小马则应聘到了一家集装箱货运公司工作,这家公司有一种自行设计的非常规集装箱吊车,小马经过半年的培训开始独立工作。虽然在培训期间他的工资比在原来的电子厂少,但独立操作集装箱吊车后,工资水平就比过去高了很多,小马觉得自己的选择是正确的。

根据以上资料,回答下列问题:

93. 从经济学的角度来看,小马的父亲不让他在高中阶段继续读书考大学的理由是错误的,可以说服他父亲的道理有( )。
   A.上大学的收益体现为大学毕业生的终身工资性报酬超过高中毕业生的那部分
   B.任何人上大学的收益都会超过成本
   C.如果大学给小马免掉学费,则上大学的收益都会超过成本
   D.上大学的收益并不仅仅体现在刚毕业的那段时间
94. 小马从湖南农村到广东电子装配厂工作的情况表明( )。
   A.离乡不离土是农村劳动力流动的一种重要形式
   B.农业部门的低工资是推动劳动者从农业部门向工业部门流动的重要原因
   C.就业机会多和收入高的地区往往是劳动力流入的地方
   D.跨地区流动和跨产业流动可能同时发生
95. 关于小李在广东打工一段时间后又回到老家的说法,正确的有( )。
   A.这种现象被称为回归迁移
   B.这也属于一种跨部门劳动力流动
   C.这种情况表明,劳动力跨地区流动存在心理成本
   D.地区间的人均收入差异是导致劳动力流动的最主要原因

96. 关于小马在集装箱货运公司工作期间的说法,正确的有( )。
    A.作为一种人力资本投资形式,在职培训有助于提高劳动者的工资水平
    B.小马接受培训期间的工资比正常工作时低,说明小马个人实际上对培训进行了投资
    C.小马接受的是特殊在职培训
    D.特殊在职培训的培训成本都是由企业承担的

(五)

某公司为一家通信企业,经过多年发展,拥有了庞大的固定电话、宽带用户资源,完善的基础网络设施和底蕴深厚的企业文化。员工对该企业的福利待遇比较满意,离职率很低。孙先生从基层员工做起,已经在该公司连续工作了近十年时间,对公司情况十分了解。今年年初,孙先生被提拔为市场部经理。市场部下设家庭客户部、个人客户部、政企客户部等,员工近百人。孙先生上任后,发现下属部门之间存在一些问题,比如同一项目预算可能有两个部门在做,最后用哪个部门的预算没有详细规定;更为严重的是部分员工消极怠工,未能全身心地投入工作,经常擅自离岗。

为了提高部门业绩与员工的工作积极性,孙先生采取了一系列措施。一是为了强化员工的工作动机,设立了新的关键绩效指标,完成指标的员工将获得多方面的奖励;二是实施了部门目标管理工作,推行一段时间后,部门的业绩稍有提高;三是在奖金方面,设置了新的绩效薪金制规则,除了原有的工作奖金,年度部门业绩前三的员工还得到了更优的奖励。

根据以上资料,回答下列问题:

97. 孙先生设立的关键绩效指标,并对完成指标的员工提供多方面奖励,在其实施的下列奖励中,属于外源性动机的有( )。
    A.提供具有挑战性的工作机会   B.提高工资
    C.发放奖金   D.晋升职务

98. 根据孙先生新采取的一系列措施产生的积极效果,基于需要层次理论可以推断出,市场部员工的需要处于( )层次。
    A.安全需要   B.归属和爱的需要
    C.尊重的需要   D.生理需要

99. 孙先生在部门中实施了目标管理,目标管理的要素包括( )。
    A.团队管理   B.限期完成
    C.目标具体化   D.过程评价

100. 孙先生在市场部实施的绩效薪金制的优点有( )。
    A.减少管理者的工作量   B.减少员工间的竞争
    C.增加了管理者的监督   D.提高员工工作积极性

全国经济专业技术资格考试

真题详解与临考预测

3套临考预测

——人力资源管理专业知识与实务·中级——

优路教育中级经济师考试研究中心 编

目录清单

《人力资源管理专业知识与实务》临考预测（一）
《人力资源管理专业知识与实务》临考预测（二）
《人力资源管理专业知识与实务》临考预测（三）

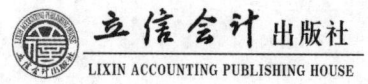

人们常说"未来可期",
那什么是可期的未来?
我想,
大概就是——
不断努力,努力,再努力!
让热爱从不降温!
让生活慢慢变成我们喜欢的样子!

什么都无法阻挡
梦想的脚步

全国经济专业技术资格考试临考预测(一)

《人力资源管理专业知识与实务》

一、单项选择题(共60题,每题1分。每题的备选项中,只有1个最符合题意。)

1. ( )是通过满足员工的需要而使其努力工作,从而实现组织目标的过程。
   A. 动机　　　　　　　　　　　　B. 领导
   C. 控制　　　　　　　　　　　　D. 激励

2. 关于奥尔德弗提出的ERG理论,下列说法正确的是( )。
   A. 该理论认为人有生存需要、亲和需要和成长需要
   B. 个体维持重要人际关系的需要是亲和需要
   C. 如果较高层次的需要得不到满足,对满足低层次需要的欲望也会降低
   D. 各种需要可以同时具有激励作用

3. 内源性动机强的员工看重的是( )。
   A. 工作的工资　　　　　　　　　B. 工作带来的社会地位
   C. 奖金与福利　　　　　　　　　D. 工作的成就感

4. 认为行为的结果对行为本身有强化作用的激励理论是( )。
   A. 目标设置理论　　　　　　　　B. 强化理论
   C. 公平理论　　　　　　　　　　D. 期望理论

5. 伯恩斯认为领导能够通过自己的领导风格来影响员工和团队的绩效,这是他的( )观点。
   A. 交易型领导理论　　　　　　　B. 变革型领导理论
   C. 魅力型领导理论　　　　　　　D. 权变理论

6. 根据双因素理论,员工感到不满的主要原因是( )。
   A. 激励因素缺乏　　　　　　　　B. 保健因素缺乏
   C. 激励因素充足　　　　　　　　D. 保健因素充足

7. 在战略性人力资源管理工具中,分别强调量化处理和监督工作进度的工具是( )和( )。
   A. 战略地图,数字仪表盘　　　　B. 战略地图,人力资源计分卡
   C. 数字仪表盘,人力资源计分卡　D. 人力资源计分卡,数字仪表盘

8. 某一领导在做决策时喜欢对情境进行分析,倾向于过度分析事物,这种决策风格属于( )。
   A. 概念型　　　　　　　　　　　B. 指导型
   C. 分析型　　　　　　　　　　　D. 行为型

9. 组织各管理层次、部门在权力和责任方面的分工和相互关系指的是( )。
   A. 职能结构　　　　　　　　　　B. 部门结构
   C. 层次结构　　　　　　　　　　D. 职权结构

10. 根据管理方格理论,"乡村俱乐部"领导风格的特点是( )。
    A. 管理者既不关心任务,也不关心人　　B. 管理者既关心任务,也关心人
    C. 管理者极端关注人　　　　　　　　　D. 管理者极端关注任务

11.下列关于组织设计类型的说法中,不正确的是( )。
   A.行政层级式组织形式最适宜复杂/静态的环境
   B.无边界组织形式所寻求的是通过组织扁平化来减少指挥链
   C.事业部制组织形式容易使各事业部只顾自身的利益,削弱整个公司的协调一致性
   D.矩阵组织形式的优点是稳定性较高

12.企业在实行( )时,应密切关注竞争对手薪酬状况,以确保本组织薪酬水平既不低于也不要高于竞争对手。
   A.市场集中战略   B.成长战略
   C.成本领先战略   D.差异化战略

13.影响组织结构设计的权变因素不包括( )。
   A.组织战略   B.组织环境
   C.组织政策   D.组织生命周期

14.在组织结构的特征因素中,通常用员工的平均文化程度或上岗职业培训期限作为衡量指标的是( )。
   A.人员结构   B.分工形式
   C.职业化程度   D.专业化程度

15.关于人力资源需求预测中的经验判断法的说法,正确的是( )。
   A.经验判断法主要适用于规模较大、人员流动率较高的企业
   B.经验判断法主要是凭借管理者的主观感觉和经验来进行人力资源需求预测
   C.经验判断法是一种精确的预测方法
   D.经验判断法是一种定量的预测方法

16.下列关于组织设计类型的说法中,不正确的是( )。
   A.团队结构形式的主要特点是打破部门界限并把决策权下放到团队成员手中
   B.虚拟组织形式的决策集中化程度高,部门化程度低或根本不存在
   C.在无边界组织中原先各种边界完全消失
   D.事业部制组织形式有利于总公司的高层管理者摆脱具体管理事务

17.关于信度与效度的说法,错误的是( )。
   A.效度反映了一种测试工具对于它所要测量的内容或特质进行准确测量的程度
   B.内容效度是指能够测量出理论构想的程度
   C.重测信度考察一种测试工具在时间上的稳定性
   D.信度是效度的必要条件

18.针对人的记忆能力、口头表达能力、空间关系能力以及创造力等设计的测试属于( )。
   A.认知能力测试   B.心理能力测试
   C.人格测试   D.知识测试

19.在人力资源需求预测的方法中,德尔菲法具有一些明显的优点,以下不属于其优点的是( )。
   A.花费时间较短   B.避免了从众的行为
   C.具有较高的准确性   D.避免个人预测的片面性

20.关于工作样本测试的优缺点,下列说法错误的是( )。
   A.测试所要求的行为与实际工作所要求的行为之间具有高度的一致性
   B.这种测试工具的效标效度和内容效度都不高
   C.普遍适用性很低
   D.开发成本相对较高

21. 关于绩效管理工具的说法,错误的是( )。
    A. 目标管理法实施起来比较困难
    B. 平衡计分卡法的实施成本很高
    C. 知识型员工的关键绩效指标很难确定
    D. 标杆超越法相比其他考核方法更重视比较和衡量

22. 关于差异化战略对应的人力资源管理策略的说法,错误的是( )。
    A. 鼓励员工发挥创造性思维 B. 绩效考核周期并不是越短越好
    C. 选择以行为为导向的绩效评价方法 D. 可以只选择直接上级作为评价主体

23. 回答将来在实际工作中很可能会遇到的工作环境以及非常具体的工作任务、工作问题或难题的面试是( )。
    A. 模拟面试 B. 情境化结构面试
    C. 结构化面试 D. 非结构化面试

24. 关于跨部门团队绩效考核的说法,正确的是( )。
    A. 职能制组织结构比较适宜于跨部门的团队绩效考核
    B. 跨部门团队的绩效考核要以部门为单位开展
    C. 性质相同的部门可采用不同的评价方法
    D. 跨部门团队绩效考核的关键是做好考核的标准化

25. 关于企业战略与薪酬管理策略的说法,正确的是( )。
    A. 采用成长战略的企业,在薪酬管理中应强调企业与员工共担风险,共享收益
    B. 采用稳定战略的企业,在薪酬结构中,基本薪酬和福利所占比重应较低
    C. 采用收缩战略的企业,其基本薪酬所占比重应较高
    D. 采用差异化战略的企业,其基本薪酬水平应低于劳动力市场的平均水平

26. 关于职位评价方法的说法,正确的是( )。
    A. 排序法是比较复杂的定量化评价方法
    B. 分类法的缺点是等级定义困难
    C. 要素计点法的最大优点在于简单易行
    D. 因素比较法的准确性和公平性容易达到员工的肯定

27. 当一个企业实行末位淘汰机制时,能很快鉴别出哪些员工应当被淘汰,另外也会对员工起到鞭策和激励作用的绩效评价方法是( )。
    A. 排序法 B. 配对比较法
    C. 强制分布法 D. 行为观察量表法

28. 薪酬结构设计的有效标准是( )。
    A. 内部一致性、系统性 B. 系统性、实用性
    C. 内部一致性、外部竞争性 D. 战略性、外部竞争性

29. 有关驻外人员薪酬的描述,错误的是( )。
    A. 驻外人员的基本薪酬一般采用本国薪酬、东道主国薪酬以及总部薪酬三种方法来确定
    B. 驻外人员薪酬的主要组成部分包括基本薪酬、激励薪酬和福利
    C. 驻外人员的激励薪酬主要包括驻外津贴、困难补助和流动津贴
    D. 驻外人员的额外福利包括保障计划和带薪休假

30. 具有分析能力、人际沟通能力和情绪控制能力的强强组合特点的职业生涯锚是( )。
    A. 技术/职能能力型 B. 管理能力型
    C. 创造型 D. 自主独立型

31. 在职业生涯发展过程中,如果个体的发展任务是维持成就感、更新技能,则该阶段属于( )。
   A. 探索期　　　　　　　　　　　B. 建立期
   C. 维持期　　　　　　　　　　　D. 衰退期

32. 下列不属于我国调整劳动关系的制度和机制的是( )。
   A. 劳动合同制度　　　　　　　　B. 劳动规章制度
   C. 职工民主管理制度　　　　　　D. 劳动执法制度

33. 下列关于员工申诉管理的原则,说法错误的是( )。
   A. 合法原则要求企业在进行员工申诉管理时不能与国家的法律法规相违背
   B. 管理者触犯公司制度甚至国家法律时应当一视同仁,体现的是公平原则
   C. 公开原则表明企业进行申诉管理时要信息透明,公开进行
   D. 员工申诉管理中,要注意对处理结果的反馈

34. 总是希望随心所欲地安排自己的工作方式和生活方式,追求能够施展个人能力的工作环境,最大限度地摆脱组织的束缚,这类职业生涯锚属于( )。
   A. 技术/职能能力型　　　　　　B. 管理能力型
   C. 自主独立型　　　　　　　　　D. 安全稳定型

35. 影响劳动力供给数量的因素不包括( )。
   A. 人口总量　　　　　　　　　　B. 劳动力参与率
   C. 劳动者的受教育程度　　　　　D. 劳动者的周平均工作时间

36. ( )是培训与开发效果评估中应用最广的模型。
   A. 层次评估模型　　　　　　　　B. 聚类评估模型
   C. 因子评估模型　　　　　　　　D. 预测评估模型

37. 因贫穷、歧视以及受教育程度不高导致的技能缺乏造成的两种劳动力市场是( )。
   A. 内部劳动力市场和外部劳动力市场　　B. 全国性劳动力市场和地区性劳动力市场
   C. 优等劳动力市场和次等劳动力市场　　D. 国内劳动力市场和国外劳动力市场

38. 某地区人口普查结果表明,该地区的人口总数为100万人,其中16岁以下的总人数为20万人,就业人口50万人,失业人口10万人,则该地区的劳动力参与率为( )。
   A. 50%　　　　　　　　　　　　B. 60%
   C. 75%　　　　　　　　　　　　D. 80%

39. 在一般商品市场上,买卖双方之间的交易关系通常是在交接完毕后就结束了。然而劳动力市场上的交易使得交易双方之间的关系在一定时期内被固化下来。这体现了劳动力市场的( )特征。
   A. 延续性　　　　　　　　　　　B. 复杂性
   C. 特殊性　　　　　　　　　　　D. 不确定性

40. 下列关于劳动争议处理机制,顺序正确的是( )。
   A. 仲裁、调解、协商、诉讼　　　B. 调解、协商、仲裁、诉讼
   C. 协商、调解、仲裁、诉讼　　　D. 诉讼、调解、协商、仲裁

41. 个人劳动力供给曲线表明( )。
   A. 工资率上升,劳动力供给先下降,一段时间后增加
   B. 工资率上升,劳动力供给增加
   C. 工资率上升,劳动力供给下降
   D. 工资率上升,劳动力供给先增加,一段时间后下降

42. 关于劳动力市场的结构,下列说法错误的是( )。
    A. 内部劳动力市场的基本特征是企业通常从内部调动员工来填补较低级别岗位的空缺
    B. 流动率、缺勤率和迟到率比较高是次等劳动力市场的特征
    C. 地区性劳动力市场上的劳动力供给者通常是技能水平不高,市场竞争力不是很强的劳动者
    D. 内部劳动力市场不能脱离外部劳动力市场而独立存在

43. 下列关于晋升竞赛的说法中,错误的是( )。
    A. 在企业存在内部劳动力市场的条件下设计晋升竞赛才有意义
    B. 晋升竞赛中的运气成分越少,员工参与晋升竞赛的动机越强烈
    C. 晋升风险越高,当前职位和拟晋升职位之间的工资差距就应该设计得越大
    D. 晋升竞赛的失败者也应得到部分补偿,否则大家就不愿意参与竞赛

44. 在其他条件不变的情况下,如果女性劳动力的工资率上涨1%导致男性劳动力的就业量下降0.5%,则女性劳动力与男性劳动力之间存在( )。
    A. 总互补关系   B. 总替代关系
    C. 互补关系   D. 替代关系

45. 在我国,法律界定的用人单位中,个体经济组织是指雇工( )及以下的个体工商户。
    A. 6人   B. 7人
    C. 9人   D. 11人

46. 以下关于工资差别的说法,不正确的是( )。
    A. 竞争性工资差别最终归结于不同劳动者的劳动力在质上的差异
    B. 补偿性工资差别揭示的是由工作条件和社会环境原因而导致的收入差异
    C. 采取城乡分隔的就业政策会导致自然性垄断工资差别
    D. 文体明星获得的高薪是垄断性工资差别的一种表现形式

47. 在我国关于失业人员的统计中,失业人员必须满足的条件不包括( )。
    A. 在法定劳动年龄之内   B. 有工作能力和工作意愿
    C. 尚未实现就业   D. 正在领取失业保险金

48. 在其他条件相同的情况下,会导致失业率上升的情形是( )。
    A. 一大批适婚女性劳动者退出劳动力市场
    B. 大量的失业者因经济复苏而找到工作
    C. 大部分应届大学毕业生直接入职
    D. 一部分长时间找不到工作的失业者决定放弃寻找工作

49. 人们对食品和服饰的需求是( )。
    A. 直接需求   B. 间接需求
    C. 派生需求   D. 混合需求

50. 在其他条件相同的情况下,关于高等教育投资决策的说法中,错误的是( )。
    A. 一个人上大学越早,则上大学的净现值越可能为正
    B. 上大学的成本越低,则会有更多的人愿意去上大学
    C. 大学毕业后获得的工资越高,则愿意投资于大学教育的人一定会更多
    D. 在折算上大学的未来收益时所使用的贴现率越低,则上大学的可能性越大

51. 关于在职培训的说法,错误的是( )。
    A. 在职培训是一种人力资本投资
    B. 现实中的很多在职培训同时具有一般培训和特殊培训的特征
    C. 在职培训的成本应当全部由企业承担
    D. 在职培训投资的成本包括直接成本和机会成本

52.关于劳动力跨地区流动的说法,错误的是( )。
   A.跨地区劳动力流动的主要原因在于地区之间存在经济发展不均衡的情况
   B.跨地区劳动力流动会受到迁移距离和迁移成本的影响
   C.跨地区劳动力流动对劳动力流入地有好处,对劳动力流出地没有好处
   D.跨地区劳动力流动并非单向的,流出的劳动力也可能会重新流回原居住地

53.关于最低工资立法表达错误的是( )。
   A.对于收入分配的不平等程度有可能会同时产生压缩效应和扩大效应
   B.最低工资立法可能会削弱社会上的收入不平等程度
   C.最低工资立法可能会使社会上的不平等程度进一步加剧
   D.最低工资立法的压缩效应和扩大效应不会同时存在

54.关于变更劳动合同的说法中,正确的是( )。
   A.双方当事人经协商,达成一致可变更劳动合同
   B.变更劳动合同,可以不采用书面形式
   C.劳动合同订立时所依据的主观情况发生重大变化,可变更劳动合同
   D.劳动者不能胜任工作而被调整了工作岗位,不必变更劳动合同

55.关于劳动者解除劳动合同的说法,错误的是( )。
   A.劳动者未和用人单位协商且达成一致的,不得单方解除劳动合同
   B.用人单位未及时足额支付劳动报酬,劳动者可以随时解除劳动合同
   C.劳动者提前30日书面通知用人单位,即可解除劳动合同
   D.用人单位违章指挥从而危及劳动者人身安全的,劳动者可以立即解除劳动合同

56.长期失业率是指在劳动总人口中,失业时间达到( )的失业者所占的比例。
   A.2年以及2年以上   B.3年以及3年以上
   C.半年以及半年以上   D.1年以及1年以上

57.下列纠纷中,属于劳动争议情形的是( )。
   A.家政服务员赵某与其服务的家庭因休息休假发生争议
   B.退休职工刘某与社会保险经办机构因发放基本养老金发生争议
   C.职工李某与公司因住房制度改革产生的公有住房转让发生争议
   D.张某与用人单位因解除劳动合同后办理人事档案转移发生争议

58.以下关于城乡居民基本养老保险的说法正确的是( )。
   A.参保条件是年满18周岁的城乡居民
   B.参保人可以在户籍所在地或工作地参保
   C.个人最高缴费档次标准原则上不超过当地灵活就业人员参加城镇职工基本养老保险的年缴费额
   D.城乡居民养老保险基金由个人缴费和政府补贴构成

59.以下不属于视同工伤的情形是( )。
   A.在工作时间和工作岗位,突发疾病死亡或者在48小时之内经抢救无效死亡的
   B.在抢险救灾等维护国家利益、公共利益活动中受到伤害的
   C.在工作时间和工作场所内,因履行工作职责受到暴力伤害的
   D.原在军队服役,因战负伤致残,已取得革命伤残军人证,到用人单位后旧伤复发的

60.下列关于劳动争议诉讼的说法,错误的是( )。
   A.劳动者以用人单位工资欠条为证据直接向人民法院起诉,诉讼请求不涉及劳动关系其他争议的,应按照普通民事纠纷受理

B.劳动者在用人单位与其他平等主体之间的承包经营期间,与发包方和承包方双方或者一方发生争议,依法向人民法院起诉的,应当将承包方和发包方作为当事人

C.用人单位与其招用的已经依法享受养老保险待遇或领取退休金的人员发生用工争议,向人民法院提起诉讼的,人民法院应当按劳动关系处理

D.用人单位以挂靠方式借用他人营业执照经营,用人单位和营业执照出借方为当事人

二、多项选择题(共20题,每题2分。每题的备选项中,有2个或2个以上符合题意,至少有1个错项。错选,本题不得分;少选,所选的每个选项得0.5分。)

61.关于亚当斯公平理论的说法,正确的有( )。
A.人们不仅关心自己的绝对报酬,而且关心自己和他人工作报酬上的相对关系
B.员工倾向于将自己的产出投入比与他人的产出投入比相比较
C.员工所作的比较都是纵向的,即与组织内和组织外的其他人比较
D.辞职是感到不公平的员工恢复平衡的方式之一
E.对于有不公平感的员工应予以及时引导或调整报酬

62.美国心理学家赫伯特·西蒙认为,决策过程可以分为( )。
A.智力活动
B.情感活动
C.意志活动
D.选择活动
E.设计活动

63.关于管理层次、管理幅度的说法正确的有( )。
A.一个组织的管理层次的多少反映其组织结构的纵向复杂程度
B.管理幅度的大小往往反映上级领导者直接控制和协调的业务活动量的多少
C.管理层次和管理幅度存在正比关系
D.管理幅度决定管理层次
E.管理层次对管理幅度存在着一定的制约作用

64.以下属于组织发展方法中的人文技术的有( )。
A.敏感性训练
B.工作再设计
C.团队建设
D.质量圈
E.团际发展

65.采用德尔菲法对人力资源需求进行预测,应注意的问题有( )。
A.组织专家在一起开会进行集体讨论
B.向专家提供的资料和信息要相对充分
C.可以让专家一次回答尽可能多的问题
D.专家的挑选要有代表性
E.专家的人数不能太少,至少要达到20~30人

66.当组织内部的人力资源供给小于需求时,恰当的平衡方法有( )。
A.将组织的日常事务性工作外包
B.雇佣临时员工或劳务派遣人员
C.进行外部招聘,包括返聘退休人员
D.扩大经营规模,开展新业务
E.延长工作时间,鼓励员工加班

67.股票增值权作为股权激励模式,具有的优点包括( )。
A.操作方便、快捷
B.激励对象无须现金付出
C.降低企业激励成本,并且企业有现金流入
D.无须证监会审批,无须解决股票来源问题
E.通过对业绩条件、禁售期限的严格规定,使激励与约束对等

68. 与本土企业相比,国际人力资源的绩效考核的特点有( )。
   A. 更关注当期业绩而非长远发展
   B. 更倾向于基于员工特征的绩效考核
   C. 更倾向于结果的绩效考核
   D. 更重视个人、团队和公司目标的密切结合
   E. 更注重管理者和员工的沟通

69. 下列符合人才管理主要内容说法的有( )。
   A. 构建灵活多样的人才获取途径
   B. 形成有助于降低风险的新型人才队伍调节机制
   C. 建立多元化的员工价值主张
   D. 加强人力资源能力建设
   E. 建立学习型组织,重视员工

70. 关于培训与开发效果评估的说法,正确的有( )。
   A. 行为评价量表是工作行为评估中最常用的方法
   B. 工作行为评估的目标是评估受训人员工作行为改变对其所服务的组织绩效的影响作用
   C. 反应评估是效果评估中最基本、最常用的评估方式
   D. 结果评估中的硬指标包括产出、质量、工作满意度等
   E. 培训与开发效果评估的方法包括控制实验法和问卷调查法

71. 按照工会的组织结构形式,可将工会划分为( )。
   A. 总工会
   B. 企业工会
   C. 职业工会
   D. 产业工会
   E. 全国性工会

72. 当劳动力供给曲线不变,而劳动力需求曲线右移,则( )。
   A. 均衡工资率下降
   B. 均衡工资率上升
   C. 均衡就业量下降
   D. 均衡就业量上升
   E. 均衡工资率和均衡就业量不变

73. 下列关于劳动力市场歧视的表述,正确的有( )。
   A. 劳动力市场歧视可以被划分为工资歧视和职业歧视
   B. 具有相同生产率特征且从事相同工作的两类人却获得了不同的报酬,属于工资歧视
   C. 对具有相同生产率特征的不同类型的劳动者区别对待,将一类劳动者有意安排到低工资的职业当中,属于职业歧视
   D. 如果所有的职业都是完全隔离的,则差异指数的值为零
   E. 劳动力市场歧视来源于个人歧视、统计性歧视以及非竞争性歧视

74. 下列关于人才"零库存"模式的描述正确的有( )。
   A. 同时利用制造人才和购买人才两种策略应对人才供求两个方面的风险,并保持适当的平衡
   B. 大幅提高优秀人才的薪资待遇,力求留住优秀人才
   C. 适应人才需求的不确定性,小规模、多批次地培养人才
   D. 降低人才开发风险,提高人才开发的投资回报率
   E. 通过平衡组织和员工之间的利益来保护组织的培训开发投资

75. 下列关于教育投资的收益估计,说法正确的有( )。
   A. 教育投资能够带来较高的社会收益
   B. 对教育投资的私人收益进行估计时可能存在高估偏差、低估偏差和选择性偏差

C.选择性偏差高估了那些上大学的人因为上大学而产生的成本和收益
D.选择性偏差低估了那些上大学的人通过上大学而获得的收益
E.高估偏差表现为高估了高等教育产生的私人收益

76.下列关于影响劳动力流动的主要因素的说法中,正确的有(　　)。
A.一般情况下,企业的规模越大,员工的流动率越低
B.企业的组织文化以及领导风格对劳动力流动几乎没有影响
C.劳动者频繁流动的意愿会随着其年龄的增长而逐渐降低
D.当劳动力市场出现明显的供大于求的现象时,劳动力的流动率会上升
E.劳动者所处的社会环境也会对劳动力流动产生重要的影响

77.平衡计分卡法作为一种新型的战略性绩效管理系统和方法,主要从(　　)角度关注企业的绩效。
A.客户　　　　　　　　　　　B.财务
C.外部环境　　　　　　　　　D.内部流程
E.学习与发展

78.下列关于六种基本的职业兴趣类型的说法中,正确的有(　　)。
A.现实型的人适合从事技能性和技术性的职业
B.艺术型的人适合从事文学艺术方面的工作
C.常规型的人适合从事社会、教育、咨询等方面的工作
D.企业型的人不喜欢从事研究性的活动
E.常规型的人看重商业和经济方面的具体成就,看重财富和地位

79.关于劳动争议仲裁时效的说法,错误的有(　　)。
A.申请劳动争议仲裁的时效期间为1年
B.仲裁时效期间从当事人申请仲裁之日起计算
C.因不可抗力当事人不能在法定时效期间申请仲裁的,仲裁时效中断
D.劳动争议对方当事人在时效期间内同意履行义务的,仲裁时效中止
E.劳动关系存续期间因拖欠劳动报酬发生争议的,申请仲裁不受一年仲裁时效期间的限制

80.关于无领导小组讨论的说法,正确的有(　　)。
A.考官并不参与讨论,而是在不干扰讨论的情况下进行观察
B.通过无领导小组讨论可以考查求职者的口头表达以及人际交往等方面的能力
C.无领导小组讨论让一开始没有领导的一组人通过讨论选出一位领导
D.在无领导小组讨论中,求职者的地位是平等的
E.无领导小组讨论使用的问题必须是两难性的问题

三、案例分析题(共20题,每题2分。有单选和多选。错选,本题不得分;少选,所选的每个选项得0.5分。)

(一)

某公司是一家中型制造企业,由厂长全面组织企业的生产经营活动。按照厂部、车间、工段、班组层次划分职权,逐级下达指令,厂里的职能管理人员起到参谋指导作用,无权直接对下级单位发号施令。日常工作中,下级通常只接受直接上级的指令,每个人只有一个直接上级,而每个上级直接管理的下属为3~9人。一开始厂长还能够管辖各个车间,现场直接指导,但随着公司业务和规模的扩大,这种管理已经超出了他力所能及的范围,变得非常困难,企业管理也因此陷入混乱,迫切需要进行变革。

根据以上资料，回答下列问题：

81. 该企业的组织结构为（　　）。
    A. 事业部制
    B. 职能制
    C. 矩阵组织形式
    D. 团队结构形式

82. 该企业的管理层次和管理幅度分别为（　　）。
    A. 5层，3~9人
    B. 4层，4~10人
    C. 3层，3~9人
    D. 6层，4~10人

83. 该企业组织形式的主要缺点是（　　）。
    A. 组织的稳定性差
    B. 横向协调性差
    C. 企业领导负担轻
    D. 多头指挥混乱

84. 假如该企业进行组织变革，最适合采用以（　　）为中心的组织变革。
    A. 成本
    B. 结构
    C. 技术
    D. 任务

（二）

青岛某集团公司在对员工进行绩效评价时，实行"三工机制"。将员工分为"优秀员工""合格员工"和"不合格员工"三类，将员工的岗位考核也分为"优秀绩效""合格绩效"和"不合格绩效"三类，通常三类员工的比例分别为10%、85%和5%。在绩效评价期末，部门主管通常与员工每月保持有一次正式评价会见。对于不合格员工，一般给予一个月必要的培训和指导，并提醒如果其再不提高业绩将会因末位而被淘汰解雇。同时，公司每年按季度轮流对部门主管开展绩效评价的培训。

根据以上资料，回答下列问题：

85. 从绩效评价技术上看，公司的"三工机制"属于（　　）。
    A. 目标管理法
    B. 行为锚定法
    C. 强制分布法
    D. 标杆超越法

86. 部门主管要进行绩效面谈，需注意掌握的技巧主要包括（　　）。
    A. 选择正确的时间与合适的场所
    B. 以积极的方式结束对话
    C. 让员工多说话
    D. 随时可打断员工的谈话

87. 下列关于绩效辅导的说法中，正确的有（　　）。
    A. 绩效辅导是在掌握员工的工作绩效的前提下进行的
    B. 绩效辅导不是一种经常性的管理活动
    C. 探讨绩效现状并不属于绩效辅导活动的内容
    D. 绩效辅导的目的是提高员工绩效水平和自我效能感

88. 对部门主管开展绩效评价的培训，内容可包括（　　）。
    A. 绩效评价中易出现的问题及应对方法
    B. 工作分析技术
    C. 绩效面谈技巧
    D. 绩效考核的理论和技术

（三）

某大学就业问题研究中心对某城市的劳动力市场进行调查研究后发现：第一，在该市680万总人口中，有480万人实现了就业，20万人失业，其他为非劳动力人口；第二，通过对该市劳动力市场存量和流量进行分析发现，在未来一段时间中，本市人口在就业者、失业者和非劳动力这三种状态之间的流动将会比较频繁;第三,根据对未来失业率的预测,该市政府应当采取一定措施扩大该市就业。

根据以上资料,回答下列问题:

89. 该市的失业率为(　　)。
A.2.9%	B.5%
C.4.2%	D.4%

90. 在其他条件相同的情况下,(　　)会导致该市未来的失业率上升。
A.就业者成为失业者	B.失业者成为非劳动力
C.就业者成为非劳动力	D.失业者成为就业者

91. 常见的失业类型中,正常性的失业包括(　　)。
A.摩擦性失业	B.结构性失业
C.周期性失业	D.季节性失业

92. 下列政策中,有助于增加就业的做法有(　　)。
A.政府出面兴建公路等公共工程项目
B.政府出资对部分失业人员提供再就业培训
C.为长期失业者提供额外的失业补贴
D.制定最低工资标准

（四）

某公司过去的员工甄选工作比较简单,一般是人力资源部门先筛选简历,重点看简历是否符合公司的任职资格要求,然后再将条件最好的几个人推荐给用人部门进行简单的笔试和面试。

最近几年,公司发现这种过于简单的员工甄选方法存在很多问题。问题一是陆续出现了一些管理人员违规侵占公司利益的问题。经过调查发现,公司录用的跳槽过来的个别人员在上家公司工作时就存在类似问题,因为被发现才不得不选择跳槽。问题二是公司采用的甄选测试方法缺乏有效性,一些测试得分较高的人被录用后,实际工作绩效却不如一些分数低的人。问题三是由于面试考官没有受过系统培训,面试方法不够科学。问题四是公司在招录管理人员时,只进行简单的笔试和面试,甄选方法过于单一,效果欠佳。

为此,公司人力资源部门准备系统学习和掌握员工甄选工作的基本原理和相关规范,并在此基础上改进公司员工甄选系统,包括引进评价中心技术、改善面试效果等。

根据以上资料,回答下列问题:

93. 一些测试得分较高的人被录用后,实际工作绩效却不如一些分数低的人,这说明该公司甄选测试的(　　)比较低。
A.内部一致性效度	B.预测效度
C.同质性效度	D.分半效度

94. 为了解决案例中"一些管理人员违规侵占公司利益"的问题,该公司的甄选工作最适合采取的措施是(　　)。
A.对候选人进行履历分析以更好地了解候选人的背景情况
B.对候选人进行知识测试以了解候选人的专业知识水平
C.对候选人进行认知能力测试以了解候选人的想象、记忆、思维等方面的能力
D.对候选人进行职业兴趣测试以了解其职业兴趣

95. 为了解决案例中的问题三,公司决定对面试考官进行系统培训。这种系统培训应当让考官掌握的要点包括( )。
   A. 为了更好地考核候选人的真实情况,应让候选人充分发挥,不要试图控制面试时间
   B. 如果在面试之初,就对一位候选人很有把握,可尽快作出决定,不必浪费太多时间
   C. 了解面试中容易出现的误区和相应的解决方法
   D. 为了更好的考察,考官应该在面试前留出时间看候选人的简历

96. 为了解决案例中的问题四,该公司准备采用评价中心技术,关于评价中心技术的说法,正确的有( )。
   A. 评价中心技术能够有效考察候选人的管理能力和问题解决能力
   B. 评价中心技术通过要求候选人完成实际工作任务来进行测试
   C. 评价中心技术在甄选管理人员方面具有较高的效度
   D. 评价中心技术包括公文筐测试和角色扮演等

(五)

小昌在大学毕业找工作时不仅考虑工资水平,还考虑职业发展前途、企业声誉等因素。他在求职过程中发现,有些企业坚持支付超过市场均衡工资水平的高工资,而不像教科书说的那样,按照通行市场水平支付工资。此外,他去求职的一些企业面对人工成本不断上涨的形势,开始用机器人替代一些人工操作,让他没想到的是,大学同班同学小王由于一时找不到好工作,家庭经济状况又不好,故选择去一家快递公司当快递员了。

根据以上资料,回答下列问题:

97. 小昌在找工作考虑多种因素的情况表明,劳动力市场存在( )的特征。
   A. 交易对象难以衡量性   B. 交易条件复杂性
   C. 交易延续性   D. 出售者地位不利性

98. 关于企业支付超过市场均衡水平高工资的说法,正确的有( )。
   A. 企业支付的这种高工资被称为绩效工资
   B. 这种高工资有助于吸引生产率更高的员工
   C. 这种高工资有助于降低员工的离职率
   D. 这种做法在员工期望与企业保持雇佣关系的情况下更有意义

99. 关于一些企业用机器人替代人工操作现象的说法,正确的是( )。
   A. 机器人价格下降的规模效应会导致企业的劳动力需求上升
   B. 机器人价格下降的替代效应会导致企业的劳动力需求上升
   C. 机器人对人工操作的替代反映了产品需求对劳动力需求产生的影响
   D. 机器人对人工操作的替代反映了两种生产要素之间的互补关系

100. 关于小王选择当快递员的说法,正确的有( )。
   A. 小王不得不去次等劳动力市场就业
   B. 小王是通过劳动力市场实现就业的
   C. 小王领取的是效率工资
   D. 小王不可能再回到优等劳动力市场就业

全国经济专业技术资格考试临考预测(二)

人力资源管理专业知识与实务

一、单项选择题(共60题,每题1分。每题的备选项中,只有1个最符合题意。)

1. 以下不属于动机的要素的是( )。
   A. 决定人行为的方向　　　　B. 决定人行为的意愿
   C. 努力的水平　　　　　　　D. 坚持的水平

2. 在马斯洛需要层次理论中,个人成长属于( )。
   A. 生理需要　　　　　　　　B. 归属和爱的需要
   C. 尊重的需要　　　　　　　D. 自我实现的需要

3. 根据双因素理论,下列不属于保健因素的是( )。
   A. 人际关系　　　　　　　　B. 工作环境
   C. 责任和晋升　　　　　　　D. 组织政策

4. 有些企业喜欢把管理人员培养成通才,具有这种组织文化特点的组织被称为( )组织。
   A. 学院型　　　　　　　　　B. 俱乐部型
   C. 棒球队型　　　　　　　　D. 堡垒型

5. 关于绩效薪金制的说法,错误的是( )。
   A. 绩效薪金制采用的方式包括计件工资、工资奖金、按利分红等
   B. 绩效薪金制的实施必须以公平、量化的绩效评估体系为基础
   C. 绩效薪金制可以减少管理者的工作量、提高激励水平和生产力水平
   D. 绩效薪金制同公平理论关系比较密切

6. 魅力型领导者的非道德特征是( )。
   A. 为集体利益使用权力　　　B. 采取双向沟通
   C. 提升自己的个人愿景　　　D. 用内在道德标准行事

7. 下列纠纷中,属于《中华人民共和国劳动争议调解仲裁法》受案范围的是( )。
   A. 用人单位与劳动者因社会保险发生的争议
   B. 劳动者与社会保险经办机构因发放社会保险金发生的争议
   C. 农村承包经营户与受雇人之间的纠纷
   D. 劳动者对劳动能力鉴定委员会伤残等级鉴定结论的异议纠纷

8. 关于关键绩效指标的说法,错误的是( )。
   A. 效率类指标包括及时性、供货周期等
   B. 数量类指标包括产品的数量、销售量等
   C. 质量类指标包括合格产品的数量、不合格品比率等
   D. 成本类包括单位产品的成本、投资回报率等

9.组织设计程序中属于组织结构的细化并起到稳定组织结构作用的是( )。
   A.管理规范的设计　　　　　　　　B.确定组织设计的基本方针和原则
   C.设计组织结构的框架　　　　　　D.人员配备

10.根据领导的生命周期理论,下列说法错误的是( )。
   A.工作成熟度是指一个人的知识和技能水平
   B.对于心理成熟度高的员工,领导者需要规定员工的工作任务和角色职责
   C.具有推销式领导风格的领导不仅表现出指导行为,而且富于支持行为
   D.低工作—低关系代表的是授权式领导风格

11.西蒙将决策分为三个阶段,其中第一个阶段是( )。
   A.设计活动阶段　　　　　　　　　B.选择活动阶段
   C.智力活动阶段　　　　　　　　　D.确认活动阶段

12.下列关于知识测试的说法中,错误的是( )。
   A.知识测试就是我们通常所说的考试
   B.知识测试可以被划分为综合知识测试、专业知识测试、外语测试等各种不同类型
   C.社会上的一些职业资格考试基本上都属于知识测试
   D.知识测试通常都是以笔试的方式完成,所有的笔试都属于知识测试

13.下列选项中,关于组织发展目的的说法,错误的是( )。
   A.它重视人员和组织的成长　　　　B.它重视权力与控制
   C.它重视合作与参与过程　　　　　D.它重视质询精神

14.下列关于组织结构的特征因素,说法错误的是( )。
   A.组织的分工形式表明组织结构在空间的复杂程度
   B.分工形式即组织各部门的横向分工所采取的形式
   C.人员结构指各部门人员、各职能人员在组织职工总数中的比例情况
   D.关键职能是在组织结构中处于中心地位、具有较大职权的职能部门

15.关于矩阵组织形式的主要特点,说法错误的是( )。
   A.员工在执行日常工作任务方面,接受原部门的垂直领导
   B.员工在执行具体的项目任务方面,接受项目经理的领导
   C.为了完成某一特定任务,首先由上级主管人员进行高层次的协调
   D.产品部门(或项目小组)所形成的横向联系灵活多样

16.矩阵组织形式的优点不包括( )。
   A.有利于减轻高层管理人员的负担
   B.有利于管理人员注重并能熟练掌握本职工作的技能
   C.有利于顺利完成规划项目,提高企业的适应性
   D.有利于职能部门与产品部门相互制约,保证企业整体目标的实现

17.组织文化中,( )是衡量一个组织是否形成了自己的组织文化的主要标志。
   A.物质层　　　　　　　　　　　　B.制度层
   C.精神层　　　　　　　　　　　　D.结构层

18. 绩效改进方法中的六西格玛管理关注的是( )。
   A. 组织的管理理念　　　　　　　　B. 灵活多变
   C. 组织产品(或服务)的生产过程　　D. 组织业务流程的误差率

19. 通常企业进行培训投资决策时,会考虑的因素不包括( )。
   A. 员工的工资　　　　　　　　　　B. 培训与开发的支出
   C. 员工参加培训给组织带来的收益　D. 培训后组织支付给员工的加薪

20. 根据战略规划与人力资源管理之间的联系,战略规划制定好后告知人力资源管理部门,让其配合战略实施。人力资源管理的重要性只是在执行方面,忽视了在战略规划中的作用,这属于( )。
   A. 行政管理联系　　　　　　　　　B. 单向联系
   C. 双向联系　　　　　　　　　　　D. 一体化联系

21. 以下关于影响人力资源需求预测的因素的说法,错误的是( )。
   A. 组织的人力资源需求会受到组织未来发展战略和竞争战略的重要影响
   B. 外部市场对组织的产品和服务的需求会影响组织的人力资源需求
   C. 组织的重新调整、流程再造以及业务外包等会对组织的人力资源需求造成影响
   D. 组织在未来可能采用的新技术会影响组织的人力资源需求的数量而非质量

22. 下列关于德尔菲法的说法,正确的是( )。
   A. 它是组织中高层管理人员根据自己过去积累的工作经验以及直觉确定组织未来的人力资源需要的方法
   B. 避免了个人预测的片面性
   C. 专家需要见面进行集体讨论
   D. 它是一种定量的人力资源供给预测方法

23. 内部一致性信度反映的是( )。
   A. 用两个测验复本测量同一群体时得到的两个分数间的相关性
   B. 不同评价者对同一对象进行评定时打分的一致性
   C. 用同一方法对一组应聘者在两个不同时间进行测试的结果间的一致性
   D. 在同一测验内部,各个题目的测试结果间的一致性

24. 在大型组织中,培训与开发机构隶属于人力资源部的优点是( )。
   A. 便于形成一个协调、统一的培训与开发计划
   B. 可以体现培训与开发在组织中的战略位置
   C. 不会受到其他工作的影响,以保证培训与开发的力度和连续性
   D. 需要在两个部门之上设置一个领导充当组织和协调的角色

25. 在组织结构的特征因素中,通常用员工的平均文化程度或上岗职业培训期限作为衡量指标的是( )。
   A. 人员结构　　　　　　　　　　　B. 分工形式
   C. 职业化程度　　　　　　　　　　D. 专业化程度

26. 下列关于甄选方法的说法,错误的是( )。
   A. 评价中心技术是通过情境模拟的方法来对求职者进行评价
   B. 无领导小组讨论中的操作性问题适合技术性比较强的行业

C.角色扮演可以用来评价求职者的人际交往、问题解决等能力

D.公文筐测试的编制成本较低

27.在培训与开发效果评估实践中,因为评估过程困难且昂贵,故多数组织几乎不进行的是( )。

A.学习评估　　　　　　　　　B.工作行为评估

C.结果评估　　　　　　　　　D.投资收益评估

28.关于绩效管理的说法,错误的是( )。

A.绩效管理有助于组织内部的沟通

B.绩效管理侧重于绩效的判断与评估

C.绩效管理可以为其他人力资源管理环节的有效实施提供依据

D.绩效管理与绩效考核并不是等价的

29.下列关于战略性绩效管理的说法中,错误的是( )。

A.采取成本领先战略的组织,应尽量选择以结果为导向、实施成本较低的评价方法

B.采取差异化战略的组织,可以只选择直接上级为评价主体

C.采取防御者战略的组织,可以选择系统化评价方法,多角度选择考核指标

D.采取探索者战略的组织,可以选择以结果为导向的评价方法

30.下列选项中不属于雇主组织的作用的是( )。

A.劳动关系的规制者

B.参与集体谈判

C.参与劳动立法和政策制定

D.通过雇主组织的培训机构为会员企业提供培训服务

31.以下关于绩效管理工具的说法,错误的是( )。

A.目标管理法倾向于聚焦短期目标,可能会牺牲企业的长远利益

B.关键绩效指标法是基于企业战略的系统考核方法,适用于企业战略进行重大调整的时期

C.标杆超越法既是绩效改进的方法也是绩效考核的方法

D.平衡计分卡法从客户角度、战略角度、学习与发展角度和财务角度关注企业绩效

32.从现行法律规定来看,解决劳动和社会保险行政争议的方式主要是( )。

A.待遇复查、行政复议和行政诉讼　　B.行政仲裁、行政复议和行政诉讼

C.复查、仲裁和行政诉讼　　　　　　D.调解、仲裁和行政诉讼

33.关于企业战略与薪酬管理策略的说法,正确的是( )。

A.采用客户中心战略的企业,在薪酬管理中应强调企业与员工共担风险、共享收益

B.采用稳定战略的企业,在薪酬结构中,基本薪酬和福利所占比重应较低

C.采用成本领先战略的企业,应提供比竞争对手高的薪酬

D.采用创新战略的企业,基本薪酬应以劳动力市场通行水平为准且略高于市场水平

34.关于股票期权的说法,错误的是( )。

A.激励对象包括上市公司的董事、高级管理人员、核心技术人员以及其他员工

B.股票期权适用于上市公司,需要依托规范而有生气的股票市场

C.股票期权只有在行权价格高于股票价格时才有价值

D.股票期权的执行方式包括现金行权、无现金行权、无现金行权并出售

35.某公司销售人员的薪酬由基本工资和销售提成组成,这种薪酬方案被称为( )。
　　A.单纯佣金制　　　　　　　　　　B.基本薪酬加佣金制
　　C.基本薪酬加奖金制　　　　　　　D.基本薪酬加佣金加奖金制
36.劳动争议案件案情复杂申请延期的,劳动仲裁延长期限不得超过( )。
　　A.20天　　　　　　　　　　　　　B.45天
　　C.10天　　　　　　　　　　　　　D.15天
37.劳动力需求缺乏弹性,当工资率下降时,其劳动力工资总量( )。
　　A.上升　　　　　　　　　　　　　B.下降
　　C.无变化　　　　　　　　　　　　D.先上升再下降
38.由经济周期或经济波动引起劳动力市场供求失衡所造成的失业是( )。
　　A.结构性失业　　　　　　　　　　B.季节性失业
　　C.周期性失业　　　　　　　　　　D.摩擦性失业
39.为了降低薪酬管理中可能出现的不公正现象,提高员工对薪酬的满意度,在职位评价过程中坚持透明化的职位评价标准和职位等级结构,有助于员工对企业战略目标和价值取向的理解和认同。这种做法属于职位评价原则中的( )。
　　A.标准化原则　　　　　　　　　　B.员工参与原则
　　C.结果公开原则　　　　　　　　　D.系统性原则
40.在员工申诉管理中,如果因为调查周期较长需要推迟决定,应及时与申诉人沟通、避免沟通不畅而导致其他问题的发生,这表明企业要注意遵循员工申诉管理的( )原则。
　　A.及时　　　　　　　　　　　　　B.明晰
　　C.保密　　　　　　　　　　　　　D.反馈
41.关于劳动力市场的特征说法不正确的是( )。
　　A.劳动力市场上的交易往往受一整套条件的约束
　　B.劳动力交易完成之后,劳动力交易双方便没有了联系
　　C.不同劳动力存在差异,不同的劳动者之间不能或不能完全相互替代
　　D.在劳动力交易中,劳动力这种特殊商品的所有权并没有转移,转移的只是其使用权
42.家庭生产理论的主要观点不包括( )。
　　A.家庭的直接效用来源是其生产出来的家庭物品
　　B.劳动者个人是劳动力供给的决策者
　　C.劳动者的动力供给决策主要是在市场工作时间和家庭生产时间之间的权衡
　　D.家庭物品可以用时间密集型和商品密集型这两种不同方式生产出来
43.下列关于仲裁管辖的说法,错误的是( )。
　　A.其地域管辖按行政区划划分
　　B.劳动争议仲裁管辖实行地域管辖
　　C.管辖地域可能与行政区划重合,也可能不重合
　　D.劳动人事争议仲裁委员会负责管辖本区域内发生的劳动争议
44.在其他条件相同的情况下,会导致失业率上升的情形是( )。
　　A.就业者因退休而退出劳动力市场的人数增加
　　B.找到工作的失业者人数迅速上升

C.绝大部分应届大中专毕业生都找到工作
D.一部分长时间找不到工作的失业者决定放弃寻找工作

45.下列关于工资水平与企业规模的关系的说法,错误的是( )。
A.在规模较大的企业中,员工的工资随经验的增加而增长的速度较快
B.规模较大的企业给员工提供的高工资不能被看成是一种补偿性的工资差别
C.大企业可以为员工提供更多的特殊培训机会,有利于提高员工的工资水平
D.大企业出现岗位空缺的成本很高,一般会利用高工资留住关键人才

46.在美国等国家,公立大学的学费往往低于私立大学,选择上公立大学会降低上大学的( )。
A.直接成本   B.心理成本
C.机会成本   D.外部成本

47.下列情形不应当认定为工伤的是( )。
A.在工作时间和工作场所内,因工作原因受到事故伤害的
B.工作时间前后在工作场所内,从事与工作有关的预备性或者收尾性工作受到事故伤害的
C.在外受到暴力等意外伤害的
D.患职业病的

48.在对上大学的收益估计的时候,通常考虑的是货币性报酬,但事实上,上大学所获得的超过高中毕业生的报酬还包括福利部分。这反映了教育投资私人收益估计的( )。
A.高估偏差   B.低估偏差
C.能力偏差   D.选择性偏差

49.企业在职培训的机会成本不包括( )。
A.利用本企业的机器导致的工作效率损失
B.邀请外部讲师培训的讲课费
C.受训员工因为参加培训而无法全力工作的损失
D.利用有经验的职工担任培训讲师而导致的工作效率损失

50.人力资源社会保障行政部门自收到企业年金方案文本之日起( )内未提出异议的,企业年金方案即行生效。
A.5日   B.10日
C.15日   D.30日

51.根据《中华人民共和国劳动合同法》的规定,不属于劳动合同终止的情形的是( )。
A.劳动者达到法定退休年龄的
B.劳动合同期满的
C.在本单位患职业病被确认丧失劳动能力的
D.用人单位被依法宣告破产的

52.关于劳动力跨地区流动的说法,错误的是( )。
A.跨地区劳动力流动的主要原因在于地区之间存在经济发展不均衡的情况
B.跨地区劳动力流动对劳动力流入地有好处,对劳动力流出地没有好处
C.跨地区劳动力流动会受到迁移距离和迁移成本的影响
D.跨地区劳动力流动并非是单向的,流出的劳动力也可能会重新流动回原居住地

53. 关于失业保险的说法,错误的是( )。
   A. 失业保险金领取期限最长不超过 24 个月
   B. 职工按照个人工资 1%缴纳失业保险费
   C. 职工跨统筹地区就业的,失业保险关系随本人转移,缴费年限可累计计算
   D. 劳动者本人自愿中断就业可以申请领取失业保险金

54. 劳务派遣单位与劳动者应签订( )以上的固定期限劳动合同,按月支付劳动报酬。
   A. 1 年
   B. 2 年
   C. 3 年
   D. 5 年

55. 下列关于职业资格制度的表述,说法有误的是( )。
   A. 职业资格包括准入类职业资格和水平评价类职业资格
   B. 人力资源社会保障部门负责职业资格的监督管理
   C. 国家按照规定的条件和程序将职业资格纳入国家职业资格目录
   D. 水平评价类职业资格所涉职业必须关系公共利益

56. 劳动合同履行地与用人单位注册地不一致,且用人单位注册地的有关标准高于劳动合同履行地的有关标准的,( )。
   A. 用人单位与劳动者约定按照用人单位注册地的有关规定执行的,从其约定
   B. 执行劳动合同履行地的有关规定
   C. 由单位决定执行标准
   D. 由劳动者决定执行标准

57. 下列关于事业单位收入分配制度的说法,错误的是( )。
   A. 事业单位实行岗位绩效工资制度
   B. 绩效工资主要体现工作人员的工作表现和资历
   C. 薪级工资主要体现工作人员的工作表现和资历
   D. 国家对特殊岗位津贴补贴实行统一管理

58. 下列关于专业技术人员继续教育的说法,错误的是( )。
   A. 用人单位应当保障专业技术人员参加继续教育的权利
   B. 专业技术人员参加继续教育的时间,每年累计应不少于 70 学时
   C. 依法成立的各类教育培训机构可以面向专业技术人员提供继续教育服务
   D. 用人单位违反规定的,由人力资源社会保障行政部门或者有关行业主管部门责令改正

59. 对于经营劳务派遣业务的说法,错误的是( )。
   A. 应当向劳动行政部门依法申请行政许可
   B. 注册资本不少于 50 万元
   C. 有与开展业务相适应的固定的经营场所和设施
   D. 有符合法律、行政法规规定的劳务派遣制度

60. 关于公务员考核的相关说法中,错误的是( )。
   A. 公务员平时考核一般按照个人小结、审核评鉴、结果反馈的程序进行
   B. 在平时考核中被评定为好等次的公务员,应当在本机关范围内公开
   C. 定期考核的结果可以以口头形式通知公务员本人
   D. 公务员的考核分为平时考核、专项考核和定期考核等方式

二、多项选择题(共20题,每题2分。每题的备选项中,有2个或2个以上符合题意,至少有1个错项。错选,本题不得分;少选,所选的每个选项得0.5分。)

61. 下列关于参与管理的说法,正确的有( )。
   A. 参与管理其实是让下属实际分享上级的决策权
   B. 管理者可视组织需要直接实行员工参与
   C. 参与决策可使参与者对做出的决定有认同感
   D. 员工参与的问题无需是员工自己熟悉的领域
   E. 参与不应使员工和管理者的地位和权力受到威胁

62. 根据双因素理论,下列选项中属于保健因素的有( )。
   A. 成就感
   B. 别人的认可
   C. 工作本身
   D. 人际关系
   E. 监督方式

63. 根据价值取向与模糊耐受性两个维度的组合,决策风格可以分为( )。
   A. 指导型
   B. 概念型
   C. 分析型
   D. 行为型
   E. 合作型

64. 如果企业想要构建一个自由、平等、开放、创新的组织文化,可以采用的组织设计手段包括( )。
   A. 提升组织制度化和规范化的程度
   B. 减少管理层次,形成趋于扁平化的组织
   C. 以外部招聘为主,提高员工的多样化程度
   D. 建立强调等级差异的绩效评估体系
   E. 建立不同职位等级间薪酬差异很大的薪酬制度

65. 关于成本领先战略组织的战略性人力资源管理问题,说法不正确的有( )。
   A. 重视效率
   B. 招募富有创新精神的员工
   C. 绩效管理更为关注创新的结果
   D. 客户满意度是最为关注的绩效指标
   E. 提高奖金在薪酬构成中的比重

66. 对标杆超越法的理解,正确的有( )。
   A. 标杆指的是最佳实践或最佳标准
   B. 标杆应该仅仅在本行业内寻找
   C. 相对于其他方法,标杆超越法更加重视比较和衡量
   D. 标杆超越法的实质是变革
   E. 根据标杆所处的位置不同,可以分为内部标杆、竞争标杆、行业标杆和最优标杆

67. 关于心理测试的说法,正确的有( )。
   A. 自陈量表法是测量人格的方法
   B. 职业兴趣测试是测试一个人是否具有从事一项特定工作的潜在能力
   C. 企业型职业兴趣类型的人适合担任领导或政府官员
   D. 特殊认知能力测试针对的是从事某些特定职业的人所需要具备的能力
   E. 现实型职业兴趣类型的人适合从事社会、教育的工作

68. 对于采用成本领先战略的企业,适宜的绩效管理策略有( )。
   A. 选择以结果为导向的绩效考核方法
   B. 多角度选择考核指标
   C. 弱化员工工作的直接结果
   D. 选择以行为为导向的绩效考核方法
   E. 可以采用目标管理法进行绩效考核

69. 关于绩效管理相关问题的说法,错误的有( )。
   A. 绩效计划是绩效管理过程的起点
   B. 绩效监控是一种经常性的管理行为
   C. 绩效改进方法中,六西格玛管理关注组织业务流程的误差率
   D. 绩效评价中,近因效应是指主管人员在绩效考核中往往根据最初的印象去评价员工
   E. 在绩效结果应用方面,对于安分型员工,主管应对其进行绩效辅导

70. 培训与开发效果评估中的反应评估通常采用的方法有( )。
   A. 访谈法   B. 问卷调查法
   C. 直接观察法   D. 绩效监测法
   E. 自我评价法

71. 员工可以通过申诉制度处理的事项包括( )。
   A. 对劳动合同的解除和终止有异议的
   B. 对薪资发放和福利待遇有异议的
   C. 认为上级滥用职权,侵犯自身权益的
   D. 认为公司不给员工提供集体宿舍的
   E. 认为公司对自身工作调派处置不合理,影响自己权益的

72. 下列选项属于劳动关系运行过程的有( )。
   A. 劳动关系的构成   B. 劳动者的聘用
   C. 雇主组织的成立   D. 劳动标准的确定和实施
   E. 劳动争议的处理和解决

73. 女性劳动力参与率呈现上升的总体趋势,主要与( )因素有关。
   A. 家庭生产活动的生产率提高   B. 女性的相对工资率上升
   C. 出生率的上升   D. 离婚率的下降
   E. 工作机会的增加

74. 关于劳动力市场政策说法错误的有( )。
   A. 扩张性货币政策可以提高就业水平
   B. 贴现率调整属于财政政策施行手段
   C. 人力政策是针对劳动力市场的结构性失业而提出的
   D. 提高就业水平目标需要发展就业弹性高的产业
   E. 提高税率是货币政策的手段

75. 影响劳动力流动的劳动者因素有( )。
   A. 劳动者的年龄   B. 劳动者所在企业的地理位置
   C. 劳动者的任职年限   D. 劳动者的性别
   E. 劳动者所在企业的文化

76. 关于工资水平的说法,错误的有( )。
    A. 实际工资就是指员工实际拿到手的货币工资
    B. 实际工资就是指名义工资
    C. 企业在确定工资水平时必须了解货币工资水平
    D. 货币工资上涨时,实际工资有可能是下降的
    E. 物价指数越高,相同的货币工资代表的实际工资水平越低

77. 关于工伤保险的说法,正确的有( )。
    A. 工伤职工拒不接受劳动能力鉴定,将停止享受工伤保险待遇
    B. 职工要按照本人工资的1%缴纳工伤保险费
    C. 劳动者在下班途中,受到暴力伤害可以认定工伤
    D. 职工因醉酒遭受事故伤害的不得认定工伤
    E. 职工认为是工伤,用人单位不认为是工伤的,由用人单位承担举证责任

78. 对功绩卓著的公务员、公务员集体可以授予( )等荣誉称号。
    A. 人民满意的公务员   B. 模范公务员
    C. 人民满意的公务员集体   D. 模范公务员集体
    E. 嘉奖奖励

79. 公共人力资源服务机构提供的服务有( )。
    A. 发布人力资源供求、市场工资指导价位、职业培训等信息
    B. 提供就业创业和人才政策法规咨询
    C. 办理就业登记、失业登记等事务
    D. 开展人力资源管理咨询服务
    E. 对就业困难人员实施就业援助

80. 可以申请办理外国人来华工作许可的外国人必须满足的条件有( )。
    A. 年满16周岁,身体健康,无犯罪记录
    B. 境内有确定的用人单位
    C. 所从事的工作符合我国经济社会发展需要
    D. 是国内急需紧缺的专业人员
    E. 具有从事其工作所必需的专业技能或相适应的知识水平

三、案例分析题(共20题,每题2分。有单选和多选。错选,本题不得分;少选,所选的每个选项得0.5分。)

(一)

A公司董事长每年年底都会与员工谈话,目的是了解员工过去一年的工作状况、对公司的态度以及未来的打算。在今年的谈话中,员工小李说自己很喜欢公司的工作环境,跟大部分同事的关系也很好,但是自己工作非常努力,也不被领导认可,升职希望渺茫。而同办公室的小王工作没有自己努力,却总被领导夸奖,上个月还涨了工资,这让自己深受打击,工作动力没有以前那么大了,甚至萌生了辞职念头。

董事长询问小李原因。小李认为,这是由公司为不同员工设置的工作目标不合理造成的,领导给小王设置的工作目标比自己的容易达到,所以即使自己非常努力,领导也不认可;然而,工作目标是领导设定的,自己没有发言权。董事长听后,表示在今后公司管理工作中会考虑小李的意见。

根据以上资料,回答下列问题:

81. 根据马斯洛的需要层次理论,小李在工作中没有得到满足的需要是( )。
   A. 生理需要　　　　　　　　　　B. 安全需要
   C. 尊重的需要　　　　　　　　　D. 自我实现需要

82. 根据双因素理论,让小李感到不满的主要因素是( )。
   A. 工作目标设定的政策　　　　　B. 晋升
   C. 别人的认可　　　　　　　　　D. 人际关系

83. 小李在感到不公平时所采用的恢复平衡的方式是( )。
   A. 改变自己的投入或产出　　　　B. 改变对投入或产出的知觉
   C. 改变参照对象　　　　　　　　D. 寻求社会兼职

84. 小李所反映的不公平问题,表明目标管理中的( )要素出现了问题。
   A. 目标具体化　　　　　　　　　B. 参与决策
   C. 限期完成　　　　　　　　　　D. 绩效反馈

(二)

某公司在聘任一名技术部经理时,面试考官对这名应聘者提出很多无限制的问题。在面试的过程中,这名应聘者穿着得体,始终面带微笑,谈吐自如,即使在面试考官提出一些比较鲁莽的高压式问题时,该名应聘者也能很好地控制自我情绪、冷静处理问题。他的从容引起了面试考官的注意,最后他在面试中脱颖而出。但是在后期的工作中,该名应聘者并没有达到公司对他的期望。

根据以上资料,回答下列问题:

85. 该公司在招聘时采用的招聘方法是( )。
   A. 半结构化面试　　　　　　　　B. 非结构化面试
   C. 情境化结构面试　　　　　　　D. 结构化面试

86. 关于该公司采用的招聘方法,说法正确的有( )。
   A. 面试考官可能没有统一的评价标准
   B. 信度和效度较高
   C. 可能造成面试关键信息遗漏
   D. 适用于招聘中高级管理人员

87. 该公司采用压力面试形式时,需注意的问题有( )。
   A. 如果对压力面试掌控不好,面试就有可能会因为过于具有侵犯性而受到质疑甚至起诉
   B. 在不需要采用压力面试时,就没有必要非采用这种做法
   C. 面试考官均可视情况对被面试者进行压力面试
   D. 采取压力面试时,需要对面试考官进行一定的培训

88. 该公司若想日后在面试中取得更好的面试效果,可采取( )措施。
   A. 事先安排好面试所需资料　　　B. 采用情境化结构面试
   C. 避免采用非结构化面试方法　　D. 对面试考官进行培训

(三)

顺鑫公司是一家生产制造型企业,随着业务的迅速发展,企业的经济实力近几年有了很大的提高,为了更好地留住关键员工、调动员工的工作积极性,同时吸引更多高素质的人才进入企业,公司决定在原有基础上大幅度提高员工的薪资水平。公司修改了原有的薪酬制度,并对所

有职位的薪资按比例进行了提高,工资总额大大提高了,但是效果并不理想:人才流失的情况并没有减少,员工工作积极性并没有得到预期的提高,人才引进缺乏进展。

根据以上资料,回答下列问题:

89.顺鑫公司正确的企业薪酬发展战略应当是(　　)。
　A.成长战略　　　　　　　　　　B.集中战略
　C.精简战略　　　　　　　　　　D.收缩战略

90.对于追求上述战略的企业来说,其薪酬管理的指导思想是(　　)。
　A.追求效率最大化、成本最小化
　B.要稳定现有的掌握相关工作技能的员工
　C.将企业的经营业绩与员工收入挂钩
　D.企业与员工共担风险,共享收益

91.为了保证薪酬的内部公平性,应进行(　　)。
　A.工作分析　　　　　　　　　　B.职位评价
　C.市场薪酬调查　　　　　　　　D.薪酬预算

92.若顺鑫公司采用稳定战略,则其薪酬制度的特征应当有(　　)。
　A.从长期来看,企业应实行奖金或股票选择权等计划
　B.在薪酬结构上,基本薪酬和福利所占的比重较大
　C.薪酬的确定基础主要是员工从事的职位本身
　D.薪酬决策的集中度比较高

(四)

某企业自成立后发展迅速,随着市场份额的不断扩大,企业人员数量由3 000人增加到8 000人。但是,随着市场产能过剩,市场空间逐步缩小,企业决定采取收缩战略;再加上该企业的产品类型较为单一,所以企业整体的人员冗余情况比较严重。而与此同时,企业内部有些部门却还存在着人手不足和明显的人岗不匹配现象。在行业不景气的大形势下,未来如何维持企业运营并保持一定增长,需要企业充分利用现有的人力资源以满足战略发展的需要,对此,该企业的管理者感到比较困惑。

根据以上资料,回答下列问题:

93.为了更好地利用现有人力资源,该企业需要重点做好的人力资源管理工作有(　　)。
　A.招聘新员工　　　　　　　　　B.提高员工福利
　C.人力资源规划　　　　　　　　D.人力资源优化配置

94.该企业当前面临的人员冗余问题反映了(　　)对人力资源需求的影响。
　A.企业战略调整　　　　　　　　B.产品市场变化
　C.技术更新　　　　　　　　　　D.人才政策变化

95.下列选项中,能解决该企业内部有些部门人才紧缺问题的方法有(　　)。
　A.本部门员工加班加点
　B.对其他部门中可用的富余人员培训后再转到人才紧缺部门
　C.通过改进生产技术提高效率
　D.在本部门内进行职位分享

96. 为应对企业整体人员过剩的情况,企业可以采用的方法有( )。
    A. 裁员
    B. 冻结雇用
    C. 鼓励提前退休
    D. 职位外包

(五)

周某与甲公司签订书面劳动合同,双方在合同中约定:劳动合同期限为1年,试用期为3个月。劳动合同期限内,未经甲公司同意,周某不得单方面解除合同。入职时,甲公司还扣押了周某的身份证。某日下班后,周某在处理收尾性工作时,不幸被工厂内的吊灯砸伤,住院治疗1个月。住院期间,甲公司按周某平时工资的50%向周某支付工资。周某痊愈出院已不胜任甲公司的工作,甲公司以已无适合岗位为由,通知周某解除劳动合同,此时周某与甲公司的劳动合同尚未到期。

根据以上资料,回答下列问题:

97. 甲公司的下列行为中,不符合劳动合同法律制度规定的有( )。
    A. 与周某签订书面劳动合同
    B. 与周某约定劳动合同期限1年
    C. 与周某约定,在劳动合同期限内,未经甲公司同意,周某不得单方面解除合同
    D. 扣押了周某的身份证

98. 关于周某受伤住院所享受的待遇,下列说法正确的是( )。
    A. 周某享受医疗期待遇,住院期间甲公司向其支付的工资最低不得低于周某平时工资的80%
    B. 周某享受医疗期待遇,住院期间甲公司向其支付的工资最低不得低于当地最低工资标准的80%
    C. 周某享受工伤保险待遇,住院期间甲公司向其支付的工资最低不得低于周某平时工资
    D. 周某享受工伤保险待遇,住院期间周某的原工资福利待遇不变

99. 周某痊愈出院,若甲公司的确已无适合的工作岗位,也无法对周某进行培训和调整工作岗位。但劳动合同尚未到期,此时甲公司( )。
    A. 不得解除劳动合同
    B. 提前30日以书面形式通知劳动者本人后可以解除劳动合同,但应当支付经济补偿金
    C. 额外支付劳动者1个月工资后,可以解除劳动合同,但应当支付经济补偿金
    D. 可以随时通知周某解除劳动合同,但应当支付经济补偿金

100. 周某与甲公司因劳动合同解除发生的纠纷,可以选择通过( )途径解决。
    A. 企业劳动争议调解委员会调解
    B. 直接向劳动人事争议仲裁委员会申请劳动仲裁
    C. 直接向人民法院提起劳动诉讼
    D. 向劳动行政部门申请行政复议

全国经济专业技术资格考试临考预测（三）
人力资源管理专业知识与实务

一、单项选择题（共60题，每题1分。每题的备选项中，只有1个最符合题意。）

1. 外源性动机强的员工看重的是（　　）。
   A. 工作的挑战性　　　　　　　　B. 工作带来的社会地位
   C. 工作带来的成就感　　　　　　D. 对组织的贡献

2. 从激励内容的角度可以将激励分为（　　）。
   A. 正向激励和负向激励　　　　　B. 他人激励和自我激励
   C. 物质激励和精神激励　　　　　D. 有效激励和无效激励

3. 与马斯洛的需要层次理论不符的陈述是（　　）。
   A. 在需要的层次中包括安全需要、尊重的需要和权力需要
   B. 组织用于满足低层次需要的投入效益是递减的
   C. 只有低一层次的需要得到相当程度的满足之后，个体才会追求高一层次的需要
   D. 尊重的需要是人类的高级需要

4. 下列关于交易型和变革型领导的观点，错误的是（　　）。
   A. 交易型领导认为只有先天具备某些特质的人才可能成为领导
   B. 交易型领导可以依靠消极型差错管理，即仅在标准没有满足时进行干涉
   C. 变革型领导提供任务愿景，潜移默化的自豪感，获得尊敬和信任
   D. 变革型领导提升智慧，理性和谨慎地解决问题，给予个人关怀

5. 公平理论认为，员工会将自己的产出与投入的比率与别人的产出与投入的比率进行比较。这里的"投入"不包括（　　）。
   A. 资历　　　　　　　　　　　　B. 工作经验
   C. 工作绩效　　　　　　　　　　D. 工资和奖金

6. 在期望理论中，效价是指（　　）。
   A. 员工对一旦完成任务就可以获得报酬的信念
   B. 员工对努力工作能够完成任务的信念强度
   C. 员工对完成工作所需努力的程度
   D. 个体对所获报酬的偏好强度

7. （　　）认为，团体中领导者与下属在确立关系和角色的早期，就把下属分出"圈里人"和"圈外人"的类别。
   A. 特质理论　　　　　　　　　　B. 路径—目标理论
   C. 权变理论　　　　　　　　　　D. 领导—成员交换理论

8. 绩效薪金制通过将报酬与绩效挂钩强化了对员工的激励，这种做法与（　　）的原理最为吻合。
   A. 公平理论　　　　　　　　　　B. 双因素理论
   C. 期望理论　　　　　　　　　　D. ERG 理论

9. 由于劳动力市场的动态属性以及信息不完善而形成的(　　)失业是竞争性劳动力市场的一个自然特征。
   A. 结构性　　　　　　　　　　　　B. 摩擦性
   C. 季节性　　　　　　　　　　　　D. 周期性

10. 决策者具有较高的模糊耐受性以及很强的任务和技术取向,属于(　　)决策者。
    A. 指导型　　　　　　　　　　　　B. 分析型
    C. 概念型　　　　　　　　　　　　D. 行为型

11. 在组织结构的特征因素中,能够反映组织各职能部门间工作分工精细程度的是(　　)。
    A. 制度化　　　　　　　　　　　　B. 规范化
    C. 职业化　　　　　　　　　　　　D. 专业化

12. 关于各种组织形式的特点,表达错误的是(　　)。
    A. 团队结构形式打破部门界限并把决策权下放到工作团队成员手中
    B. 虚拟组织形式是一种规模较小、但可以发挥主要职能的核心组织,决策集中化程度高,部门化程度低
    C. 无边界组织形式是对管理层次不加限制,减少或取消职能部门,代之以授权的团队
    D. 事业部制组织形式有利于总公司的高层管理者摆脱具体管理事务,集中精力进行战略决策和长远规划

13. 下列关于组织结构的特征因素的说法,正确的是(　　)。
    A. 管理层次与管理幅度存在负相关的数量关系,且管理层次决定管理幅度
    B. 人员素质属于组织结构的特征因素
    C. 分工形式是指各职能工作分工的精细程度
    D. 规范化是指员工以同种方式完成相似工作的程度

14. 下列关于战略性人力资源管理工具的说法,错误的是(　　)。
    A. 战略性人力资源管理三大工具分别是战略地图、人力资源计分卡和数字仪表盘
    B. 人力资源管理计分卡本质是一张用来计分的卡片
    C. 战略地图指明了组织战略实现的路径和总体脉络
    D. 数字仪表盘有助于组织判断当前的工作活动方向是否正确

15. 某互联网公司的公司简介中有如下三个表述:"成为最受尊敬的互联网企业""通过互联网提升人类生活品质""正直、进取、合作、创新",它们分别是这家公司的(　　)。
    A. 愿景、使命、价值观　　　　　　B. 使命、愿景、价值观
    C. 使命、价值观、愿景　　　　　　D. 价值观、愿景、使命

16. 在对人力资源供求平衡的分析中,为减少未来出现劳动力过剩,可采取速度慢、对员工伤害程度低的方法是(　　)。
    A. 裁员　　　　　　　　　　　　　B. 自然减员
    C. 职位分享　　　　　　　　　　　D. 降薪

17. 关于全面质量管理的说法,错误的是(　　)。
    A. 全面质量管理强调依靠协同工作得到组织中每个人对质量的承诺
    B. 挑选有高度责任感的员工才能符合全面质量管理的要求
    C. 全面质量管理规划需要自上而下推行,并持续地从下向上付诸实施
    D. 全面质量管理属于传统组织发展方法中的人文技术

18. 实施员工股份所有权计划,鼓励员工与组织共担风险属于人力资源的( )。
   A. 成本领先战略   B. 稳定战略
   C. 收缩战略   D. 成长战略

19. 关于人力资源规划的说法,错误的是( )。
   A. 制定组织的人力资源规划应当从组织的战略规划入手
   B. 良好的人力资源规划有助于组织对人工成本的合理控制
   C. 人力资源规划包括人力资源需求预测和供给预测两方面
   D. 如果人力资源供求数量在未来规划期内对等,则不必采取任何调整措施

20. 人力资源规划是指组织根据( ),采取科学的手段来预测组织未来可能会遇到的人力资源需求和供给状况,进而制订必要的人力资源获取、利用、保留和开发计划。
   A. 自身经济利益的需要   B. 自身战略的需要
   C. 社会大环境的需要   D. 社会生产力水平的需要

21. 在根据面试组织形式划分的面试类型中,( )的场面类似于若干新闻记者在一个新闻发布会上向发言人分别提问。
   A. 单独面试   B. 系列面试
   C. 小组面试   D. 集体面试

22. 首先提供一组描述人的个性或特质的词或句子,然后让其他人通过对被测试者的观察,对被测试者的人格或特质作出评价的人格测量方法是( )。
   A. 自陈量表法   B. 评价量表法
   C. 投射法   D. 行为观察量表法

23. 关于绩效计划的说法,错误的是( )。
   A. 绩效计划是绩效管理的第一个环节
   B. 绩效计划的制订的过程是一个自上而下的过程
   C. 绩效计划要求主管人员与员工反复沟通,就绩效计划内容达成一致
   D. 绩效计划的制订是各级主管和员工的责任,无需人力资源部门的参与

24. 马尔科夫分析法主要是利用一种所谓( )的统计分析程序来进行人力资源供给预测。
   A. 转移矩阵   B. 平均值
   C. 大数据分析   D. 协方差

25. 在绩效评价中,评价者对评价对象的看法往往受到评价对象所属群体的影响,这称为( )。
   A. 趋中倾向   B. 刻板印象
   C. 晕轮效应   D. 近因效应

26. 下列不属于绩效管理在组织管理中的作用的是( )。
   A. 有助于组织内部的沟通   B. 有助于促进员工的自我发展
   C. 有助于管理者成本的节约   D. 帮助组织更有效地实行员工开发

27. 关于绩效反馈面谈的说法,错误的是( )。
   A. 绩效反馈面谈要弄清员工绩效不合格的原因,并探讨绩效改进的方法
   B. 绩效反馈面谈中,主管人员要多鼓励员工积极参与到反馈过程中
   C. 绩效反馈面谈中,主管人员要多考虑员工的立场并同情员工的境遇
   D. 绩效反馈面谈结束后,主管人员应当对面谈的效果进行评价

28. 目前,履历分析技术的一个最新发展是(　　),其目的是预测不同的人在某些与工作相关的具体行为或兴趣方面存在的差异。
   A. 目标履历分析法　　　　　　B. 过程履历分析法
   C. 成果履历分析法　　　　　　D. 成就履历分析法

29. 下列对于全面薪酬战略的理解,不正确的是(　　)。
   A. 以客户满意为中心
   B. 鼓励创新精神和可持续的绩效改进
   C. 更强调战略性、激励性、灵活性、创新性和实用性
   D. 管理者必须根据企业的经营环境和战略不断对薪酬系统进行更新

30. 关于劳动力跨产业流动和产业内部流动的说法,正确的是(　　)。
   A. 劳动者因工厂倒闭而回乡务农的情况不属于劳动力跨产业流动
   B. 从农业部门流入工业部门的劳动者通常一开始只能从事蓝领工作
   C. 在劳动力跨产业流动中,相对工资水平高的产业往往呈现人员净流出状态
   D. 失业率较高的产业部门往往面临更低的劳动力流动率

31. 编制好一套人格测试问卷之后,由被测试者本人根据自己的实际情况或感受来回答问卷中的全部问题,以此来衡量一个人的人格,这种人格测量方法是(　　)。
   A. 评价量表法　　　　　　　　B. 自陈量表法
   C. 投射法　　　　　　　　　　D. 行为事件访谈法

32. 在我国可以实施股权激励计划的公司中,激励对象不包括(　　)。
   A. 上市公司的董事　　　　　　B. 独立董事
   C. 上市公司核心技术人员　　　D. 上市公司高级管理人员

33. 下列职业生涯管理方法中,不属于组织层次的方法是(　　)。
   A. 提供内部劳动力市场信息　　B. 职业生涯指导与咨询
   C. 成立潜能评价中心　　　　　D. 实施培训与发展项目

34. 团队绩效考核的流程包括:①对各个团队负责人的绩效进行考核;②进行团队成员评价;③人力资源部门发布考核通知,启动考核程序,公布考核的要求;④员工的直接上级与员工就绩效考核结果进行沟通,并制定下一阶段的工作目标;⑤根据员工所在团队负责人的评价结果确定团队成员的评价结果分布。其中顺序正确的是(　　)。
   A. ③②①⑤④
   B. ③⑤①②④
   C. ③①②⑤④
   D. ③①⑤②④

35. 关于有效的绩效管理体系的说法,错误的是(　　)。
   A. 有效的绩效管理体系可以明确区分高效率员工和低效率员工
   B. 有效的绩效管理体系应该把工作标准和组织目标联系起来确定绩效的好坏
   C. 一般来说,有效的绩效管理体系最起码得满足准确性、敏感性和实用性三个特征
   D. 敏感性和实用性也是有效的绩效管理体系的特征

36. 关于图尺度评价法的优缺点,表述不正确的是(　　)。
   A. 不能与组织战略相匹配
   B. 实用且开发成本小
   C. 操作简单但适应性不强
   D. 容易导致不同的评价者对绩效标准产生不同的理解

37. 根据派生需求定理,在其他条件相同的情况下,若( ),则劳动力需求的自身工资弹性越大。
   A. 最终产品的需求价格弹性越小
   B. 其他要素对劳动力的替代越容易
   C. 其他生产要素的供给弹性越小
   D. 劳动力成本在总成本中所占的比重越小

38. 关于效率工资的说法,正确的是( )。
   A. 效率工资是指法定最低工资
   B. 效率工资是企业自愿提供的高于市场均衡水平的工资
   C. 效率工资降低了企业的竞争力
   D. 效率工资是工会通过与企业进行集体谈判确定的工资

39. 经济衰退时期,在劳动力供给方面占主导地位的效应是( )。
   A. 附加的劳动者效应
   B. 灰心丧气的劳动者效应
   C. 替代效应
   D. 收入效应

40. 员工在不同技能等级之间的变动路径属于职业生涯通道中的( )。
   A. 横向通道
   B. 纵向通道
   C. 双通道
   D. 职业生涯锚

41. 阻碍劳动力市场实现均衡的主要因素不包括( )。
   A. 企业并非支付市场通行的工资率
   B. 企业可以自由地调整雇佣量
   C. 劳动者需要考虑自由流动的成本
   D. 劳动者对工资率的反应并非极其敏感

42. 男性和女性之间的工资性报酬差别的形成,不应包括( )的原因。
   A. 年龄和受教育程度
   B. 职业
   C. 工时和工作经验
   D. 个人歧视

43. 演艺明星的工资水平远超普通劳动者,这种工资差别是( )工资差别。
   A. 补偿性
   B. 竞争性
   C. 技能性
   D. 垄断性

44. 关于用人单位劳动规章制度的说法,正确的是( )。
   A. 用人单位制定的劳动规章制度公示后,即对职工具有法律约束力
   B. 用人单位制定的劳动规章制度,无需告知职工即可实施
   C. 在劳动规章制度实施过程中,工会认为不适当的内容,用人单位应当按工会要求予以修改
   D. 用人单位制定的劳动规章制度违反法律规定,则由劳动行政部门责令改正

45. 在市场经济条件下,使劳动者个人与用人单位建立劳动关系契约,调整个别劳动关系的基本制度是( )。
   A. 劳动合同制度
   B. 劳动规章制度
   C. 劳动争议处理制度
   D. 协调劳动关系三方机制

46. 用人单位实施裁员时,应当依据劳动合同法优先留用的人员是( )。
   A. 用人单位使用的劳务派遣人员
   B. 与用人单位订立了短期劳动合同的职工
   C. 在用人单位工作时间长且学历高的职工
   D. 家庭无其他就业人员且有需要扶养的老人的职工

47. 用工单位出现( )情形,并不可以将被派遣劳动者退回劳务派遣单位。
   A. 需要精简人员的
   B. 生产经营发生严重困难的
   C. 被依法吊销营业执照的
   D. 依照企业破产法规定进行重整的

48. 关于劳动争议处理制度的说法错误的是( )。
   A. 劳动争议处理制度是调整劳动关系的重要手段
   B. 劳动争议处理制度是劳动关系协调机制的重要组成部分
   C. 劳动争议处理制度是处理劳动关系主体双方矛盾纠纷的重要机制
   D. 我国实行的是"一调、一裁、一审"的争议处理体制

49. 关于劳动争议仲裁案件当事人的说法,不符合法律规定的是( )。
   A. 用人单位与其他单位合并前发生的劳动争议,合并后的单位为当事人
   B. 用人单位分立为若干单位后,其分立前发生的劳动争议,分立后的实际用人单位为当事人
   C. 劳务派遣单位或者用工单位与劳动者发生劳动争议的,劳务派遣单位为当事人
   D. 发生争议的用人单位被撤销,不能承担相关责任的,其出资人、开办单位或主管部门为共同当事人

50. 关于职业生涯管理的说法,错误的是( )。
   A. 只有组织职业生涯管理与个体职业生涯管理相匹配,才能提高员工的满意度,降低离职率
   B. 组织职业生涯管理有利于员工进行个体职业生涯管理
   C. 积极进行个体职业生涯管理的员工,通常会获得更多的来自组织的职业发展支持
   D. 职业生涯管理是员工个人的事情,不需要直线经理人员参与其中

51. 关于工伤保险责任的说法,错误的是( )。
   A. 用人单位分立的,承继单位应当承担原用人单位的工伤保险责任
   B. 用人单位实行承包经营的,工伤保险责任由职工劳动关系所在单位承担
   C. 职工被借调期间受工伤事故伤害的,由原用人单位承担工伤保险责任
   D. 职工在两个用人单位同时就业时,职工发生工伤后,由与职工先建立劳动关系的单位承担工伤保险责任

52. 关于城乡居民养老保险制度的说法,正确的是( )。
   A. 城乡居民养老保险基金由个人缴费、政府补贴构成
   B. 年满16周岁的在校学生可以在户籍地参加城乡居民养老保险
   C. 参保人死亡,个人账户资金余额可以依法继承
   D. 参加城乡居民养老保险的个人,年满60周岁且累计缴费满15年,可以按月领取城乡居民养老保险待遇

53. 下列关于失业保险的说法,不正确的是( )。
   A. 职工应当参加失业保险,由用人单位按照国家规定缴纳失业保险费
   B. 失业登记是领取失业保险金的前提之一
   C. 失业保险金的标准不得低于城市居民最低生活保障标准
   D. 失业人员在领取失业保险金期间,参加职工基本医疗保险,享受基本医疗保险待遇

54. 关于生育保险的说法,错误的是( )。
   A. 生育保险待遇包括生育医疗费用和生育津贴

B.已经参加生育保险的职工,其未就业的配偶可以享受生育津贴待遇
C.生育保险费由用人单位缴纳
D.生育津贴按照职工所在用人单位上年度职工月平均工资计算

55.影响劳动力流动的劳动者因素不包括( )。
A.劳动者年轻时流动的频率会高于中年之后的流动频率
B.劳动者任职年限越长,离职可能性越低
C.女性员工的辞职率比男性员工的离职率要高
D.经济快速增长时期,劳动力流动率高

56.下列关于劳动者应当承担的违反劳动法律责任,说法正确的是( )。
A.劳动者违法解除劳动合同,无需承担法律责任
B.劳动者违反劳动合同中约定的保密义务,应当承担赔偿责任
C.劳动者解除约定有服务期的劳动合同,应当向用人单位支付赔偿金
D.劳动者违反劳动合同中有关竞业限制的约定,且给用人单位造成了损失,应当承担赔偿责任

57.关于劳动争议诉讼当事人的说法,正确的是( )。
A.当事人双方不服劳动争议仲裁委员会做出的同一裁决,向同一人民法院起诉,双方当事人为原告,劳动争议仲裁委员会为被告
B.用人单位以挂靠方式借用他人营业执照经营,用人单位和营业执照出借方为当事人
C.劳动者与起有字号的个体工商户产生的劳动争议诉讼,应当以业主为当事人
D.用人单位招用尚未解除合同的劳动者,原用人单位以新的用人单位侵权为由向人民法院起诉,新的用人单位和劳动者为共同被告

58.用人单位单方解除劳动合同,应当事先将理由通知( )。
A.工会   B.就业协会
C.人事局   D.劳动协会

59.员工为了掌握其本职工作,需要接受正规教育和培训的程度,是指( )。
A.管理幅度   B.管理层次
C.职业化程度   D.专业程度

60.下列与职称评审相关的内容中,表述不正确的是( )。
A.国家对职称评审委员会实行核准备案管理制度
B.职称评审委员会经过评议,采取少数服从多数的原则,通过无记名投票表决
C.未出席评审会议的评审专家可以委托他人投票或者补充投票
D.评审专家与评审工作有利害关系或者其他关系可能影响客观公正的,应当申请回避

二、多项选择题(共20题,每题2分。每题的备选项中,有2个或2个以上符合题意,至少有1个错项。错选,本题不得分;少选,所选的每个选项得0.5分。)

61.下列关于行政层级式组织形式的说法,正确的有( )。
A.行政层级式组织形式强调权威与等级、规章与规范
B.在行政层级式组织中,工作的分工一般较为精细
C.行政层级式组织形式在简单/静态环境中最为有效
D.在行政层级式组织中,权力的集中程度很高
E.技术能力不属于行政层级式组织的决定因素

62. 下列选项中,属于绩效薪金制方式的有( )。
    A. 工作奖金   B. 按利分红
    C. 计时工资   D. 计件工资
    E. 岗位津贴

63. 基本养老保险金的发放形式主要包括( )。
    A. 委托银行发放   B. 通过邮局发放
    C. 社会保险机构直接发放 D. 用人单位发放
    E. 依托社区发放

64. 下列关于面试的说法,不正确的有( )。
    A. 结构化面试不存在必须遵循的既定格式
    B. 面试法较其他甄选方法来说较复杂
    C. 情境化结构面试的预测效度比较高
    D. 非结构化面试可以实现结构性与灵活性相结合
    E. 面试结果出现偏差的可能性很大

65. 关于绩效评价技术的说法,正确的有( )。
    A. 行为观察量表本身可以作为职位说明书的补充
    B. 行为锚定法的评估结果具有良好的反馈功能
    C. 配对比较法能在人数较多的情况下快速比较出员工绩效的水平
    D. 强制分布法可有效避免考核结果的趋中趋势
    E. 不良事故评估法不能用来比较员工、部门、团队的绩效水平

66. 对绩效改进效果进行评价的维度包括( )。
    A. 员工对绩效改进结果的反应   B. 员工能力素质的提升程度
    C. 员工个人心态调整的程度   D. 员工工作方式的改进效果
    E. 员工的绩效结果与预期的对比

67. 关于员工持股计划的说法,正确的有( )。
    A. 员工持股计划既能激励员工努力工作,也能吸引人才
    B. 员工持股计划可以使企业获得低成本的资金来源
    C. 持股人和认购者可以是本企业员工,也可以是外部人员
    D. 认购者认购的股份在转让和交易方面不受限制
    E. 员工持股计划可以为企业提供稳定、长期且能够减轻企业税务负担的资金

68. 市场或企业所面临的劳动力供给曲线的情况有( )。
    A. 垂直形状   B. 向右上倾斜
    C. 水平形状   D. 向后弯曲
    E. 向前弯曲

69. 下列不属于劳动合同履行的原则的有( )。
    A. 全面履行原则   B. 合法原则
    C. 合理原则   D. 重点原则
    E. 普遍履行原则

70. 下列关于个别劳权和集体劳权的说法,正确的有( )。
    A. 个别劳权的具体内容主要涉及劳动条件、劳动标准的确定和实施等

B. 个别劳权主要包括劳动就业权、工资报酬权、社会保障权和职业安全卫生权等
C. 集体劳权是以个别劳权为基础形成的,体现的是每个劳动者的利益和要求
D. 集体劳权包括民主参与权、团结权、集体谈判权、集体行动权和劳动争议提请处理权
E. 集体劳权的实现程度反映了劳资关系法制化和规范化的发展程度

71. 下列关于劳动力市场的说法,正确的有( )。
    A. 劳动力市场是一种有形的市场
    B. 在劳动力市场的交易中转移的是劳动力所有权
    C. 劳动力市场的决定因素并非仅仅工资这一条件
    D. 对劳动力市场的交易对象进行衡量并不困难
    E. 当劳动力市场上存在供小于求的情况时,劳动者的议价能力更强

72. 下列关于工资水平的说法,正确的有( )。
    A. 货币工资可用来说明货币工资的购买能力
    B. 货币工资并不等于实际工资,两者的差别取决于物价水平
    C. 劳动者个人及其家庭所需的生活费用会影响工资水平的确定
    D. 在确定工资水平时,要注意同工同酬的原则
    E. 企业的工资支付能力是影响工资水平的一个主要因素

73. 下列关于在职培训对企业及员工行为的影响,描述正确的有( )。
    A. 企业会通过各种人力资源管理实践来尽力降低受过特殊培训的员工的流动率或辞职率
    B. 特殊培训是使企业将劳动力从可变投入要素变成半固定生产要素的重要原因之一
    C. 企业对继续雇用受过专门训练的工人比继续雇用没有受到过专门训练的工人更感兴趣
    D. 接受正规学校教育数量越多的人,越有可能接受更多的在职培训
    E. 员工进行在职培训投资的意愿随年龄的增加而增强

74. 下列选项中,属于社会保险法律关系客体的有( )。
    A. 养老保险费   B. 就业服务项目
    C. 医疗津贴   D. 劳动法律保险事实
    E. 医疗服务

75. 关于非全日制用工说法正确的有( )。
    A. 从事非全日制用工的劳动者只能与本单位订立劳动合同
    B. 非全日制用工双方当事人必须要订立书面劳动合同
    C. 非全日制用工双方当事人应按照全日制用工标准约定试用期
    D. 非全日制用工劳动报酬结算支付周期最长不得超过15日
    E. 非全日制用工双方当事人任何一方都可以随时通知对方终止用工

76. 关于劳务派遣这种特殊用工的说法,正确的有( )。
    A. 当劳务派遣单位的名称、注册资本等发生改变,应当依法重新向劳动行政部门申请劳务派遣行政许可
    B. 用人单位或者其所属单位合伙设立劳务派遣单位就可以向本单位或所属单位派遣劳动者
    C. 用工单位不得将被派遣劳动者再派遣到其他用人单位
    D. 用工单位可以根据工作岗位的实际需要,将连续用工期限分割与劳务派遣单位订立多个短期的劳务派遣协议
    E. 劳务派遣用工是补充形式,只能在临时性、辅助性或者替代性岗位上使用被派遣劳动者

77. 补充医疗保险有( )类型。
   A. 职工大额医疗费用补助   B. 工伤保险
   C. 企业补充医疗保险   D. 商业医疗保险
   E. 大病保险

78. 下列关于工伤保险的相关说法,正确的有( )。
   A. 用人单位实行承包经营的,工伤保险责任由职工劳动关系所在单位承担
   B. 在上下班途中,受到本人主要责任的交通事故伤害的应当认定工伤
   C. 工伤职工应当依法在规定时限内向统筹地区社会保险行政部门提出工伤认定申请
   D. 职工拒绝接受治疗的,则停止享受工伤保险待遇
   E. 一级至四级伤残职工可保留劳动关系,退出工作岗位

79. 关于参加职称申请审核的表述,错误的有( )。
   A. 离退休人员不得申报参加职称评审
   B. 解决重大工程技术难题等作出重大贡献的专业技术人才,可以直接申报高级职称评审
   C. 事业单位工作人员受到记过以上处分不得申报参加职称评审
   D. 自由职业者不能申报参加职称评审
   E. 申报人所在工作单位应当对申报材料进行审核和公示,公示期不得少于5个工作日

80. 下列事业单位聘用合同管理的相关规定中,错误的有( )。
   A. 如果事业单位工作人员连续旷工超过15个工作日,事业单位可以解除聘用合同
   B. 事业单位与工作人员订立的聘用合同,期限一般不低于2年
   C. 事业单位工作人员连续两年年度考核不合格的,事业单位可以随时解除聘用合同
   D. 事业单位工作人员提前30日书面通知事业单位,可以解除聘用合同
   E. 初次就业的工作人员与事业单位订立的聘用合同期限3年以上的,试用期为6个月

三、案例分析题(共20题,每题2分。有单选和多选。错选,本题不得分;少选,所选的每个选项得0.5分。)

(一)

近几年随着业务的迅速发展,某家电生产企业的经济实力有了很大的提高。为了更好地留住关键员工、调动员工的工作积极性,同时吸引更多高素质的人才进入企业,公司决定在原有的基础上调整公司的薪酬制度。

根据以上资料,回答下列问题:

81. 如果该家电企业采用稳定战略,则可以采取的薪酬管理战略有( )。
   A. 根据员工从事的职位来确定薪酬
   B. 长期内薪酬水平不会有太大的增长
   C. 长期来看,将实行奖金或股票期权计划
   D. 基本薪酬和福利所占比重较大

82. 该公司为了设计符合企业发展的薪酬体系,应当首先( )。
   A. 进行工作分析   B. 确定薪酬水平
   C. 进行薪酬调查   D. 明确企业基本现状及战略目标

83. 该企业在进行薪酬体系设计时,进行薪酬调查主要是为了解决( )问题。
   A. 外部竞争性   B. 内部竞争性
   C. 外部公平性   D. 内部公平性

84. 该企业决定根据岗位不同实行不同的薪酬结构,其中专业技术人员的薪酬结构可包括( )。
   A. 奖金
   B. 佣金
   C. 基本薪酬与加薪
   D. 福利与服务

(二)

某研究机构对于本地区的劳动力市场状况进行了研究,结果发现以下几种情况:第一,本地区的大部分企业都是劳动密集型企业,同时企业所生产的产品的需求价格弹性也比较大;第二,本地区男性劳动力和女性劳动力之间的交叉工资弹性较高,而且为负值;第三,本地区目前处于一种劳动力市场均衡状态,但是未来几年中,几家新建的企业将投产,而本地区的劳动力供给却不会出现大的变化;第四,某特殊行业的生产规模及所使用的技术没有明显变化,但是,由于该行业过去的工资水平一直很高,本地的年轻人在上大学时纷纷报考与该行业有关的专业,今后几年,预计这些人大学毕业后,绝大部分会回到本地就业。

根据以上资料,回答下列问题:

85. 根据第一种情况,下列说法中正确的有( )。
   A. 该地区的劳动力需求的自身工资弹性比较高
   B. 劳动密集型企业的劳动力需求自身工资弹性较低
   C. 该地区的劳动力供给量比较大
   D. 该地区的产品需求价格弹性较大,这种情况不利于工资水平的提高

86. 关于第二种情况,下列说法正确的有( )。
   A. 劳动力需求的交叉工资弹性是指劳动力自身的工资率变化1%导致的另外一种劳动力的需求量变化百分比
   B. 男性和女性劳动力的交叉工资弹性为负值,这说明两种劳动力之间是一种总替代关系
   C. 男性和女性劳动力的交叉工资弹性为负值,这说明两种劳动力之间是一种总互补关系
   D. 当男性劳动力的工资率上涨时,女性劳动力需求会上升

87. 根据第三种情况,该地区在未来几年中将会出现( )。
   A. 工资率和就业人数同时上升的情况
   B. 工资率上涨而就业人数不变的情况
   C. 工资率不变而就业人数上升的情况
   D. 劳动力市场无法实现均衡的情况

88. 根据第四种情况,下列说法中正确的有( )。
   A. 该行业的劳动力供给在未来几年会出现大幅度增加
   B. 该行业的劳动力需求在未来几年会出现大幅度增加
   C. 该行业未来几年可能出现工资率下降,但是就业人数上升的情况
   D. 该行业未来几年可能出现工资率和就业人数同时上升的情况

(三)

天宏公司新上任的财务总监,对于管理工作很有自己的想法。他认为领导既要关心工作情况也要关心下属。对于个别员工,仍需规定其工作任务和角色职责,指示其做什么,如何做。因为他坚信,实现潜力是很多员工工作努力非常重要的动力,这一点非常值得领导重视和思考。

根据以上资料,回答下列问题:

89. 根据管理方格图,天宏公司新上任的财务总监属于( )领导风格。
   A. 最理想
   B. 无为而治
   C. 中庸式
   D. 乡村俱乐部

90. 根据领导者的生命周期理论,对于个别员工,仍需规定其工作任务和角色职责,这是出于对影响领导风格因素中( )的考虑。
    A. 技能成熟度 B. 工作成熟度
    C. 心理成熟度 D. 员工知识和技能水平

91. 根据领导者的生命周期理论,( )领导风格指的是领导规定工作任务、角色职责,指示员工做什么,如何做。
    A. 指导式 B. 推销式
    C. 参与式 D. 成就取向式

92. 实现个人潜力属于( )动机。
    A. 内源性动机 B. 外源性动机
    C. 外在动机 D. 内在动机

(四)

某公司专门从事劳务派遣业务。最近,该公司与某培训中心签订了一份劳务派遣协议,约定向其派遣20名教学辅助人员,分为两个周期,每个周期为1年,每个周期结束前订立新的劳务派遣协议。

该公司根据这份协议,招收了20名被派遣劳动者,并与他们签订了劳动合同。可此时,因招生规模的变化,培训中心只需要19名被派遣劳动者。为维护与培训中心的合作关系,该公司只好按培训中心要求派出19名被派遣劳动者。公司王经理与未被派遣到培训中心的小张协商,在其无工作期间,该公司将按当地最低生活保障标准给予生活补助。

根据以上资料,回答下列问题:

93. 关于劳务派遣公司设立的说法,正确的有( )。
    A. 经营劳务派遣业务,应当向劳动行政部门申请行政许可并取得劳务派遣经营许可证
    B. 注册资本不得少于人民币200万元
    C. 要有固定的经营场所和设施以及合法的劳务派遣管理制度
    D. 培训中心可以设立向本中心派遣劳动者的劳务派遣公司

94. 关于该公司与培训中心订立劳务派遣协议的说法,错误的有( )。
    A. 劳务派遣协议应载明被派遣劳动者的数量、劳务派遣协议期限等内容
    B. 劳务派遣协议中可以约定培训中心不得将劳务派遣协议内容告知被派遣劳动者
    C. 劳务派遣协议可以约定违反劳务派遣协议的责任
    D. 该公司与培训中心可将派遣期限分为两期,每个周期结束前订立新的劳务派遣协议

95. 关于培训中心应承担的法定义务,下列说法正确的有( )。
    A. 告知被派遣劳动者工作要求
    B. 依法支付被派遣劳动者劳动报酬、加班费、绩效奖金
    C. 对被派遣劳动者进行上岗知识、安全教育培训
    D. 不得将被派遣劳动者再派遣到其他单位

96. 该公司对小张采取的下列做法,符合法律规定的是( )。
    A. 在小张无工作期间,按当地最低生活保障标准向其支付生活补助
    B. 与小张订立1年期限劳动合同
    C. 在小张无工作期间,按当地政府规定的最低工资标准按月向其支付报酬
    D. 随时解除与小张签订的劳动合同

(五)

2019年3月,张某到某建筑公司打工,双方签订了为期1年的劳动合同,合同约定:月工资3 000元,每天工作9小时,每周工作7天,不享受年休假,合同履行期间发生伤残,公司概不负责。

2019年6月,王某在施工中因操作不当被砸伤。王某认为自己被砸伤属于工伤,要求公司予以赔偿,公司却以王某违反规章制度为由解除与王某劳动合同。王某不服,向当地劳动人事争议仲裁委员会申请仲裁,要求认定被砸伤为工伤,并要求公司支付解除劳动合同经济补偿。

根据以上资料,回答下列问题:

97. 下列劳动合同约定中,符合法律规定的是( )。
 A. 王某与某建筑公司签订的劳动合同为期1年
 B. 王某与某建筑公司签订的劳动合同约定每日工作9小时,每周工作7天
 C. 王某与某建筑公司签订的劳动合同约定合同履行期间发生伤残,公司概不负责
 D. 王某与某建筑公司签订的劳动合同约定不享受年休假

98. 关于王某被砸伤是否为工伤的说法,符合法律规定的是( )。
 A. 王某在施工中因操作不当被砸伤,责任在王某本人,因此所受伤不应当为工伤
 B. 王某与公司已约定发生伤残公司概不负责,因此所受伤不应当为工伤
 C. 王某在施工中因操作不当被砸伤,王某本人有一定责任,但所受伤仍应当为工伤
 D. 王某在建筑公司如果工作1年以上,所受伤才可以认定为工伤

99. 关于工伤认定的说法,正确的有( )。
 A. 王某已申请劳动争议仲裁,劳动人事争议仲裁委员会应对王某所受伤做出工伤认定
 B. 劳动人事争议仲裁委员会无权对王某所受伤做出工伤认定
 C. 王某被砸伤后可以向社会保险行政部门申请工伤认定
 D. 王某认为自己被砸伤属于工伤,某建筑公司应当同意王某的看法

100. 如果王某所受伤没有被认定为工伤,甲公司依法支付王某解除劳动合同经济补偿金额为( )元。
 A. 1 500   B. 3 000
 C. 6 000   D. 12 000

全国经济专业技术资格考试

真题详解与临考预测

超详解析册

| 人力资源管理专业知识与实务·中级 |

优路教育中级经济师考试研究中心 编

目录清单

2023年《人力资源管理专业知识与实务》真题试卷答案解析

2022年《人力资源管理专业知识与实务》真题试卷答案解析

2021年《人力资源管理专业知识与实务》真题试卷答案解析

2020年《人力资源管理专业知识与实务》真题试卷答案解析

2019年《人力资源管理专业知识与实务》真题试卷答案解析

《人力资源管理专业知识与实务》临考预测(一)答案解析

《人力资源管理专业知识与实务》临考预测(二)答案解析

《人力资源管理专业知识与实务》临考预测(三)答案解析

无青春不奋斗,趁着年轻,何不奋斗一把!

用不懈的努力与坚持,自己感动自己一下,自己佩服自己一把,自己证明自己一回,自己超越自己一次。

年轻没有失败,奋斗创造未来。

祝愿大家考试得高分,顺利"上岸"。

2023年《人力资源管理专业知识与实务》真题试卷答案解析

客观题答案速查：

1.A	2.C	3.D	4.A	5.C	6.A	7.B	8.D	9.C	10.B
11.D	12.D	13.B	14.D	15.D	16.C	17.A	18.B	19.C	20.B
21.C	22.A	23.D	24.A	25.D	26.B	27.C	28.C	29.C	30.B
31.B	32.C	33.D	34.D	35.D	36.A	37.D	38.C	39.C	40.D
41.C	42.D	43.C	44.D	45.D	46.B	47.C	48.C	49.A	50.D
51.B	52.C	53.C	54.A	55.C	56.A	57.C	58.D	59.C	60.D
61.CDE	62.BCE	63.BCDE	64.ABCD	65.ACE	66.AB	67.BDE	68.BCDE	69.CDE	70.BDE
71.AC	72.ADE	73.ABCD	74.BCD	75.ACDE	76.ABCD	77.BE	78.ABDE	79.ABE	80.BC
81.A	82.C	83.A	84.D	85.B	86.D	87.CD	88.B	89.B	90.AB
91.AB	92.ACD	93.B	94.A	95.C	96.A	97.C	98.ACD	99.C	100.C

一、单项选择题

1.A ［命题意图］ 本题考查斯坎伦计划，难度中等。
［解析］ 斯坎伦计划被称作是"劳资合作、节约劳动支出、集体奖励"的管理制度。斯坎伦计划有两项不可缺少的要素：一是设置一个委员会；二是制定一套分享成本降低所带来利益的计算方法。故选A。

2.C ［命题意图］ 本题考查关键绩效指标法，难度中等。
［解析］ 可以从以下五个方面了解关键绩效指标：①关键绩效指标是对企业战略目标的分解，是联结个人绩效与企业绩效的桥梁；②关键绩效指标是由主管人员决定并被员工认可的绩效指标，它使评价者和被评价者在工作业绩上的认识保持一致，并为未来的绩效沟通奠定基础（选项A错误）；③关键绩效指标是对重点经营活动的反映，而不是对所有业务流程活动的概括（选项D错误）；④关键绩效指标必须是可量化的或可行为化的；⑤关键绩效指标不是一成不变的，它需要随企业战略的变化而调整（选项B错误）。故选C。

3.D ［命题意图］ 本题考查劳动力市场歧视，难度中等。
［解析］ 选项D说法错误，在现实中，女性和男性的职业分布存在很多差别，但是在这些差别中，到底有多少是因为劳动者在进入劳动力市场之前所做的职业准备、接受的正规学校教育、进行的职业培训等原因导致的；有多少是由职业歧视的原因导致的，则很难衡量。所以，不能明确解释的工资性报酬差别也可能是职业歧视。故选D。

4.A ［命题意图］ 本题考查失业的类型，难度较低。
［解析］ 摩擦性失业、结构性失业以及季节性失业均属于竞争性劳动力市场上的一种不可避免的较低水平的失业，即正常性的失业。故选A。

5.C ［命题意图］ 本题考查劳动关系调整的原则，难度较低。
［解析］ 劳动关系作为基本的社会经济关系，其状况深刻影响着企业乃至国家的经济发展和社会的进步。调整劳动关系，必须放眼全局，把促进经济发展、推动社会进步作为出发点，妥善处理好企业发展和维护职工合法权益的关系，妥善处理好保护职工利益长远目标与现阶段目标的关系。故选C。

6.A ［命题意图］ 本题考查劳动力参与率，难度中等。
［解析］ 劳动力参与率＝［（就业人口＋失业人口）/16周岁以上总人口］×100％＝600/800×100％＝75％。故选A。

7.B ［命题意图］ 本题考查就业与就业统计，难度中等。
［解析］ 从统计的角度来说，不充分就业是指非个人原因，在调查周内工作时间不到标准工作时间的一半（20个小时），并愿意从事更多工作的人员。在实际操作中，判断不充分就业人员的标准有三条：①调查周内工作时间不到标准工作时间的一半，即不到20个小时；②工作时间短是非个人原因造成的；③愿意从事更多的工作。这三条标准必须同时达到才能被统计为不充分就业人员。故选B。

8. D [命题意图] 本题考查战略性人力资源管理的工具,难度中等。

[解析] 数字仪表盘实际上是能够在计算机桌面上显示的各类图表,它以桌面图形、表格及图片的形式向领导和管理者形象地展示在组织战略地图上出现的各项活动目前在组织中进展到了什么阶段及正在向哪个方向前进,即在人力资源计分卡中确定的各项指标,组织目前进展到了什么程度,从而有助于组织判断当前的工作活动方向是否正确,以及总体进度是否合理。故选D。

9. C [命题意图] 本题考查人力资源供求平衡的方法,难度中等。

[解析] 最初被以离岸经营方式外包出去的许多工作岗位,其工作范围比较窄、工作内容比较简单,如生产岗位、呼叫中心的服务岗位等,而现在已经延伸到很多高技能的工作岗位,如证券分析、技术研发等。故选C。

10. B [命题意图] 本题考查社会保险法律关系的主体和客体,难度较低。

[解析] 保险人是依法收取社会保险费,并按照规定支付保险待遇的主体。在我国,保险人被称为社会保险经办机构。故选B。

11. D [命题意图] 本题考查劳动力跨职业流动,难度较低。

[解析] 劳动力跨职业流动的方向可按照职业等级差别分为向上流动、向下流动和水平流动。自愿性跨职业流动基本上属于向上流动,而非自愿性跨职业流动也会追求向上的目标或要求水平流动,但是会有向下流动的情况(如在经济萧条时期或个人劳动技能相对下降的情况)。故选D。

12. D [命题意图] 本题考查我国调整劳动关系的制度和机制,难度较低。

[解析] 2001年8月,由劳动和社会保障部、中华全国总工会、中国企业联合会三方共同建立了国家协调劳动关系三方会议制度。《中华人民共和国工会法》《中华人民共和国劳动合同法》《中华人民共和国劳动争议调解仲裁法》先后都对县级以上人民政府劳动行政管理部门会同工会和企业组织方面代表建立协调劳动关系三方机制作出明确规定。故选D。

13. B [命题意图] 本题考查面试的类型,难度较低。

[解析] 压力面试是指面试考官在面试过程中故意制造出一种紧张气氛,对被面试者施加一定的心理压力,然后观察被面试者在压力状况下的情绪变化及反应的面试形式。故选B。

14. D [命题意图] 本题考查组织设计的类型,难度中等。

[解析] 矩阵组织形式的主要特点:①一名员工有两位领导;②组织内部有两个层次的协调;③产品部门(或项目小组)所形成的横向联系灵活多样。选项D属于职能制的特点。故选D。

15. D [命题意图] 本题考查劳动关系的概念,难度较低。

[解析] 在劳动关系中,用人单位追求利润最大化,劳动者追求工资福利最大化,导致劳动关系矛盾的产生。因此,通过劳资双方的博弈过程寻求双方都能够接受的平衡点,是劳动关系正常运行的基本要求。故选D。

16. C [命题意图] 本题考查劳动力市场的概念与特征,难度较低。

[解析] 选项C说法错误,劳动力供求双方一旦达成协议,就会签订某种形式的雇佣合同,其中包括劳动报酬、工作条件、合同期限等内容,大多数情况下这种合同是书面形式的,有些也可能只是双方的一种默契。故选C。

17. A [命题意图] 本题考查组织结构设计的定义及参数,难度较低。

[解析] 职能结构是达到企业目标所需完成的各项业务工作及其比例和关系。层次结构是各管理层次的构成,又称组织的纵向结构。部门结构是各管理部门的构成,又称组织的横向结构。职权结构是各管理层次、部门在权力和责任方面的分工和相互关系。故选A。

18. B [命题意图] 本题考查人力资源和社会保险行政争议范围,难度中等。

[解析] 公民、法人或者其他组织对下列事项不能申请行政复议:①人力资源社会保障部门作出的行政处分或其他人事处理决定;②劳动者与用人单位之间发生的人力资源争议;③劳动能力鉴定委员会的行为;④劳动人事争议仲裁委员会的仲裁、调解等行为;⑤已就同一事项向其他有权受理的行政机关申请行政复议的;⑥向人民法院提起行政诉讼,人民法院已经依法受理的。故选B。

19. C [命题意图] 本题考查劳动争议处理机构,难度较低。

[解析] 劳动人事争议仲裁委员会是国家授权依法设立的,代表国家行使仲裁权并由国家强制力保证其生效裁决实施的,由劳动行政部门代表、工会代表和企业方面代表组成处理劳动争议的仲裁机构。故选C。

D2

20.B [命题意图] 本题考查组织文化的类型,难度较低。

[解析] 堡垒型组织着眼于公司的生存。这类组织以前多数是学院型、俱乐部型或棒球队型组织,但在困难时期衰落了,现在要尽力保证组织的生存。这类组织的工作安全保障不足,但对于喜欢流动性、挑战性工作的人来说,具有一定的吸引力。故选B。

21.C [命题意图] 本题考查不属于劳动争议的情形,难度中等。

[解析] 不属于劳动争议的情形:①劳动者请求社会保险经办机构发放社会保险金的纠纷;②劳动者与用人单位因住房制度改革产生的公有住房转让纠纷;③劳动者对劳动能力鉴定委员会的伤残等级鉴定结论或者职业病诊断鉴定委员会的职业病诊断鉴定结论的异议纠纷;④家庭或者个人与家政服务人员之间的纠纷;⑤个体工匠与帮工、学徒之间的纠纷;⑥农村承包经营户与受雇人之间的纠纷。故选C。

22.A [命题意图] 本题考查有效绩效管理的特征,难度较低。

[解析] 实用性:绩效管理体系的建立和维护成本要小于绩效管理体系带来的收益。故选A。

23.D [命题意图] 本题考查限制性股票,难度较高。

[解析] 每期授予的限制性股票,其禁售期不得低于2年。禁售期满,根据股权激励计划和业绩目标完成情况确定激励对象可解锁(转让、出售)的股票数量。禁售期结束后,进入解锁期。在解锁期内,如果公司业绩满足计划规定的条件,员工取得的限制性股票可以按计划分期解锁,解锁期不得低于3年,解锁期内原则上采取匀速解锁办法。解锁后,员工的股票可以在二级市场自由出售。故选D。

24.A [命题意图] 本题考查绩效考核结果的分析与应用,难度较低。

[解析] 工作态度很好、能力不足,这类员工属于安分型员工,组织要对其进行必要的培训以提升其工作技能。故选A。

25.D [命题意图] 本题考查劳动关系的概念,难度中等。

[解析] 在我国,法律界定的用人单位包括以下六种:①企业,是指包括国有企业、集体企业、外商投资企业、私营企业等依法成立,进行生产经营活动的各类经济组织;②个体经济组织,是指雇工7人以下(包括7人)的个体工商户;③民办非企业单位,是指企业事业单位、社会团体和其他社会力量以及公民个人利用非国有资产举办,从事非营利性社会服务活动的社会组织;④国家机关,包括国家权力机关、国家行政机关、国家司法机关等;⑤事业组织,是指为了社会公益目的,由国家机关举办或者其他组织利用国有资产举办的,从事教育、科技、文化、卫生等活动的社会服务组织;⑥社会团体,是指中国公民自愿组成、为实现成员共同意愿、按照其章程开展活动的非营利性社会组织。故选D。

26.B [命题意图] 本题考查人力资源供给预测,难度中等。

[解析] 选项B说法错误,在进行人力资源供给预测时,组织必须同时考虑组织外部的人力资源供给状况和组织内部的人力资源供给状况。故选B。

27.B [命题意图] 本题考查突出业绩奖励,难度中等。

[解析] 凡具有良好的职业道德和敬业精神,已获得省(行业)级技术能手称号,且具有高级以上职业资格或同等资格,技术技能水平在国内本职业(工种)中有较大影响,并具备下列条件之一的中华人民共和国公民,可参加全国技术能手奖项的评选:①在本职业(工种)中具备高技艺,并在培养徒弟、传授技术技能方面做出突出贡献的;②在开展技术革新、技术改造活动中做出重要贡献,取得重大经济效益和社会效益的;③在本企业、同行业中具有领先的技术技能水平,并在某一生产工作领域总结出先进的操作技术方法,取得重大经济效益和社会效益的;④在开发、应用先进科学技术成果转化成现实生产力方面有突出贡献,并取得重大经济效益和社会效益的。故选B。

28.C [命题意图] 本题考查在职培训对企业及员工行为的影响,难度中等。

[解析] 选项C说法错误,接受正规学校教育数量越多(上学时间越长)的人,越有可能接受更多的在职培训。一个能够完成大学教育的人,比一个高中毕业生更有可能被企业挑选出来作为在职培训的候选人,这是因为,大学毕业生实际上通过其过去的高等教育经历证明了自己具有接受训练的能力,而对于同样内容的培训,接受能力强的人可以在较短的时间掌握培训的内容,达到培训的要求,从而使企业减少成本支出的时间并相应增加获益的时间,这对企业当然是有利的。事实上,研究发现,有能力、学得快的人最终会选择高报酬的工作,这些工作又要求他们不断学习,从而把他们的能力进一步推向极大化。故选C。

29.D [命题意图] 本题考查人口总量,难度中等。

[解析] 选项D说法错误,一个国家或地区的人口总量通常被划分为劳动年龄内人口和劳动年龄外

D3

人口两类。故选D。

30. **B** [命题意图] 本题考查人力资源战略及其与组织发展战略的匹配,难度较低。
[解析] 成本领先战略,实际上就是低成本战略,是在产品本身的质量大体相同的情况下,组织以低于竞争对手的价格向客户提供产品的一种竞争战略。在薪酬水平方面,这类组织会密切关注竞争对手的薪酬状况,以确保本组织的薪酬水平既不低于竞争对手,最好也不要高于竞争对手。在薪酬构成方面,这类组织通常会采取一定的措施提高浮动薪酬或奖金在薪酬构成中的比重,同时奖励员工在成本节约方面取得的任何成绩,一方面是为了控制成本支出,另一方面是为了鼓励员工降低成本,提高生产效率。故选B。

31. **A** [命题意图] 本题考查公平理论,难度中等。
[解析] 纵向比较既包括组织内自我比较(员工在同一组织中把自己现在的工作和待遇与过去的相比较),也包括组织外自我比较(员工将自己在不同组织中的工作和待遇进行比较)。故选A。

32. **C** [命题意图] 本题考查决策风格,难度较低。
[解析] 概念型决策者具有较高的模糊耐受性水平,并且倾向于对人和社会的关注。故选C。

[要点透析]

四种决策风格

决策风格	决策者的特点
指导型	决策者具有较低的模糊耐受性水平,倾向于关注任务和技术本身
分析型	决策者具有较高的模糊耐受性及很强的任务和技术取向
概念型	决策者具有较高的模糊耐受性,倾向于对人和社会的关注
行为型	决策者具有较低的模糊耐受性,倾向于对人和社会的关注

33. **D** [命题意图] 本题考查干部管理,难度较低。
[解析] 现职和不担任现职但未办理退(离)休手续的党政领导干部不得在企业兼职(任职)。对辞去公职或者退(离)休的党政领导干部到企业兼职(任职)必须从严掌握、从严把关,确因工作需要到企业兼职(任职)的,应当按照干部管理权限规定严格审批。故选D。

34. **D** [命题意图] 本题考查心理测试,难度较低。
[解析] MBTI测试问卷从4个两极性的维度(外倾—内倾、感觉—直觉、理性—情感、判断—感知)对人的行为风格进行测试,这4个两极性的维度分别反映了一个人的注意力集中方向、获取信息的方式、处理信息和做出决策的方式、通常表现出来的对待外界的方式。故选D。

35. **C** [命题意图] 本题考查股票期权,难度较高。
[解析] 选项C说法错误,《上市公司股权激励管理办法》规定,上市公司不得为激励对象依股权激励计划获取有关权益提供贷款以及其他任何形式的财务资助,包括为其贷款提供担保。故选C。

36. **A** [命题意图] 本题考查效率工资,难度中等。
[解析] 效率工资是指企业提供的一种高于市场均衡水平的工资。企业之所以愿意支付高工资,一个基本假设就是高工资往往能够带来高生产率,支持这种假设的理由主要有三点:①高工资能够帮助企业吸引到更为优秀、生产率更高的员工;②高工资有利于降低员工的离职率,提高他们的实际生产率;③高工资能够让人产生公平感。故选A。

37. **D** [命题意图] 本题考查西蒙的决策过程,难度较低。
[解析] 西蒙认为,设计活动阶段的决策工作包括探索、研究和分析可能发生的行为系列。故选D。

38. **C** [命题意图] 本题考查职业发展阶段及主要任务,难度较低。
[解析] 探索期的身份是学徒,建立期的身份是同事,维持期的身份是导师,衰退期的身份是顾问。故选C。

39. **C** [命题意图] 本题考查在职培训的成本及收益安排,难度中等。
[解析] 在管理实践中,企业所进行的一般培训和特殊培训实际上是很难完全区分开的,因此,在企业的各种在职培训活动中,普遍运用先分摊成本然后再分享收益这种双赢的方式。故选C。

40. **B** [命题意图] 本题考查成就测试,难度较低。
[解析] 工作样本测试是指在一个对实际工作的一部分或全部进行模拟的环境中,让求职者实地完成某些具体工作任务的一种测试方法。故选B。

41. **C** [命题意图] 本题考查面试的类型,难度较低。
[解析] 所谓小组面试,是指由一组面试考官在同一时间和同一场所,共同对一位被面试者进行提问、观察并作出评价的面试形式。故选C。

42. **D** [命题意图] 本题考查人才管理,难度中等。
[解析] 在人才管理方面,由于预测未来人才需求的难度非常大,因此,组织可以分批次地雇用及动态培养和开发人才,而不是一次招募和雇用很多人才,这样就可以避免因预测失误而损失培训开发成本。故选D。

43.C [命题意图] 本题考查教育投资的社会收益,难度中等。

[解析] 教育投资不仅能够产生较高的私人收益,而且能带来较高的社会收益或外部收益,这种收益也许是被投资者本人没有直接获得但是整个社会却能够获得的利益,这主要表现在以下几个方面:①教育投资直接导致国民收入水平的提高和社会财富的增长,从而提高整个国家和社会的福利水平;②教育投资有助于降低失业率,从而减少失业福利支出,同时起到预防犯罪的作用,减少了执行法律的支出;③较高的受教育水平有助于提高政策决策过程的质量和决策效率;④父母的受教育水平在很大程度上会影响下一代的健康以及受教育状况;⑤受教育水平的提高还有助于提高整个社会的道德水平和信用水平,降低社会以及经济中的交易费用,提高市场效率。故选C。

44.D [命题意图] 本题考查劳务派遣,难度较高。

[解析] 选项A错误,劳务派遣经营许可业务的注册资本不得少于人民币200万元。选项B错误,劳务派遣经营许可证有效期为3年。选项C错误,**劳务派遣单位需要延续行政许可有效期的,应当在有效期届满60日前向许可机关提出延续行政许可的书面申请,并提交3年以来的基本经营情况**。故选D。

45.C [命题意图] 本题考查领导风格,难度较低。

[解析] 以管理者为中心的领导风格的特点有:独裁、生产中心、产出、任务驱动、督导、指导。故选C。

46.B [命题意图] 本题考查战略性薪酬管理,难度中等。

采取创新战略的企业强调的是产品市场上的领袖地位及客户满意度。因此,与此相对的薪酬体系非常注重对产品创新、技术创新和新的生产方法给予足够的报酬或奖励,其基本薪酬以劳动力市场的通行水平为准且略高于市场水平。故选B。

47.C [命题意图] 本题考查解除与终止劳动合同的经济补偿,难度较低。

[解析] 用人单位依法应当向劳动者支付经济补偿的,在办结工作交接时支付。故选C。

48.C [命题意图] 本题考查人力资源管理与战略规划和战略执行,难度中等。

[解析] 在SWOT分析中,外部分析是指通过考查组织的运营环境,分析组织所面临的各种战略机会及所受到的各种威胁。战略机会包括尚未开发的客户市场,对组织有帮助的技术进步,尚未挖掘和利用的潜在人力资源等。战略威胁则包括潜在的人员短缺,新的竞争对手进入市场,即将出台的可能会对组织产生消极影响的法律,竞争对手的技术创新等。内部分析的目的则是分析组织内部的优势和劣势。它集中考查组织可能获得的财务资源、资本资源、技术资源及人力资源等各种资源的数量和质量,以确定每种资源对组织来说到底是一种优势,还是一种劣势。故选C。

49.A [命题意图] 本题考查马斯洛需要层次理论,难度较低。

[解析] 自我实现的需要,包括个人成长、发挥个人潜能、实现个人理想的需要。故选A。

[要点透析]

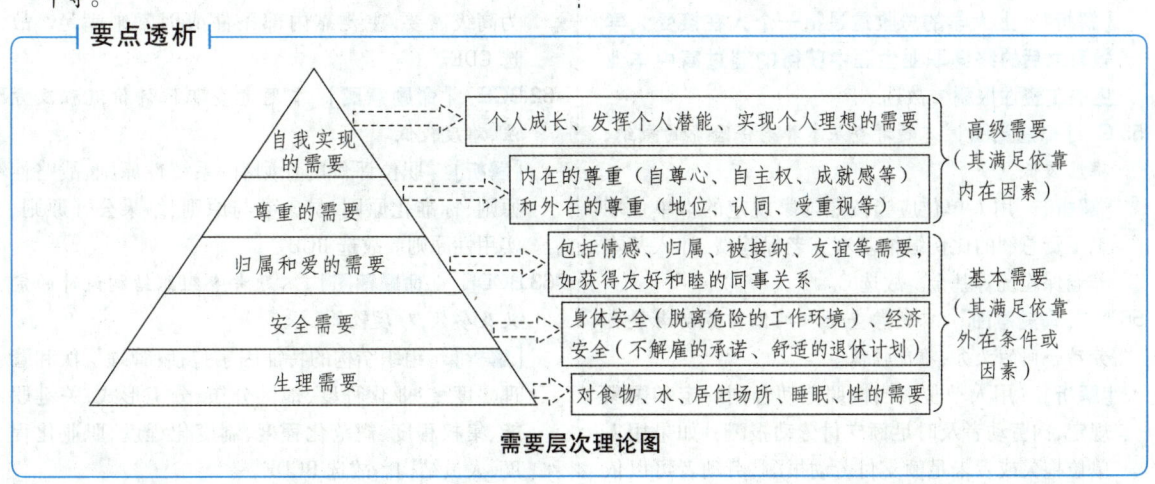

需要层次理论图

50.D [命题意图] 本题考查劳动力需求及其影响因素,难度中等。

[解析] 劳动力需求曲线是自左上向右下方向倾斜的一条曲线,斜率为负。这条曲线的形状表明,当工资率上升时,劳动力需求数量会有所减少;当工资率下降时,劳动力需求数量就会有所增加。无论是从短期还是从长期来看,劳动力需求曲线的这种向下倾斜的趋势是不变的,只不过长期来看,工资率变化对于劳动力需求数量产生的影响会更大一些。故选D。

51. B [命题意图] 本题考查组织文化,难度较低。
[解析] 精神层是组织文化的深层,主要是指组织的领导和员工共同信守的基本信念、价值标准、职业道德及精神风貌,它是组织文化的核心和灵魂。故选B。

52. C [命题意图] 本题考查我国调整劳动关系的制度和机制,难度中等。
[解析] 选项AB错误,集体合同是用人单位与本单位职工根据法律法规、规章的规定,就劳动报酬、工作时间、休息休假、劳动安全卫生、职业培训、保险福利等事项,通过集体协商签订的书面协议。选项C正确,集体合同制度是调整集体劳动关系的一项基本制度。选项D错误,1994年,劳动部颁布了《集体合同规定》,并于2004年对该规定进行了修订,以部令形式颁布,为进一步从法律上对集体合同制度进行明确,《中华人民共和国劳动合同法》用专节对集体协商和集体合同制度的有关内容进行了特别规定。故选C。

53. B [命题意图] 本题考查职位评价流程及方法,难度中等。
[解析] 排序法的最大优点就在于其简单易行,成本较低,而且易于与员工沟通。然而,由于没有详细具体的评价标准,因此主观成分很多。同时排序法只能确定职位的序列,不能确定所排序的职位之间的相对价值。所以,这种方法只适用于规模较小、结构简单、职位类型较少而且员工对本企业各项职位都较为熟悉的企业。故选B。

54. A [命题意图] 本题考查高等教育投资决策的基本模型,难度中等。
[解析] 上大学的总收益是指一个人在接受大学教育之后的终身职业生涯中获得的超过高中毕业生的工资性报酬。故选A。

55. C [命题意图] 本题考查基本养老保费的缴纳,难度较低。
[解析] 用人单位应当按照国家规定的本单位职工工资总额的比例缴纳基本养老保费,计入基本养老保险统筹基金。故选C。

56. A [命题意图] 本题考查用人单位与劳动者履行劳动合同的义务,难度较低。
[解析] 用人单位应当按照劳动合同约定和国家规定,向劳动者及时足额支付劳动报酬。如果用人单位拖欠或者未足额支付劳动报酬,劳动者可以依法向当地人民法院申请支付令,人民法院应当依法发出支付令。故选A。

57. B [命题意图] 本题考查期望理论,难度较低。
[解析] 期望理论认为,动机是三种因素共同作用的产物:①一个人需要多少报酬(效价);②个人

努力产生成功绩效的概率估计(期望);③个人对绩效与获得报酬之间关系的估计(工具性)。故选B。

58. D [命题意图] 本题考查人力资源供求平衡的基本对策,难度较低。
[解析] 当一个组织面临人力资源需求小于人力资源供给的情形时,可以采取以下五种措施:冻结雇用、鼓励员工提前退休、缩短现有员工的工作时间、临时性解雇或永久性裁员,组织还可以考虑对冗余人员进行培训。故选D。

59. C [命题意图] 本题考查劳动力市场的结构,难度中等。
[解析] 优等劳动力市场和次等劳动力市场是相对独立运转的,尽管在两种劳动力市场之间也可以存在劳动力流动,但是大部分知识、技能水平较低和就业机会较差的劳动者是很难从次等劳动力市场流入优等劳动力市场的。而贫穷、歧视以及受教育程度不高导致的技能缺乏是造成两种劳动力市场之间出现相对隔离的主要原因。故选C。

60. D [命题意图] 本题考查魅力型领导理论,难度中等。
[解析] 选项D说法错误,由于魅力型领导对其追随者产生影响,因此魅力型领导将促使追随者产生出高于期望的绩效以及强烈的归属感。故选D。

二、多项选择题

61. CDE [命题意图] 本题考查马斯洛需要层次理论,难度较低。
[解析] 马斯洛需要层次理论认为,生理需要、安全需要、归属和爱的需要为基本需要,主要靠外部条件或因素来满足,尊重的需要、自我实现的需要为高级需要,主要靠内部条件或因素来满足。故选CDE。

62. BCE [命题意图] 本题考查职位评价流程及方法,难度较低。
[解析] 职位评价的原则有:系统性原则、战略性原则、标准化原则、员工参与原则、结果公开原则、实用性原则。故选BCE。

63. BCDE [命题意图] 本题考查组织结构设计的定义及参数,难度较低。
[解析] 组织结构的特征因素包括:管理层次和管理幅度、专业化程度、地区分布、分工形式、关键职能、集权程度、规范化程度、制度化程度、职业化程度、人员结构。故选BCDE。

64. ABCD [命题意图] 本题考查人力资源的国际流动,难度中等。
[解析] 永久居留证是外国人在中国境内居留的身份证件,可以单独使用。外国人可持证在中国境内办理金融、教育、医疗、交通、通信、就业和社会保

险、财产登记、诉讼等事务。持证人在中国居留期限不受限制,可以凭本人护照和永久居留证出境入境。永久居留外国人在中国境内工作免办外国人工作许可,可按规定参加技术职务任职资格和职业资格考试;在购房、办理金融业务、申领驾照、子女入学、交通出行、住宿登记等方面依法享受中国公民同等待遇;在中国境内工作的,依法参加相应社会保险,缴存和使用公积金;在中国境内居住但未工作,且符合统筹地区规定的,可参照国内城乡居民参加居住地城镇居民基本医疗保险和城乡居民基本养老保险,享受社会保险待遇;在海关通关时,携带的自用物品按照海关规定办理相关手续。故选ABCD。

65. **ACE** [命题意图] 本题考查职业技能等级制度,难度中等。
 [解析] 职业技能等级共分为五级,由低到高分别为:五级/初级工、四级/中级工、三级/高级工、二级/技师、一级/高级技师。目前,我国正在为技能人才探索建立"新八级"职业技能等级制度,即(由低到高)学徒工、初级工、中级工、高级工、技师、高级技师、特级技师、首席技师。故选ACE。

66. **AB** [命题意图] 本题考查组织发展方法,难度中等。
 [解析] 结构技术是通过有计划地改革组织的结构,改变其复杂性、规范性和集权度的技术,是影响工作内容和员工关系的技术。例如,可以合并职能部门,减少垂直分化度,简化部门规章,扩大员工的工作自主性;也可以对工作进行再设计,使工作变得更具挑战性、趣味性等。故选AB。

67. **BDE** [命题意图] 本题考查劳动保障监察,难度较高。
 [解析] 选项A错误,对无营业执照或者已被依法吊销营业执照,有劳动用工行为的主体,由劳动保障行政部门依照《劳动保障监察条例》实施劳动保障监察,并及时通报市场监督管理部门予以查处取缔。选项C错误,劳动保障监察的处罚方式主要有责令用人单位改正、警告、罚款、没收违法所得和吊销许可证。故选BDE。

68. **BCDE** [命题意图] 本题考查人力资本投资的概念及其含义,难度较低。
 [解析] 人力资本投资则可以被定义为任何就其本身来说是用来提高人的生产能力从而提高人在劳动力市场上的收益能力的初始性投资。这样,不仅各级正规教育和在职培训活动所花费的支出属于人力资本投资,而且增进健康、加强学龄前儿童营养、寻找工作、工作流动等活动也同样属于人力资本投资活动。故选BCDE。

69. **CDE** [命题意图] 本题考查决策模型,难度中等。
 [解析] 有限理性模型的特征:①在选择备选方案时,决策者试图使自己满意,或者寻找令人满意的结果;②决策者所认知的世界是真实世界的简化模型;③由于采用的是满意原则而非最大化原则,决策者在进行选择的时候不必知道所有的可能方案;④由于决策者认知的是简化的世界,因此,可以用相对简单的经验启发式原则或商业窍门以及一些习惯来进行决策。故选CDE。

70. **BDE** [命题意图] 本题考查工伤认定,难度中等。
 [解析] 《工伤保险条例》规定,职工有下列情形之一的,应当认定为工伤:①在工作时间和工作场所内,因工作原因受到事故伤害的;②工作时间前后在工作场所内,从事与工作有关的预备性或者收尾性工作受到事故伤害的;③在工作时间和工作场所内,因履行工作职责受到暴力等意外伤害的;④患职业病的;⑤因工外出期间,由于工作原因受到伤害或者发生事故下落不明的;⑥在上下班途中,受到非本人主要责任的交通事故或者城市轨道交通、客运轮渡、火车事故伤害的;⑦法律、行政法规规定应当认定为工伤的其他情形。故选BDE。

71. **AC** [命题意图] 本题考查劳动关系系统及其运行,难度较低。
 [解析] 劳动关系系统的运行有两种功能,即动力功能与约束功能。动力功能具有启动劳动关系并使之运行的作用;约束功能具有对这一运行加以控制的作用。故选AC。

72. **ADE** [命题意图] 本题考查劳动力市场的概念与特征,难度较低。
 [解析] 劳动力市场的特征包括:特殊性、多样性、不确定性、交易对象的难以衡量性、交易的延续性、交易条件的复杂性、劳动力出售者地位的不利性。故选ADE。

73. **ABCD** [命题意图] 本题考查失业与失业统计,难度中等。
 [解析] 在调查中,失业人口被界定为在一定年龄以上,有劳动能力,在调查期间无工作,当前有就业的可能并以某种方式寻找工作的人员。在调查中,将具有劳动能力并同时符合以下各项条件的16周岁及以上人员列为失业人员:①在调查周内未从事为取得劳动报酬或经营收入的劳动,也没有处于就业定义中的暂时未工作状态;②在某一特定期间内采取了某种方式寻找工作;③当前如有工作机会可以在一个特定期间内应聘就业或从事自营职业。失业人员的具体标准是,在调查周内,工作时间未达到1个小时,在近3个月采取了某种方式寻找工作并且在调查周内可以应聘的人。故选ABCD。

74.BCD　[命题意图]　本题考查评价中心技术,难度中等。

[解析]　通过这种无领导小组讨论可以考查被测试者的组织协调能力、口头表达能力、说服能力、领导能力、人际交往能力以及自信程度、进取心、情绪稳定性、反应灵活性等个性特点。近年来,无领导小组讨论在很多企业招聘大学生中得到了广泛的运用,但无领导小组讨论也有一些缺陷。这主要表现在以下几点:①它对测试题目的要求较高,测试题目必须经过精心的准备,同时要经过测试专家、行业专家等的认真讨论;②对评价者的评分技术要求较高,要求他们必须接受过专门的观察及评价培训,以免他们的评价结果过多地受到个人的主观意见甚至偏见的影响;③在有些情况下,被测试者有可能会有意识地表现自己或掩饰自己,以达到通过测试的目的。故选BCD。

75.ACDE　[命题意图]　本题考查职业生涯管理方法,难度中等。

[解析]　双通道,即员工同时承担管理工作和技术工作,俗称"双肩挑",主要是为组织中技术人员或专业人员设计的,也是组织培养高层管理者的主要方式之一。故选ACDE。

76.ABCD　[命题意图]　本题考查人力资源管理与战略规划和战略执行,难度中等。

[解析]　一个组织的战略是否能够得到成功的执行,主要取决于五个要素,即组织结构,工作任务设计,人员的甄选、培训与开发,报酬系统,信息系统。而在战略执行的这五个要素当中,人力资源管理对三个基本要素负有主要责任,即工作任务设计,人员的甄选、培训与开发,报酬系统(但也会直接影响组织结构及信息系统两个要素)。故选ABCD。

77.BE　[命题意图]　本题考查非全日制用工,难度中等。

[解析]　选项A错误,非全日制用工双方当事人任何一方都可以随时通知对方终止用工,终止用工,用人单位不向劳动者支付经济补偿。选项C错误,在同一用人单位周工作时间累计不能超过24小时。选项D错误,非全日制用工劳动报酬结算支付周期最长不得超过15日。故选BE。

78.ABDE　[命题意图]　本题考查人力资源需求预测,难度中等。

[解析]　在进行一个组织的人力资源需求预测时,主要应当考虑组织的战略定位和战略调整、组织所提供的产品和服务的变化情况、组织的技术变革、组织结构调整和流程再造等若干方面的因素。故选ABDE。

79.ABE　[命题意图]　本题考查战略性绩效管理,难度较高。

[解析]　选项C错误,在评价指标和评价标准的确定上,组织可以多选择一些客观的财务指标引导员工的工作行为。选项D错误,成本领先战略的组织,在绩效考核中,为了提高员工对成本的重视程度,组织应尽量选择以结果为导向的、实施成本较低的评价方法(如目标管理法),鼓励员工通过各种方法达到组织期望的结果。故选ABE。

80.BC　[命题意图]　本题考查基本养老保险,难度中等。

[解析]　目前执行的《国务院关于安置老弱病残干部的暂行办法》和《国务院关于工人退休、退职的暂行办法》,对职工退休年龄分不同情况作出了规定:①男年满60周岁,女工人年满50周岁、女干部年满55周岁;②从事井下、高空、高温、特别繁重体力劳动或其他有害身体健康工作达到一定年限的,退休年龄为男年满55周岁,女年满45周岁;③因病或因工致残,由医院证明并经劳动鉴定委员会确认完全丧失劳动能力的,退休年龄为男年满50周岁,女年满45周岁。故选BC。

三、案例分析题

(一)

81.A　[命题意图]　本题考查劳动合同解除,难度中等。

[解析]　选项A说法错误,《中华人民共和国劳动合同法》第四十一条规定,有下列情形之一,需要裁减人员20人以上或者裁减不足20人但占企业职工总数10%以上的,用人单位提前30日向工会或者全体职工说明情况,听取工会或者职工的意见后,裁减人员方案经向劳动行政部门报告,可以裁减人员:①依照企业破产法规定进行重整的;②生产经营发生严重困难的;③企业转产、重大技术革新或者经营方式调整,经变更劳动合同后,仍需裁减人员的;④其他因劳动合同订立时所依据的客观经济情况发生重大变化,致使劳动合同无法履行的。故选A。

82.C　[命题意图]　本题考查对用人单位解除劳动合同的限制,难度中等。

[解析]　在本单位连续工作满15年,且距法定退休年龄不足5年的不能予以解除劳动合同,但是根据本案例信息无法判断赵某是否在本单位连续工作15年。故选C。

83.A　[命题意图]　本题考查对用人单位解除劳动合同的限制,难度中等。

[解析]　《中华人民共和国劳动合同法》第四十二条规定,劳动者有下列情形之一,用人单位不得依照《中华人民共和国劳动合同法》第四十条、第四十一条规定解除劳动合同:①从事接触职业病危害作业的劳动者未进行离岗前职业健康检查,或者疑似职业病病人在诊断或医学观察期间的;②在本单

位患职业病或者因工负伤并被确认丧失或者部分丧失劳动能力的;③患病或者非因工负伤,在规定的医疗期内的;④女职工在孕期、产期、哺乳期的;⑤在本单位连续工作满15年,且距法定退休年龄不足5年的;⑥法律行政法规规定的其他情形。本案例中李某因工受伤并丧失一定劳动能力无论是否在医疗期都不能予以辞退。故选A。

84. D [命题意图] 本题考查解除与终止劳动合同的经济补偿,难度中等。
[解析] 劳动者在劳动合同解除或者终止前12个月的平均工资,高于用人单位所在直辖市、设区的市级人民政府公布的本地区上年度职工月平均工资3倍的,向其支付经济补偿的标准按职工月平均工资3倍的数额支付,向其支付经济补偿的年限最高不超过12年。经济补偿的月工资按照劳动者应得工资计算,包括计时工资或者计件工资以及奖金、津贴和补贴等货币性收入。劳动者在劳动合同解除或者终止前12个月的平均工资低于当地最低工资标准的,按照当地最低工资标准计算。劳动者工作不满12个月的,按照实际工作的月数计算平均工资。本题目中当月最低工资标准是2 000元。近两年来,赵某和李某月工资都是4 000元,所以公司支付经济补偿的标准是每满一年向两人各支付4 000元。故选D。

(二)

85. B [命题意图] 本题考查双因素理论,难度较低。
[解析] 激励因素包括成就感、别人的认可、工作性质、责任和晋升等因素。老张上任时提高销售人员基本工资未能提高员工积极性,而将销售业绩与晋升挂钩后,销售额翻倍,员工积极性上升,说明该公司销售部员工更关注激励因素。故选B。

86. D [命题意图] 本题考查公平理论,难度较低。
[解析] 公平理论指出,人们不仅关心自己的绝对报酬,而且关心自己和他们在工作和报酬上的相对关系,员工倾向于将自己的产出与投入的比率与他们的产出与投入的比率相比较,来进行公平判断。故选D。

87. CD [命题意图] 本题考查绩效薪金制,难度较低。
[解析] 选项CD正确,绩效可以是个人绩效、部门绩效和组织绩效。故选CD。

88. B [命题意图] 本题考查绩效薪金制,难度中等。
[解析] 绩效薪酬制的主要优点在于它可以减少管理者的工作量,因为员工为了获得更高的薪金会自发地努力工作,而不需要管理者的监督。故选B。

(三)

89. B [命题意图] 本题考查非上市公司股权激励,难度中等。

[解析] 在该公司初步设计的股权激励方案中,采用股票期权方式实施是不恰当的,因为该公司未上市,而股票期权属于上市公司股权激励。故选B。

90. AB [命题意图] 本题考查非上市公司股权激励,难度较低。
[解析] 中国证监会发布的《关于上市公司实施员工持股计划试点的指导意见》(以下简称《指导意见》)规定,员工持股计划的基本原则包括以下三点:依法合规原则、自愿参与原则、风险自担原则。故选AB。

91. AB [命题意图] 本题考查非上市公司股权激励,难度较低。
[解析] 非上市公司可以采取的股权激励方式有股份期权、业绩股份、虚拟股票期权。故选AB。

92. ACD [命题意图] 本题考查员工持股计划,难度较低。
[解析] 根据我国有关政策规定,允许参与员工持股计划的通常包括四类人员:①在企业工作满一定时间的正式员工;②公司的董事、监事、经理;③企业派往投资企业、代表处工作,劳动关系仍在本企业的外派人员;④企业在册管理的离退休人员。故选ACD。

(四)

93. B [命题意图] 本题考查仲裁管辖,难度中等。
[解析] 双方当事人分别向劳动合同履行地和用人单位所在地的劳动人事争议仲裁委员会申请仲裁的,由劳动合同履行地的劳动人事争议仲裁委员会管辖,即出现围绕同一争议双方当事人互为申请人和被申请人的两个争议案件时,由劳动合同履行地的劳动人事争议仲裁委员会管辖。故选B。

94. A [命题意图] 本题考查培训服务期,难度较低。
[解析] 劳动合同期满,但约定的服务期尚未到期的,劳动合同应当续延至服务期满;双方另有约定的,从其约定。故选A。

95. C [命题意图] 本题考查培训服务期,难度中等。
[解析] 劳动者违反服务期约定,应当按照约定向用人单位支付违约金。违约金数额不得超过用人单位提供的培训费用。用人单位要求劳动者支付的违约金不得超过服务期尚未履行部分所应分摊的培训费用。故选C。

96. A [命题意图] 本题考查仲裁管辖,难度较低。
[解析] 当事人提出管辖异议的,应当在答辩期满前书面提出。故选A。

(五)

97. C [命题意图] 本题考查人力资源需求预测,难度中等。
[解析] 在进行一个组织的人力资源需求预测时,主要应当考虑组织的战略定位和战略调整、组织所

提供的产品和服务的变化情况、组织的技术变革、组织结构调整和流程再造等若干方面的因素。组织所提供的产品和服务的变化情况:根据劳动经济学的基本原理,劳动力需求是一种引致需求或派生需求,即劳动力需求是从外部客户对组织所提供的产品或服务的需求中派生出来的。因此,在外部市场对组织所提供的产品或服务的需求在未来可能出现扩张或萎缩的情况下,组织的人力资源需求必然会受到影响。故选 C。

98. ACD [命题意图] 本题考查人力资源需求预测,难度中等。

[解析] 选项 A 正确,经验判断法是一种最简单的人力资源需求预测方法,它的做法是让组织中的中高层管理者凭借自己过去积累的工作经验以及个人的直觉,对组织未来所需要的人力资源的数量和结构等状况进行估计。由于这种方法主要是凭借管理者的主观感觉和经验来进行人力资源需求预测,因此,它主要适用于短期预测,以及那些规模较小或经营环境相对稳定、人员流动率不太高的组织。选项 C 正确,使用这种方法,还要求管理者必须具有比较丰富的工作经验,否则很难保证预测结果的准确性。选项 D 正确,经验判断法属于定性的主观预测方法。故选 ACD。

99. C [命题意图] 本题考查人力资源需求预测,难度中等。

[解析] 定量的人力资源需求预测方法主要包括比率分析法、趋势预测法及回归分析法。而根据老王的要求,公司已经找到了人力资源需求与一些关键指标之间的直接联系,可以用量化的方法进行更科学的预测。故选 C。

┌─ 要点透析 ─┐

人力资源需求预测和供给预测的方法

类别	方法	具体类型
需求预测的方法	定性预测法	经验分析法、德尔菲法
	定量预测法	比率分析法、趋势预测法、回归分析法
供给预测的方法		人员替换分析法
		马尔科夫分析方法

100. C [命题意图] 本题考查人力资源供求平衡的基本对策,难度较低。

[解析] 选项 ABD 都是避免未来出现人员短缺的方法。故选 C。

2022 年《人力资源管理专业知识与实务》真题试卷答案解析

客观题答案速查:

1.C	2.A	3.C	4.A	5.B	6.C	7.D	8.A	9.A	10.A
11.A	12.D	13.A	14.D	15.C	16.B	17.A	18.B	19.B	20.C
21.A	22.C	23.A	24.B	25.C	26.C	27.D	28.B	29.C	30.A
31.B	32.D	33.A	34.C	35.A	36.C	37.C	38.B	39.D	40.A
41.D	42.A	43.C	44.A	45.D	46.B	47.B	48.B	49.B	50.D
51.D	52.C	53.B	54.A	55.C	56.B	57.B	58.C	59.C	60.C
61.ABCD	62.BCDE	63.ABDE	64.ABC	65.AB	66.ABCE	67.BD	68.ABCD	69.AD	70.ACDE
71.BC	72.ABC	73.ACD	74.ACD	75.BCDE	76.ABCD	77.ABCD	78.ABCE	79.BC	80.ABD
81.B	82.D	83.A	84.C	85.B	86.D	87.CD	88.D	89.A	90.D
91.B	92.B	93.C	94.C	95.D	96.ABC	97.D	98.D	99.D	100.D

一、单项选择题

1. C [命题意图] 本题考查事业部制组织形式的优点,难度较低。

[解析] 事业部制组织形式的优点表现在以下三个方面:①有利于总公司的高层管理者摆脱具体管理事务,集中精力进行战略决策和长远规划;②增强企业的活力;③有利于把联合化和专业化结合起来,提高生产效率。故选 C。

2. A [命题意图] 本题考查失业的类型,难度较低。

[解析] 摩擦性失业是一种正常性的失业,它的存在与充分就业并不矛盾。注意加强劳动力市场的情报工作,加快劳动力市场的信息传递速度和加大其扩

散范围,疏通信息渠道,就可以在某种程度上减少劳动者寻找工作的时间,使其尽快就业。故选 A。

3. C [命题意图] 本题考查劳动力的跨地区流动,难度较低。
[解析] 在地区劳动力流动中,存在着一种"回归迁移"现象,即许多人从一地区迁移到另一地区,但经过一段时间工作后,又迁回到原地区。故选 C。

4. A [命题意图] 本题考查改善面试效果的主要方法,难度中等。
[解析] 情境化结构面试通常需要遵循所谓的"STAR"原则,即首先向被面试者描述他们可能会面对的典型环境(situation)或需要完成的主要工作任务(task),然后询问他们实际上采取了何种行动(action),最后让他们说明这种行动产生了怎样的结果(result)。故选 A。

5. B [命题意图] 本题考查事业单位的聘用管理,难度较低。
[解析] 根据事业发展和工作需要,经批准,事业单位可设置特设岗位,主要用于聘用急需的高层次人才等特殊需要。故选 B。

6. C [命题意图] 本题考查人力资源供求平衡的方法分析,难度较低。
[解析] 避免未来出现劳动力短缺的方法中,加班加点、雇用临时工、业务外包是见效速度快、可撤回程度高的方法。故选 C。

7. D [命题意图] 本题考查生命周期理论,难度中等。
[解析] 作为管理方格理论的扩展,生命周期理论认为,影响领导风格选择的一个重要因素是下属的成熟程度。故选 D。

8. A [命题意图] 本题考查劳动力市场均衡及其变动,难度中等。
[解析] 劳动力供给曲线不变,而劳动力需求曲线向右移动时,均衡工资率和均衡就业量均随需求曲线右移而上升。故选 A。

9. A [命题意图] 本题考查期望理论,难度较低。
[解析] 期望理论认为动机是三种因素共同作用的产物:①一个人需要多少报酬(效价);②个人对努力产生成功绩效的概率估计(期望);③个人对绩效与获得报酬之间关系的估计(工具性)。故选 A。

10. A [命题意图] 本题考查人力资源需求预测,难度较低。
[解析] 德尔菲法具有一些明显的优点:①它吸取和综合了众多专家的意见,避免了个人预测的片面性;②它不采用集体讨论的方式,并且匿名进行,这样就可以使专家独立地做出判断,避免了从众的行为,同时也避免了专家必须在一起开会的麻烦;③它采取多轮预测的方法,经过几轮的反复,专家

的意见趋于一致,具有较高的准确性。选项 A 不属于德尔菲法的优点。故选 A。

11. A [命题意图] 本题考查马斯洛的需要层次理论,难度较低。
[解析] 马斯洛需要层次理论认为生理的需要包括对食物、水、居住场所、睡眠、性等身体方面的需要。故选 A。

12. D [命题意图] 本题考查组织设计的类型,难度中等。
[解析] 矩阵组织形式在复杂/动态环境中最为有效。故选 D。

13. A [命题意图] 本题考查高等教育投资决策的基本模型,难度中等。
[解析] 经济不景气,工资水平低,导致李某因上学无法工作损失的工资性报酬变少,也就是读研究生的机会成本下降,因此放弃工作去选择读研究生。故选 A。

14. D [命题意图] 本题考查社会保险法律关系,难度较低。
[解析] 用人单位承担缴纳社会保险费的义务,是社会保险基金的主要缴纳者。故选 D。

15. C [命题意图] 本题考查医疗期限期,难度较高。
[解析] 职工医疗期的期限为:①实际工作年限 10 年以下的,在本单位工作年限 5 年以下的为 3 个月;5 年以上的为 6 个月。②实际工作年限 10 年以上的,在本单位工作年限 5 年以下的为 6 个月;5 年以上 10 年以下的为 9 个月;10 年以上 15 年以下的为 12 个月;15 年以上 20 年以下的为 18 个月;20 年以上的为 24 个月。故选 C。

16. B [命题意图] 本题考查霍兰德职业兴趣测试,难度中等。
[解析] 社会型这种人的基本人格倾向是合作、友善、善于言谈和社交,观察能力强,喜欢社会交往,关心社会问题,重视社会公正和正义,有教导、指点和培训别人的能力和愿望,不喜欢与材料、工具、机械等实物打交道。这些人适合从事教育、咨询等方面的工作。故选 B。

17. A [命题意图] 本题考查人力资源需求预测,难度中等。
[解析] 比率分析法是一种基于关键的经营或管理指标与组织的人力资源需求量之间的固定比率关系,来预测组织未来人力资源需求的方法。故选 A。

18. B [命题意图] 本题考查劳动争议处理机制,难度中等。
[解析] 发生争议的劳动者一方在 10 人以上,并有共同请求的,劳动者可以推举代表参加调解、仲裁等活动。故选 B。

D 11

19. A [命题意图] 本题考查劳动关系的概念,难度中等。

[解析] 劳动关系的基本性质是社会经济关系,即**劳动关系是以经济关系作为基本构成的社会关系,其本质上是一种经济利益关系**。故选A。

20. C [命题意图] 本题考查我国劳动关系调整机制,难度中等。

[解析] 协调劳动关系三方机制中的**三方机制是由政府、工会代表、雇主代表组成的三方性劳动关系协调制度**。故选C。

21. A [命题意图] 本题考查决策风格,难度较高。

[解析] 指导型决策者具有较低的模糊耐受性水平,倾向于关注任务和技术本身。故选A。

22. C [命题意图] 本题考查组织结构设计的定义及参数,难度较低。

[解析] 部门结构是各管理部门的构成,又称组织的横向结构。故选C。

23. A [命题意图] 本题考查组织文化的内容和结构,难度较低。

[解析] **精神层是组织文化的深层**,主要是指组织的领导和员工共同信守的基本信念、价值标准、职业道德及精神风貌,**它是组织文化的核心和灵魂**。故选A。

24. B [命题意图] 本题考查人力资源管理与战略规划和战略执行,难度中等。

[解析] 外部分析是指通过考察组织的运营环境,分析组织所面临的各种战略机会以及所受到的各种威胁。故选B。

25. C [命题意图] 本题考查心理测试,难度较高。

[解析] MBTI测试问卷从4个两极性的维度(外倾—内倾、感觉—直觉、理性—情感、判断—感知)对人的行为风格进行测试,其中,外倾—内倾反映了一个人的注意力集中方向是外部世界还是内部世界。故选C。

26. C [命题意图] 本题考查评价中心技术,难度较低。

[解析] 公文筐测验是一种情景模拟测试,这种测试的缺点在于它的编制成本较高,而且评分比较困难。故选C。

27. D [命题意图] 本题考查培训与开发效果评估,难度较高。

[解析] 控制实验法可以提高评估的准确性和有效性,但操作起来较为复杂,且费用也高。这种方法并不适用于那些难以找到量化绩效指标的培训与开发项目或活动,如对管理技能的培训与开发等。故选D。

28. B [命题意图] 本题考查路径—目标理论,难度中等。

[解析] 不同的领导行为适合于不同的环境因素和个人特征。例如,下属的工作是结构化的,则支持型的领导可以带来高的绩效和满意度。故选B。

29. C [命题意图] 本题考查决策模型,难度较低。

[解析] 根据理性模型,决策者在任何方面都是完全理性的,决策者具备以下五个特征:①从目标意义上分析,决策完全理性;②存在完整和一致的偏好系统,使决策者在不同的备选方案中进行选择;③决策者可以知道所有备选方案;④对计算复杂性无限制,可以通过计算选择出最佳备选方案;⑤对于概率的计算不存在任何困难。选项C不是决策者具备的特征。故选C。

30. A [命题意图] 本题考查战略性人力资源管理与战略管理,难度中等。

[解析] 组织战略又称公司战略、企业战略或组织发展战略,它主要回答到哪里去竞争的问题,即做出组织应该选择经营何种业务以及进入何种行业或领域的决策。故选A。

▎要点透析▎

战略的层次

战略层次	回答的问题	类型
组织战略层次(企业战略、公司战略、企业发展战略)	到哪里竞争?即选择经营何种业务、进入何种行业或领域	成长战略、稳定战略、收缩战略
竞争战略层次(经营战略)	如何进行竞争?即应当如何在选定的行业或领域中,与对手展开有效竞争,确立长期竞争优势	总成本领先战略、差别化战略、市场集中战略(迈克尔·波特划分)
职能战略层次	凭借什么来竞争?即哪些资源有助于打败自己的竞争对手,将如何获取、开发以及使用这些资源	市场营销战略、财务战略、人力资源战略

31. B [命题意图] 本题考查绩效管理工具,难度较低。

[解析] 通常来说,关键绩效指标有四种类型:①数量类,如产品的数量、销售量等;②质量类,如合格产品的数量、不合格品比率等;③成本类,如单位产品的成本、投资回报率等;④时限类,如及时性、供货周期等。"不合格品比率"属于质量类。故选B。

32. D [命题意图] 本题考查职业生涯管理的方法,难度较高。

[解析] 组织层次的职业生涯管理方法:

方法	具体内容
提供职业生涯信息	①公布职位空缺信息; ②介绍组织内的职业生涯通道; ③建立职业生涯信息中心
成立潜能评价中心	①评价中心; ②心理测验; ③替换或继任规划
实施培训与发展项目	①工作轮换; ②利用公司内、外人力资源发展项目对员工进行培训; ③参加组织内部或外部的专题研讨会; ④专门对管理者进行培训或实行双通道职业生涯设计

33. A [命题意图] 本题考查组织文化的内容和结构,难度较低。

[解析] 物质层是组织文化的表层部分,指的是企业的名称、产品的外观及包装、建筑风格、纪念物等外显的标识,往往能折射出组织的经营思想、工作作风和审美意识。故选A。

34. B [命题意图] 本题考查管理方格图,难度较低。

[解析] 管理方格理论把领导风格画成一个二维坐标方格,方格的纵坐标是"关心人",横坐标是"关心任务"。故选B。

35. A [命题意图] 本题考查生命周期理论,难度较低。

[解析] 生命周期理论认为,影响领导者风格选择的一个重要因素是下属的成熟程度。故选A。

36. C [命题意图] 本题考查交易型和变革型领导理论,难度较低。

[解析] 变革型领导的特征包括魅力、激励、智慧型刺激、个性化关怀。故选C。

37. C [命题意图] 本题考查激励,难度较低。

[解析] 从激励内容的角度可以将激励分为物质激励和精神激励;从激励作用的角度可以将激励分为正向激励和负向激励;从激励对象的角度可以将激励分为他人激励和自我激励。故选C。

38. B [命题意图] 本题考查人力资源市场建设,难度中等。

[解析] 开展人力资源供求信息的收集和发布、就业和创业指导、人力资源管理咨询、人力资源测评、人力资源培训、承接人力资源服务外包等人力资源服务业务的,应当自开展业务之日起15日内向人力资源社会保障行政部门备案。故选B。

39. D [命题意图] 本题考查突出业绩奖励,难度较低。

[解析] 国家科学技术奖包含国家最高科学技术奖、国家自然科学奖、国家技术发明奖、国家科学技术进步奖和中华人民共和国国际科学技术合作奖。故选D。

40. A [命题意图] 本题考查基本养老保险制度,难度较低。

[解析] 我国基本养老保险实行社会统筹与个人账户相结合的模式。故选A。

41. D [命题意图] 本题考查人力资本投资,难度较低。

[解析] 不仅各级正规教育和在职培训活动所花费的支出属于人力资本投资,而且增进健康、加强学龄前儿童营养、寻找工作、工作流动等活动也同样属于人力资本投资活动。故选D。

42. A [命题意图] 本题考查人力资源供求平衡的方法分析,难度中等。

[解析] 离岸经营是一种特殊的业务外包形式,即将工作岗位从一个国家转移到另一个国家。故选A。

43. C [命题意图] 本题考查领导—成员交换理论,难度较低。

[解析] 选项C说法错误,领导—成员交换理论,领导和下属两者都作为个体,通过团体进行反馈。故选C。

44. C [命题意图] 本题考查组织设计概述,难度较低。

[解析] 职业化程度,通常可以用员工的平均文化程度或上岗职业培训期限作为衡量职业化程度高低的指标。故选C。

45. D [命题意图] 本题考查人力资源战略及其与组织发展战略的匹配,难度较低。

[解析] 采取稳定战略的组织的整体人力资源战略就是保持组织内部人力资源稳定性以及管理手

段的规范性、一致性和内部公平性。故选 D。

46. A [命题意图] 本题考查战略性人力资源管理的工具与步骤,难度较低。
[解析] 战略地图指明了组织战略实现的路径和总体脉络。故选 A。

47. B [命题意图] 本题考查战略性绩效管理,难度中等。
[解析] 选项 A 错误、选项 B 正确,差异化战略以行为为导向,考核周期不宜太短。选项 CD 错误,成本领先战略以结果为导向,选择直接上级作为评价主体。故选 B。

48. A [命题意图] 本题考查薪酬体系设计的基本步骤,难度中等。
[解析] 选项 A 说法错误,职位评价主要是为了解决薪酬的内部公平性问题。故选 A。

49. B [命题意图] 本题考查劳动力需求及其影响因素,难度中等。
[解析] 资本价格上升的规模效应导致劳动力需求数量下降,替代效应导致劳动力需求数量上升;而资本价格下降的规模效应则导致劳动力需求数量上升,但其替代效应却导致劳动力需求数量下降。选项 B 说法错误,资本价格上升或下降不产生收入效应。故选 B。

50. D [命题意图] 本题考查非上市公司股权激励,难度中等。
[解析] 虚拟股票期权指公司授予激励对象一种"虚拟"的股票,当公司股份增值时,则被授予者可以据此享受股份的溢价收益。期权人只是在名义上持有而非真正的购买公司股份,期权人没有表决权、股份不能转让和出售,在离开公司时自动失效。故选 D。

51. D [命题意图] 本题考查成就测试,难度较低。
[解析] 知识测试就是我们通常所说的考试,它所要考察的是一个人在特定领域掌握的知识的广度和深度。故选 D。

52. C [命题意图] 本题考查失业保险待遇,难度中等。
[解析] 失业人员失业前用人单位和本人累计缴费满 1 年不足 5 年的,领取失业保险金的期限最长为 12 个月;累计缴费满 5 年不足 10 年的,领取失业保险金的期限最长为 18 个月;累计缴费 10 年以上的,领取失业保险金的期限最长为 24 个月。故选 C。

53. B [命题意图] 本题考查职业生涯管理的注意事项,难度中等。
[解析] 职业生涯锚五种基本类型中的管理能力型,其特点是追求一般性管理工作,且责任越大越

好;具有强烈的升迁动机,以提升等级和收入作为衡量成功的标准;具有分析能力、人际沟通能力和情绪控制能力的强强组合特点,但对组织有很强的依赖性。故选 B。

54. A [命题意图] 本题考查劳动争议调解管理,难度中等。
[解析] 在劳动调解中,调解人员在调解工作开始前,应当对当事人递交的调解申请书或申请人的口头申请记录载明的内容进行认真审查,如发现内容有欠缺的,应及时通知申请人补充有关材料和证据。故选 A。

55. C [命题意图] 本题考查劳动力参与率,难度较低。
[解析] 劳动力参与率=(就业人口+失业人口)/16 岁以上总人口×100%=(50+400)/600×100%=75%。故选 C。

56. B [命题意图] 本题考查基本医疗保险费的缴纳,难度中等。
[解析] 基本医疗保险费由用人单位和个人共同缴纳。用人单位缴费水平为职工工资总额的 6% 左右,个人缴费一般为本人工资收入的 2%。在职职工个人账户由个人缴纳的基本医疗保险费计入,计入标准原则上控制在本人参保缴费基数的 2%,单位缴纳的基本医疗保险费全部计入统筹基金。故选 B。

57. B [命题意图] 本题考查养老保险,难度较低。
[解析] 个人账户养老金的月计发标准,目前为个人账户全部储存额除以 139。张某按月领取的养老金=41 700/139=300(元)。故选 B。

58. C [命题意图] 本题考查劳动争议调解管理,难度中等。
[解析] 企业劳动争议调解委员会调解劳动争议前应做的准备工作:①审查调解申请。当事人申请劳动争议调解可以书面申请,也可以口头申请。②通知被申请人。③告知与征询。④弄清案件的基本情况,掌握相关的法律依据。调解前,应弄清劳动争议发生的原因。⑤进一步调查事实。⑥分析证据。⑦做好当事人的思想工作。故选 C。

59. C [命题意图] 本题考查人力资源管理与战略规划和战略执行,难度较低。
[解析] 价值观是在履行使命以及达成愿景过程中坚持的基本行为规范和道德伦理。故选 C。

60. C [命题意图] 本题考查甄选的可靠性与有效性,难度较低。
[解析] 考察内部一致性信度的方式主要有两种,即分半信度和同质性信度。故选 C。

二、多项选择题

61. ABCD ［命题意图］ 本题考查社会保险法律适用的基本规则，难度中等。

［解析］ 社会保险法律适用的基本规则：①上位法的效力高于下位法。《中华人民共和国宪法》具有最高的法律效力，法律的效力高于行政法规、地方性法规、规章，地方性法规的效力高于本级和下级政府规章。省、自治区人民政府制定的规章的效力高于本行政区域内较大市的人民政府制定的规章。②同位法中特别规定与一般规定不一致时，适用特别规定。③同位法中新的规定与旧的规定不一致，适用新的规定。④原则上不溯及既往。故选ABCD。

▎要点透析▎

社会保险法律适用的基本原则及基本规则的区分	
社会保险法律适用的基本原则	社会保险法律适用的基本规则
①以事实为依据、以法律为准绳； ②公民在法律面前一律平等； ③实事求是，有错必纠	①上位法的效力高于下位法（《中华人民共和国宪法》具有最高的法律效力）； ②同位法中特别规定与一般规定不一致时，适用特别规定； ③同位法中新的规定与旧的规定不一致时，适用新的规定； ④原则上不溯及既往（特殊规定除外）

62. BCDE ［命题意图］ 本题考查绩效改进，难度较低。

［解析］ 绩效改进的方法包括标杆超越、ISO质量管理体系、卓越绩效标准、六西格玛管理。故选BCDE。

63. ABDE ［命题意图］ 本题考查组织设计概述，难度较低。

［解析］ 组织设计在形式上分为静态设计（关注组织结构进行的设计）和动态设计（关注组织结构和运行制度进行的设计）。古典的组织设计理论是静态的；现代的组织设计理论是动态的。故选ABDE。

64. ABC ［命题意图］ 本题考查绩效评价，难度较低。

［解析］ 绩效评价技术中的量表法包括图尺度评价法、行为锚定法、行为观察量表法。故选ABC。

65. AB ［命题意图］ 本题考查劳动者违反劳动法律的责任，难度中等。

［解析］ 劳动者违反服务期约定和竞业限制约定的，应当按照约定向用人单位支付违约金。有下列情形之一的，用人单位可以与劳动者解除约定服务期的劳动合同，劳动者应当按照劳动合同的约定向用人单位支付违约金：①劳动者严重违反用人单位的规章制度的；②劳动者严重失职，营私舞弊，给用人单位造成重大损害的；③劳动者同时与其他用人单位建立劳动关系，又不完成本单位的工作任务造成严重影响的，或者经用人单位提出，拒不改正的；④劳动者以欺诈、胁迫的手段或者乘人之危，使用人单位在违背真实意思的情况下订立或者变更劳动合同的；⑤劳动者被依法追究刑事责任的。故选AB。

66. ABCE ［命题意图］ 本题考查组织发展概述，难度中等。

［解析］ 组织发展的目的在于重视人员和组织成长、合作与参与过程以及质询精神。组织发展是有计划变革及干预措施的总和，它寻求的是增进组织的有效性和员工的幸福感。组织发展的概念注重的是人性与民主因素，至于权力控制、冲突、压力等观念，则被相对排斥在外。故选ABCE。

67. BD ［命题意图］ 本题考查战略性人力资源管理与战略管理，难度中等。

［解析］ **战略可以分为组织战略、竞争战略和职能战略三个层次**。其中，组织战略包括成长战略、稳定战略和收缩战略；竞争战略包括总成本领先战略、差别化战略和市场集中战略；职能战略包括市场营销战略、人力资源战略和财务战略等。故选BD。

68. ABCD ［命题意图］ 本题考查路径—目标理论，难度中等。

［解析］ 路径—目标理论确定了四种领导行为：①指导式领导，让员工明确别人对他的期望、成功绩效的标准和工作程序；②支持型领导，努力建立舒适的工作环境，亲切友善，关心下属的要求；③参与式领导，主动征求并采纳下属的意见；④成就取向式领导，设定挑战性目标，鼓励下属展现自己的最佳水平。故选ABCD。

69. AD ［命题意图］ 本题考查需要层次理论，难度较低。

［解析］ 马斯洛需要层次模型中，**尊重的需要、自我实现的需要属于高级需要，主要靠内在因素来满足**。故选AD。

70. ACDE ［命题意图］ 本题考查劳动争议当事人的举证责任，难度中等。

[解析]《中华人民共和国劳动争议调解仲裁法》规定,发生劳动争议,当事人对自己提出的主张,有责任提供证据。但考虑到用人单位作为用工主体方掌握和管理着劳动者的档案、工资发放、社会保险费缴纳、劳动保护提供等情况和材料,劳动者一般无法取得和提供,因此对用人单位提供证据又作出了特别规定,与争议事项有关的证据属于用人单位掌握管理的,用人单位应当提供;用人单位不提供的,应当承担不利后果。故选ACDE。

71. **BC** [命题意图] 本题考查人力资源供给预测,难度较低。
[解析] 选项BC正确,马尔科夫分析法是人力资源供给预测的方法,反映不同时间人员的占比、人数。故选BC。

▎要点透析▎

人力资源供给预测的主要方法

方法	适用范围	具体内容
人员替换分析法	针对具体职位进行人力资源供给预测	主要强调从组织内部选拔合适的候选人担任相关职位尤其是更高一级职位的做法,有利于激励员工士气,降低招聘成本,同时还能为未来的职位填补需要提前做好准备
马尔科夫分析法	基于多种职位及人员流动状况进行人力资源供给预测	利用一种所谓转移矩阵的统计分析程序来进行人力资源供给预测,转移矩阵能够显示在不同的时间不同职位类型的员工所占的比例(或数量)

72. **ABC** [命题意图] 本题考查绩效计划,难度中等。
[解析] 准备阶段主要是收集制订绩效计划所需要的各种信息,包括:①组织近几年的绩效管理资料,如历年的绩效计划、组织和员工近期的绩效考核结果等;②工作分析的相关资料,如职位说明书、部门的职能职责表等;③组织最新的战略管理资料,如组织的目标、组织在该绩效周期的发展战略等。故选ABC。

73. **ABCD** [命题意图] 本题考查人力资源市场建设,难度较高。
[解析] 经营性人力资源服务机构应当在服务场所明示下列事项,并接受人力资源社会保障行政部门和市场监督管理、价格等主管部门的监督检查:①营业执照;②服务项目;③收费标准;④监督机关和监督电话。从事职业中介活动的,还应当在服务场所明示人力资源服务许可证。故选ABCD。

74. **ACD** [命题意图] 本题考查领导技能,难度较低。
[解析] 领导技能包括技术技能、人际技能、概念技能三方面。故选ACD。

75. **BCDE** [命题意图] 本题考查绩效管理的特征,难度较低。
[解析] 有效的绩效管理体系特征包括敏感性、可靠性、准确性、可接受性、实用性。故选BCDE。

76. **ABCD** [命题意图] 本题考查绩效反馈面谈,难度较高。

[解析] 绩效反馈面谈的内容:①就绩效现状达成一致。优先与员工交流关于绩效考核结果的看法,就绩效现状达成共识,为面谈的顺利进行奠定基础。②探讨绩效中可改进之处,并确定行动计划。在绩效反馈面谈中,主管人员应当毫不吝啬地表达对员工绩效亮点的赞扬。但是面谈的重点应当放在不良业绩的诊断上。③商讨下一年的工作目标。故选ABCD。

77. **ABCD** [命题意图] 本题考查薪酬成本的控制,难度较低。
[解析] 薪酬成本控制包括控制雇佣量、控制基本薪酬、控制奖金、控制福利支出、利用适当的薪酬技术手段。故选ABCD。

78. **ABCE** [命题意图] 本题考查甄选的可靠性与有效性,难度中等。
[解析] 要想达到较高的信度,需要注意以下几个问题:第一,测试过程要标准化;第二,选取的样本要有广泛的代表性;第三,要注意保持良好的测试环境;第四,要注意测试的难度和长度。故选ABCE。

79. **BC** [命题意图] 本题考查劳动关系调整的原则,难度中等。
[解析] 平等保护是指对全体劳动者和各类用人单位的权益都应平等保护。其含义和要求主要包括以下两个方面。一是对各类用人主体的权益平等保护。对国有和非国有用人单位赋予同等的

用人权利,对其使用劳动力的权益给予同样保护。二是对各种劳动者平等保护。对于不同民族、种族、性别、职业、职务、劳动关系的经济类型或用工形式的劳动者来说,在劳动关系上保护其法律地位平等,不得有任何歧视。故选BC。

80. **ABD** [命题意图] 本题考查评价中心技术,难度较低。

[解析] 公文筐测试可以衡量领导能力、问题解决能力、行政管理能力。故选ABD。

三、案例分析题

（一）

81. **B** [命题意图] 本题考查组织文化的类型,难度较低。

[解析] 俱乐部型组织非常重视适应、忠诚感和承诺。在俱乐部组织中,资历是关键因素,年龄和经验都至关重要。故选B。

组织文化的类型及特征		
类型	组织文化的特征	举例
学院型组织	①为想全面掌握每一种新工作的人而准备,使其不断成长、进步; ②喜欢雇用年轻的大学毕业生; ③提供大量专门培训,指导其在特定的职能领域从事专业化工作	IBM公司、可口可乐公司、宝洁公司
俱乐部型组织	①非常重视适应、忠诚感和承诺; ②资历是关键因素,年龄和经验至关重要; ③把管理人员培养成通才	联邦快递、德尔塔航空公司、贝尔公司、政府机构和军队
棒球队型组织	①鼓励冒险和革新; ②招聘时在各年龄和经验层次中寻求有才能的人; ③薪酬制度以员工绩效水平为标准; ④对出色的员工给予巨额奖酬和较大自由度,员工一般都拼命工作	会计、法律、投资银行、咨询公司、广告机构、软件开发、生物研究领域
堡垒型组织	①着眼于公司的生存; ②工作安全保障不足,但对于喜欢流动性、挑战性的人来说,具有一定的吸引力	大型零售店、林业产品公司、天然气探测公司

82. **D** [命题意图] 本题考查组织文化的类型,难度较低。

[解析] 棒球队型组织鼓励冒险和革新。本公司在未来会进行部门合并,在未来的发展中更加注重冒险与革新。故选D。

83. **A** [命题意图] 本题考查组织变革概述,难度中等。

[解析] 以结构为中心的变革组织是一个与内外环境不断相互作用的动态系统。为了适应环境变化,组织内部结构需要不断分化和统合。本题目中公司着重进行了部门的合并,原来的组织结构上进行优化,属于以结构为中心的组织变革方式。故选A。

84. **C** [命题意图] 本题考查组织变革的程序,难度中等。

[解析] 组织变革程序包括以下四个步骤:①确定问题;②组织诊断;③实行变革;④变革效果评估。最后一个步骤是变革效果评估。故选C。

（二）

85. **B** [命题意图] 本题考查面试,难度较低。

[解析] 非结构化面试是指在面试过程中,不存在结构化的面试指南或必须遵循既定格式的面试形式。这种面试方法的缺点是对不同的求职者提出的问题不同,所以不仅很难确保对所有的被面试者都提供公平的机会,而且很难确保所有的关键问题都能被问到。故选B。

86. **B** [命题意图] 本题考查面试,难度中等。

[解析] 小组面试是指由一组面试考官在同一时间和同一场所,共同对一位被面试者进行提问、观察并作出评价的面试形式。故选B。

87.CD [命题意图] 本题考查面试,难度中等。

[解析] 情境化结构面试的题目可以划分为两类:**一类是过去导向型**,它要求被面试者回答他们在过去的工作中遇到的某种情形,以及他们当时是如何处理的;**另一类则是未来导向型的**,它要求被面试者回答,将来一旦遇到某种假设的情形,他们将会采取怎样的处理措施。故选CD。

88.D [命题意图] 本题考查特殊面试形式,难度较低。

[解析] 特殊的面试形式包括压力面试、电话面试和网络视频面试,不包括线下面试。故选D。

(三)

89.A [命题意图] 本题考查工伤认定,难度中等。

[解析] 职工发生事故伤害或者按照职业病防治法规定被诊断、鉴定为职业病,所在单位应当**自事故伤害发生之日或者被诊断、鉴定为职业病之日起30日内**,向统筹地区社会保险行政部门提出工伤认定申请。3月1日,小王在下班的路上遭遇非本人责任的意外交通事故。故选A。

90.C [命题意图] 本题考查劳动争议仲裁申请,难度中等。

[解析] **劳动争议仲裁的时效期为1年**,从当事人知道或者应当知道其权利被侵害之日起计算。小王应自2020年9月1日至2021年8月31日申请仲裁。故选C。

91.D [命题意图] 本题考查对用人单位解除劳动合同的限制,难度中等。

[解析] 无论小王属于或者不是工伤,劳动者在本单位患职业病或者因工负伤并被确认丧失或者部分丧失劳动能力的,劳动者患病或者非因工负伤,在规定的医疗期内的,用人单位不得依照《中华人民共和国劳动合同法》第四十条、第四十一条规定解除劳动合同。故选D。

92.B [命题意图] 本题考查经济补偿的计算标准,难度中等。

[解析] 经济补偿按劳动者在本单位工作的年限,每满一年向劳动者支付1个月工资的经济补偿(**6个月以上不满1年的,按1年计算**);不满6个月的,向劳动者支付半个月工资的经济补偿。故选B。

(四)

93.C [命题意图] 本题考查生命周期理论,难度较低。

[解析] "规定具体工作任务,并亲自安排他们该做什么不该做什么"体现领导对员工"规定工作任务、角色职责,指示员工做什么,如何做",也就是指导式(高工作—低关系)的领导风格。故选C。

94.D [命题意图] 本题考查生命周期理论,难度较低。

[解析] "他们发现老刘对他们的指导逐渐减少,有时甚至与他们一起决策"体现"领导与下属共同决策,领导提供便利条件和沟通",也就是参与式(低工作—高关系)的领导风格。故选D。

95.D [命题意图] 本题考查领导技能,难度较低。

[解析] 人际技能是有效地与他人共事和建立团队合作的能力。组织中任何层次的领导都不能逃避有效人际技能的要求,这是领导行为的重要部分之一。"小张因为和大家相处得好而得了高分",说明小李缺乏的是人际技能。故选D。

96.ABC [命题意图] 本题考查领导技能,难度较低。

[解析] 选项C正确,**领导的三种主要技能是技术技能、人际技能和概念技能**。选项B正确,组织中任何层次的领导都不能逃避有效人际技能的要求,这是领导行为的重要部分之一。选项A正确,**管理层级越高的管理者,其在工作中技术技能所占的比例越小,而概念技能所占的比例越大**。故选ABC。

(五)

97.A [命题意图] 本题考查劳动力市场的结构,难度中等。

[解析] 次等劳动力市场的特征是就业不稳定、工资率较低、工作条件较差,同时工作的社会地位也相对较低。故选A。

98.D [命题意图] 本题考查家庭劳动力供给与周期性劳动力供给,难度较高。

[解析] 附加的劳动者效应是指当家庭中的主要收入获取者失去工作或工资被削减以后,其他家庭成员有可能会临时性地进入劳动力队伍,通过找到工作来增加家庭收入,保持家庭原先的效用水平不变。故选D。

99.A [命题意图] 本题考查晋升竞赛,难度较低。

[解析] 根据案例"韩鹏发现公司实行内部晋升,经过几年努力,韩鹏成为市场部经理"可知,公司实行的是晋升竞赛。故选A。

100.D [命题意图] 本题考查劳动力市场的特征,难度中等。

[解析] **劳动力的出售者在劳动力市场上往往处于不利的地位**,在经济不景气、失业率上升的情况下,劳动者的不利地位尤其明显。故选D。

2021年《人力资源管理专业知识与实务》真题试卷答案解析

客观题答案速查：

1.B	2.B	3.C	4.B	5.D	6.C	7.B	8.B	9.B	10.C
11.C	12.C	13.C	14.B	15.A	16.B	17.B	18.C	19.B	20.A
21.B	22.C	23.C	24.B	25.C	26.C	27.B	28.D	29.D	30.A
31.D	32.C	33.C	34.C	35.D	36.B	37.D	38.D	39.D	40.C
41.D	42.A	43.C	44.D	45.A	46.A	47.C	48.D	49.C	50.B
51.B	52.C	53.C	54.A	55.C	56.D	57.D	58.A	59.C	60.D
61.ABCD	62.ABE	63.AC	64.ADE	65.CDE	66.ACE	67.CDE	68.ABDE	69.ADE	70.ACE
71.BDE	72.BCDE	73.ABDE	74.BDE	75.BCDE	76.CE	77.ACE	78.CD	79.ABCE	80.AE
81.B	82.D	83.AB	84.B	85.B	86.AB	87.A	88.D	89.A	90.AB
91.C	92.D	93.A	94.D	95.C	96.AC	97.C	98.C	99.B	100.A

一、单项选择题

1.B [命题意图] 本题考查激励的类型，难度较低。
[解析] 从激励内容的角度可以将激励分为物质激励和精神激励；从激励作用的角度可以将激励分为正向激励和负向激励；从激励对象的角度可以将激励分为他人激励和自我激励。故选B。

2.B [命题意图] 本题考查战略性人力资源管理的概念，难度较低。
[解析] 战略性人力资源管理所强调的核心理念就是人力资源管理必须能够帮助组织实现战略，赢得竞争优势。现代人力资源管理已经被看成是一种利润中心，而不只是一种成本中心。故选B。

3.C [命题意图] 本题考查劳动力市场政策，难度较低。
[解析] 财政政策是利用政府预算来影响总需求的一种政策，其主要手段是调整税率和政府支出水平。我国政府在新冠肺炎期间制定的减免增值税政策属于财政政策。故选C。

4.B [命题意图] 本题考查组织设计，难度较低。
[解析] 古典的组织设计理论是静态的，只关注组织结构设计方面的研究。现代的组织设计理论是动态的，同时关注组织结构设计和运行制度设计两个方面的研究。故选B。

5.D [命题意图] 本题考查俄亥俄与密歇根模式，难度较低。
[解析] 俄亥俄大学在40年代开始了一系列关于领导的行为研究。他们使用领导行为描述问卷来分析各种团体和情境中的领导。他们的研究事先并不强调领导行为是否有效，即"好领导"与"坏领导"，而是寻找领导行为的独特方面。通过对答案做因素分析，聚焦到两个维度上：关心人和工作管理。故选D。

┤要点透析├

俄亥俄模式与密歇根模式的对比

俄亥俄模式（不对称）	密歇根模式（"生员"对称）
①领导行为的两个维度：关心人、工作管理； ②"双高"的领导更好	①领导行为的两个维度：员工取向、生产取向； ②该模式支持员工取向的领导作风

6.C [命题意图] 本题考查对工会这一概念的理解，难度较低。
[解析] 《中华人民共和国工会法》规定，工会是自愿结合的工人阶级的群众组织。故选C。

7.B [命题意图] 本题考查虚拟股票期权，难度较低。
[解析] 虚拟股票期权又称股票增值权模式，是指公司授予激励对象一种虚拟的股票，当公司股份增值时，则被授予者可以据此享受股份的溢价收益。故选B。

8.B [命题意图] 本题考查职能制结构的适用范围，难度较低。
[解析] 职能制的组织形式在简单/静态环境中效果较好。主要适用于中小型、产品品种比较单一、生产技术发展变化较慢、外部环境比较稳定的企业。故选B。

9.B [命题意图] 本题考查双因素理论，难度较低。
[解析] 双因素理论是由心理学家赫兹伯格提出的，此理论又称激励—保健因素理论，简称双因素理论。故选B。

10.C　[命题意图]　本题考查效度,难度较低。

[解析]　内容效度是指一项测试的内容与测试所要达到的目标之间的相关程度,即一项测试的内容能够代表它所要测量的主题或特质的程度。某项甄选测试的目的是评价求职者的逻辑能力,但是测试的题目却是考查求职者的知识记忆情况,说明内容效度低。故选C。

11.C　[命题意图]　本题考查情境化结构面试遵循的"STAR"原则,难度较低。

[解析]　"STAR"原则内容:①向被面试者描述他们可能会面对的典型环境(Situation);②向被面试者描述需要完成的主要工作任务(Task);③询问他们实际上采取了何种行动(Action);④让他们说明这种行动产生了怎样的结果(Result)。故选C。

12.C　[命题意图]　本题考查基本医疗保险费的缴纳,难度较低。

[解析]　基本医疗保险费由用人单位和个人共同缴纳。用人单位缴费水平为职工工资总额6%左右,个人缴费一般为本人工资收入的2%。所以甲基本医疗个人缴纳金额为:5 000×2%＝100(元)。故选C。

13.C　[命题意图]　本题考查战略性人力资源管理工具,难度较低。

[解析]　战略地图指明了组织战略实现的路径和总体脉络。人力资源计分卡明确了衡量实现组织战略所必须完成的各项管理活动需要完成的具体指标和目标。仅有这两点还不足以监控组织战略目标的实现过程,组织的管理者尤其是高层管理者还需要随时掌握组织的各项战略任务完成情况以及重要工作的进度。这时,一种非常直观的管理工具——数字仪表盘,就能够发挥重要的作用。故选C。

14.B　[命题意图]　本题考查劳动争议,难度较低。

[解析]　劳动争议是指劳动关系当事人因劳动权利和义务产生分歧而引起的争议。劳动争议的特征包括:劳动争议的当事人是特定的;劳动争议主体之间必须存在劳动关系;劳动争议的内容必须与劳动权利义务有关。选项B,劳动争议的主体分别是劳动者和社会保险行政部门,不符合劳动争议的要求,所以它不属于劳动争议。故选B。

15.A　[命题意图]　本题考查魅力型领导的道德特征与非道德特征,难度较低。

[解析]　选项A属于魅力型领导的非道德特征。故选A。

┃要点透析┃

魅力型领导的道德特征和非道德特征

道德特征	非道德特征
①使用权力为他人服务; ②使追随者的需要和志向与愿景相结合; ③从危机中思考和学习; ④激励下属独立思考; ⑤双向沟通; ⑥培训、发展并且支持下属,与他人分享; ⑦用内在道德标准行事	①为个人利益使用权力; ②提升自己的个人愿景; ③指责或批评相反的观点; ④要求自己的决定被无条件接受; ⑤单向沟通; ⑥对追随者的需要感觉迟钝; ⑦遵循外在道德标准

16.B　[命题意图]　本题考查参与管理,难度较低。

[解析]　推行参与管理的条件包括:①员工应有充裕的时间进行参与;②员工参与的问题必须与其自身利益相关;③员工必须具有参与的能力(如智力、知识技能、沟通技巧等);④参与不应使员工和管理者的地位和权力受到威胁;⑤组织文化必须支持员工参与;⑥需要考虑员工对参与的需要。故选B。

17.B　[命题意图]　本题考查角色扮演所衡量的技能,难度较低。

[解析]　角色扮演衡量的技能包括领导能力、问题解决能力、人际交往能力和压力承受能力,不包括行政管理能力。故选B。

18.C　[命题意图]　本题考查员工申诉管理的原则,难度较低。

[解析]　明晰原则是指要明确界定员工的申诉范围,避免员工将本可以通过正常管理渠道解决的问题也通过申诉方式提出。同时,还应对申诉问题进行分类处理,使组织尽早发现和解决问题。故选C。

19.B　[命题意图]　本题考查劳动关系运行的实体规则,难度较低。

[解析]　选项B说法错误,劳动基本权(即集体劳权)的内容包括团结权、民主参与权、集体行动权、集体谈判权。故选B。

20.A　[命题意图]　本题考查职位评价方法,难度较低。

[解析]　选项A说法错误,因素比较法的优点是较为完善,可靠性高,同时也使不同的职位之间更具可比性,且可由职位内容直接求得具体薪酬金额。其缺点是评价体系设计复杂,难度较大,成本较高。故选A。

21.B　[命题意图]　本题考查劳动者违反服务期约定

应承担的责任,难度较低。

[解析] 劳动者违反服务期约定,应当按照约定向用人单位支付违约金。用人单位要求劳动者支付的违约金不得超过服务期尚未履行部分应分摊的培训费用。依据题干,该员工尚未履行的服务期应分摊的培训费用最高不超过2万元。故选B。

22. D [命题意图] 本题考查绩效管理和绩效考核,难度较低。

[解析] 选项D说法错误,绩效管理侧重于信息的沟通和绩效的提高,绩效考核则侧重于绩效的识别、判断和评估。故选D。

| 要点透析 |

绩效管理和绩效考核的区别

内容	绩效管理	绩效考核
区别	是一个完整的管理过程	是绩效管理中的一个环节
	侧重于信息的沟通和绩效的提高	侧重于绩效识别、判断和评估

23. C [命题意图] 本题考查组织文化结构,难度较低。

[解析] 组织文化结构包括物质层、制度层和精神层,其中,精神层是形成物质层及制度层的思想基础,也是组织文化的核心和灵魂。故选C。

24. B [命题意图] 本题考查用人单位因实施裁员解除劳动合同,难度较低。

[解析] 选项A错误,企业实施经济性裁员,应向劳动者支付经济补偿,经济补偿标准按员工工作年限,每满1年按一个月工资标准支付。选项C错误,企业转产、重大技术革新或者经营方式调整,经变更劳动合同后,仍需裁减人员的,才可以实施经济性裁员。选项D错误,当企业需要裁减人员20人以上或者裁减不足20人但占企业职工总数10%以上的,用人单位提前30日向工会或全体职工说明情况,听取工会或者职工的意见后,裁减人员方案经向劳动行政部门报告,才可以裁减人员。故选B。

25. C [命题意图] 本题考查领导者技能,难度较低。

[解析] 领导者的三种技能包括技术技能、人际技能和概念技能。人际技能是有效地与他人共事和建立团队合作的能力,是按照模型、框架和广泛联系进行思考的能力,如制订长期计划。在越高的管理职位上,概念技能的作用越重要。概念技能处理的是观点、思想,人际技能关心的是人,技术技能涉及的是事。故选C。

26. C [命题意图] 本题考查就业统计,难度较低。

[解析] 在实际操作中,判断不充分就业人员的标准有三条:①调查周内工作时间不到标准时间的一半,即不到20小时;②工作时间短是非个人原因;③愿意从事更多的工作。这三条必须同时具备才能统计为不充分就业人员。故选C。

27. B [命题意图] 本题考查用人单位的工伤保险责任,难度较低。

[解析] 职工被借调期间受到工伤事故伤害的,由原用人单位承担工伤保险责任,但原用人单位与借调单位可以约定补偿办法。故选B。

28. D [命题意图] 本题考查平衡计分卡,难度较低。

[解析] 平衡计分卡法着眼于公司的长远发展,从四个角度关注企业绩效,即客户角度指标、内部流程角度指标、学习与发展角度指标、财务角度指标。该方法需要耗费大量人、物、财力,实施成本很高。故选D。

29. D [命题意图] 本题考查战略性人力资源管理的具体内容,难度较低。

[解析] 外部成长战略是指企业通过纵向一体化、横向一体化或多元化来实现一体化战略,往往通过兼并、联合、收购等方式来扩展组织的资源或强化其市场地位。该战略下,企业面临的最大人力资源问题是如何重新合理配置人力资源,维持员工队伍的士气,同时实现价值观和组织文化的整合,以及确保各项人力资源管理实践和标准的一致。故选D。

30. A [命题意图] 本题考查人力资本投资,难度较低。

[解析] 根据高等教育投资的基本推论,在其他条件相同的情况下,投资后的收入增量流越长,人们上大学的可能性更大。可以得出:一个人越早进行人力资本投资,在其今后的一生中能够获得这种人力资本投资收益的时间就会越长,人力资本投资的收益就会越高。因此,培训者接受培训时的年龄大,则不利于受训者从培训中获益。故选A。

31. D [命题意图] 本题考查人力资本投资与在职培训,难度较低。

[解析] 企业和员工共同分担培训成本,体现了对企业和员工双方都有约束,即继续维持雇佣关系才能分享培训收益,使双方同时获利。故选D。

32. C [命题意图] 本题考查绩效计划的制订原则,难度较低。

[解析] 绩效计划的制订原则包括价值驱动原则、战略相关性原则、系统化原则、职位特色原则、突出重点原则、可测量性原则和全员参与原则,不包括

多职位通用原则。故选C。

33. **C** [命题意图] 本题考查三重需要理论,难度较低。

    [解析] 选项A错误,亲和需要高的人在组织中容易与他人形成良好的人际关系,易被别人影响,因而往往在组织中充当被管理的角色。选项BD错误,成就需要高的人具有以下特点:①选择适度的风险;②责任感较强;③希望能够得到及时的反馈。选项C正确,权力需要高的人喜欢支配、影响别人,喜欢对人"发号施令",十分重视争取地位和影响力;同时喜欢竞争,会追求出色的成绩。故选C。

34. **C** [命题意图] 本题考查人力资源供求平衡的基本对策,难度较低。

    [解析] 人力资源需求小于供给的对策包括:①冻结雇用;②鼓励员工提前退休;③缩短现有员工的工作时间,采用工作分享的方式同时降低工资;④临时性解雇或永久性裁员;⑤对冗余人员进行培训,做好人力资源储备;⑥开展新的项目或经营活动。故选C。

35. **D** [命题意图] 本题考查外国人来华工作许可相关规定,难度较低。

    [解析] 选项D说法错误,外国高端人才申请工作许可不受年龄、学历和工作经历限制,并不是说没有限制,只是不同地方对高端人才的优惠政策不同。故选D。

36. **B** [命题意图] 本题考查人力资源需求预测的影响因素,难度较低。

    [解析] 劳动力需求是一种派生需求,当市场对组织所提供的产品和服务的需求在未来可能出现变化的情况下,组织的人力资源需求必然会受到影响。随着越来越多的人在网上购物,物流公司的员工需求也在增加,体现了影响人力需求的因素是组织提供的服务。故选B。

37. **C** [命题意图] 本题考查组织结构的内容体系,难度较低。

    [解析] 组织结构体系的主要内容:①职能结构:达到企业目标所需完成的各项业务工作及其比例和关系。②层次结构(组织的纵向结构):各管理层次的构成。③部门结构(组织的横向结构):各管理部门的构成。④职权结构:各管理层次、部门在权力和责任方面的分工和相互关系。故选C。

38. **C** [命题意图] 本题考查劳动力市场歧视,难度较低。

    [解析] 劳动力市场歧视分为工资歧视和职业歧视两种类型。工资歧视是指雇主针对既定的生产率特征支付的价格因劳动者所属的人口群体不同(如性别)而呈现系统性的差别。故选C。

39. **B** [命题意图] 本题考查高等教育的信号模型,难度较低。

    [解析] 目前关于高等教育问题在世界上还存在一些争论,一部分人认为,这种现象的存在使高等教育投资确实提高了被投资者的生产率,另一部分人则认为,高等教育本身并没有导致生产率的提高,但却表明了一个受过高等教育的人是一个具有较高生产率的人,即高等教育只不过是一种高生产率的信号而已,它表明,能够完成高等教育的人通常是生产率较高的人。利用高等教育文凭这种信号来筛选员工是有一定道理和意义的。故选B。

40. **A** [命题意图] 本题考查劳动力供给弹性,难度较低。

    [解析] 劳动力供给弹性是指劳动力供给数量随着工资率变动而发生变动的灵敏程度,一般可以用劳动工时变动百分比与工资率变动百分比之间的比率来显示。故选A。

41. **D** [命题意图] 本题考查经验判断法和德尔菲法,难度较低。

    [解析] 选项D说法错误,经验判断法主要适用于短期预测,以及那些规模较小或经营环境相对稳定、人员流动率不太高的组织。故选D。

42. **A** [命题意图] 本题考查劳动力需求的理解与影响劳动力需求的因素,难度较低。

    [解析] 选项A说法错误,劳动力需求是一种派生需求。故选A。

43. **C** [命题意图] 本题考查用人单位违反《中华人民共和国社会保险法》的法律责任,难度较低。

    [解析] 职工应缴纳的社会保险费由用人单位代扣代缴。用人单位未依法代扣代缴的,由社会保险费征收机构责令用人单位限期代缴,并自欠缴之日起向用人单位按日加收万分之五的滞纳金。故选C。

44. **D** [命题意图] 本题考查股票期权,难度较低。

    [解析] 选项D说法错误,股票期权的等待期是指授予日与获授股票期权首次行权日之间间隔,等待期不得少于1年。故选D。

45. **A** [命题意图] 本题考查劳动合同的解除,难度较低。

    [解析] 劳动者不能胜任工作,经培训或者调整岗位还是不能胜任工作的,用人单位提前30日以书面形式通知劳动者本人或者额外支付劳动者1个月工资后,可以解除劳动合同。故选A。

46. **A** [命题意图] 本题考查医疗期限规定,难度较低。

    [解析] 实际工作年限10年以上,在本单位工作

D22

年限10年以上15年以下的医疗期为12个月。故选A。

| 要点透析 |

<table>
<tr><td colspan="3">医疗期期限划分</td></tr>
<tr><td>劳动者实际工作年限</td><td>劳动者在本单位工作年限</td><td>医疗期期限</td></tr>
<tr><td rowspan="2">10年以下</td><td>5年以下</td><td>3个月</td></tr>
<tr><td>5年以上</td><td>6个月</td></tr>
<tr><td rowspan="4">10年以上</td><td>5年以下</td><td>6个月</td></tr>
<tr><td>5年以上10年以下</td><td>9个月</td></tr>
<tr><td>10年以上15年以下</td><td>12个月</td></tr>
<tr><td>15年以上20年以下</td><td>18个月</td></tr>
<tr><td></td><td>20年以上</td><td>24个月</td></tr>
</table>

47. D [命题意图] 本题考查战略性薪酬管理的内容，难度较低。

[解析] 成长战略下，企业鼓励员工与企业共担风险、共享收益，其薪酬方案是在短期内提供相对低的基本薪酬，长期将实行奖金或股票选择权等计划，使员工得到较为丰厚的回报。故选D。

48. D [命题意图] 本题考查劳动力流动的影响因素，难度较低。

[解析] 根据影响劳动力流动的市场周期因素，当劳动力市场处于宽松状态时，劳动者的流动机会受到削弱。相反，当劳动力市场处于紧张状态时，已经就业的劳动者往往可以利用跳槽的手段要求新雇主增加工资，劳动力的流动率自然会上升。故选D。

49. C [命题意图] 本题考查专业技术人员继续教育，难度较低。

[解析] 专业技术人员通过下列方式参加继续教育的，计入本人当年继续教育学时：①参加培训班、研修班或者进修班学习；②参加相关的继续教育实践活动；③参加远程教育；④参加学术会议、学术讲座、学术访问等活动；⑤符合规定的其他方式。故选C。

50. B [命题意图] 本题考查货币工资和实际工资，难度较低。

[解析] 实际工资=货币工资/物价指数。物价指数一般用消费品价格指数表示，物价水平变化越大，货币工资和实际工资之间的差别越大。在现实中，货币工资水平总是高于实际工资水平。故选B。

51. B [命题意图] 本题考查劳动力市场非均衡的影响因素，难度较低。

[解析] 劳动力市场非均衡的影响因素包括：①劳动力需求方遇到的摩擦力：企业并非必须支付市场通行的工资率；企业并非可以自由调整雇用量。②劳动力供给方遇到的摩擦力：劳动者并非可以零成本自由流动；劳动者对工资率的反应并非极其敏感。故选B。

52. C [命题意图] 本题考查培训与开发效果评估，难度较低。

[解析] 选项C说法错误，培训与开发效果评估中的结果评估包括两方面的指标：①硬指标：产出、质量、成本、时间四大类。②软指标：工作习惯、工作满意度、主动性、顾客服务等方面。故选C。

53. C [命题意图] 本题考查对劳动力市场的理解，难度较低。

[解析] 选项C说法错误，劳动力在劳动力交易中，劳动力的所有权并没有转移，转移的只是其使用权。故选C。

54. A [命题意图] 本题考查劳动关系系统运行的基本功能，难度较低。

[解析] 劳动关系系统运行的基本功能是动力功能和约束功能。故选A。

55. C [命题意图] 本题考查领导—成员交换理论，难度较低。

[解析] 选项C说法错误，领导倾向于对"圈里人"较少采用正式领导权威。故选C。

56. D [命题意图] 本题考查人力资本投资的理解，难度较低。

[解析] 选项D说法错误，人力资本投资理论认为劳动者是不同质的，可以通过各种人力资本投资活动提高个人在劳动力市场上的收益能力。故选D。

57. D [命题意图] 本题考查结构性失业，难度较低。

[解析] 选项D说法错误，结构性失业是一种正常性失业，通过一定的措施可以应对或减少该种失业现象，但无法做到避免结构性失业的出现。故选D。

58. A [命题意图] 本题考查绩效管理工具，难度较低。

[解析] 选项A说法错误，目标管理法较为公平，因为它所设定的指标通常是可量化的客观标准，因此在考核过程中很少存在主观偏见。故选A。

59. C [命题意图] 本题考查霍兰德的职业兴趣理论，难度较低。

[解析] 根据霍兰德的职业兴趣理论，具有研究型职业兴趣类型的人，基本人格倾向是聪明、理性、细致、喜欢批评，喜欢抽象的、分析性的、独立性的工作，愿意进行系统的创造性探究，偏好对各种现象

进行观察、分析和推理,以理解和把握这些现象。这种人适合从事科学研究类以及工程设计类工作。故选 C。

60. **D** [命题意图] 本题考查劳动人事争议仲裁委员会,难度较低。

    [解析] 选项 D 说法错误,劳动人事争议仲裁委员会由劳动行政部门代表、工会代表和企业方面代表组成。**劳动人事争议仲裁委员会不按行政区划层层设立,仲裁委员会之间并不具有行政隶属关系。**故选 D。

二、多项选择题

61. **ABCD** [命题意图] 本题考查培训与开发效果评估,难度较低。

    [解析] 结果评估指标包括硬指标和软指标。硬指标包括产出、质量、成本和时间四大类,易被衡量和量化,容易被转化为货币价值,而且评价也更为客观。软指标包括工作习惯、工作满意度、主动性、顾客服务等方面,难以被衡量和量化,也难以被转化为货币价值,而且评价具有主观性。故选 ABCD。

62. **ABE** [命题意图] 本题考查工会的类型,难度较低。

    [解析] 工会按组织结构形式可划分为职业工会、产业工会、总工会。按层级划分为企业工会、区域性(或地方性)工会、全国性工会。故选 ABE。

63. **AC** [命题意图] 本题考查劳动力市场歧视,难度较低。

    [解析] 该企业对能力相同且在同一岗位上的人确定不同的工资水平,表明存在工资歧视;故意将高工资岗位留给有关系的人,而让那些能力相同的其他人从事工资较低的岗位,表明存在职业歧视。故选 AC。

64. **ADE** [命题意图] 本题考查晋升竞赛,难度较低。

    [解析] 选项 B 错误,被晋升的人员所具有的优势大小,不影响他们被晋升后获得的工资水平。选项 C 错误,**想要晋升竞赛产生积极作用,应降低晋升风险,减少运气等因素对晋升竞赛产生重大影响,但并不意味着要确保晋升结果只决定于候选人的实力和绩效。**故选 ADE。

65. **CDE** [命题意图] 本题考查劳动争议举证责任,难度较低。

    [解析] 选项 AB 错误,员工职业资格证书和员工身份证复印件属于劳动者应提交的证据资料。故选 CDE。

66. **ACE** [命题意图] 本题考查路径—目标理论,难度较低。

    [解析] 罗伯特·豪斯提出路径—目标理论,认为有四种领导行为,即指导式、支持型、参与式和成就取向式领导。其中,支持型领导常常很关心下属的要求。他假定领导具有变通性,认为不同的领导行为适合于不同的环境因素和个人特征。故选 ACE。

67. **CDE** [命题意图] 本题考查绩效评价技术,难度较低。

    [解析] 行为锚定法的优点包括:①它使工作的计量更为准确;②它使工作绩效的评价标准更为明确;③评估结果具有较高的信度和良好的反馈功能。行为锚定法的缺点是开发成本高,操作流程复杂,需付出大量人力、物力、财力才能制定出合理的行为等级量表。故选 CDE。

68. **ABDE** [命题意图] 本题考查职工大额医疗费用补助制度,难度较低。

    [解析] 选项 C 错误,职工大额医疗费用补助制度一般由当地政府随同基本医疗保险的建立在参保职工中强制执行,由当地社会保险经办机构负责经办,是一种社会性的补充保险。故选 ABDE。

69. **ADE** [命题意图] 本题考查薪酬体系设计的基本步骤,难度较低。

    [解析] 薪酬体系设计的基本步骤包括:明确企业现状和战略目标;工作分析和职位评价;薪酬调查;确定薪酬水平;薪酬结构设计;薪酬预算与控制。其中,职位评价是确定企业内部各职位的相对价值,并不是对任职者所做的评价。薪酬结构是由薪酬等级、薪酬等级内变动范围和相邻薪酬等级间的关系构成。故选 ADE。

70. **ACE** [命题意图] 本题考查职称制度,难度较低。

    [解析] 选项 B 错误,申报职称评审的人员应当为本单位在职的专业技术人才,**离退休人员不得申报参加职称评审。**选项 D 错误,事业单位工作人员受到记过以上处分的,在受处分期间不得申报参加职称评审。故选 ACE。

71. **BDE** [命题意图] 本题考查 ERG 理论与需要层次理论之间的关系,难度较低。

    [解析] 在需要层次理论中,关系需要=部分安全需要+全部归属和爱的需要+部分尊重的需要。故选 BDE。

三种需要	与需要层次理论的关系
生存需要	=全部生理需要+部分安全需要
关系需要	=部分安全需要+全部归属和爱的需要+部分尊重的需要
成长需要	=部分尊重的需要+全部自我实现的需要

72. **BCDE** [命题意图] 本题考查人力资源需求预测的影响因素,难度较低。
[解析] 影响人力资源需求预测的因素主要包括:①组织的战略定位和战略调整;②组织提供的产品和服务的变化情况;③组织的技术变革;④组织结构调整及流程再造。故选BCDE。

73. **ABDE** [命题意图] 本题考查劳动能力鉴定,难度较低。
[解析] 选项C错误,生活自理障碍分为3个等级,分别为生活完全不能自理、生活大部分不能自理和生活部分不能自理。故选ABDE。

74. **BDE** [命题意图] 本题考查失业保险,难度较低。
[解析] 领取失业保险金的条件包括:①失业前用人单位和本人已经缴纳失业保险费满1年;②非因本人意愿中断就业;③已经进行失业登记,并有求职要求。故选BDE。

75. **BCDE** [命题意图] 本题考查职能制结构,难度较低。
[解析] 职能制的缺点包括:①狭隘的职能观念;②横向协调差;③适应性差;④企业领导负担重;⑤不利于培养具有全面素质、能够经营整个企业的管理人才。选项A错误,职能制优点在于管理权力高度集中,领导管理范围较大,便于最高领导层对整个企业实施严格的控制。故选BCDE。

76. **CE** [命题意图] 本题考查密歇根模式,难度较低。
[解析] 密歇根模式中,采取两个维度来描述领导行为:①员工取向:领导者关注人际关系,主动了解并积极满足员工需要。②生产取向:领导者强调工作技术和任务进度,关心工作目标的达成。故选CE。

77. **ACE** [命题意图] 本题考查战略性绩效管理,难度较低。
[解析] 选项B错误,跟随者战略下,绩效考核的主体应尽量多元化。选项D错误,探索者战略下,组织应选择以结果为导向的评价方法。故选ACE。

78. **CD** [命题意图] 本题考查非全日制用工,难度较低。
[解析] 选项A错误,非全日制用工劳动报酬结算支付周期最长不得超过15日。选项B错误,非全日制用工双方当事人不得约定试用期。选项E错误,非全日制用工双方当事人可以订立口头协议。故选CD。

79. **ABCE** [命题意图] 本题考查人力资本投资概念的理解,难度较低。
[解析] 人力资本投资是指用来提高人的生产能力从而提高人在劳动力市场上的收益能力的初始性投资。各级正规教育和在职培训活动所花费的支出属于人力资本投资,增进健康、加强学龄前儿童营养、寻找工作、工作流动等活动也属于人力资本投资活动。故选ABCE。

80. **AE** [命题意图] 本题考查内部一致性信度,难度较低。
[解析] 内部一致性信度是指反映同一测试内容的各个题目之间的得分一致性程度,考察其是否是测量同一内容或特质。内部一致性信度的方式包括分半信度和同质性信度。故选AE。

三、案例分析题

(一)

81. **B** [命题意图] 本题考查工资水平的确定,难度中等。
[解析] 确定工资水平的实际因素包括劳动者及其家庭所需的生活费用、企业的工资支付能力、同工同酬原则。案例中"首先对该公司的利润水平是否能够支撑进行了评估"表明对工资水平决定的影响因素是企业的工资支付能力。故选B。

82. **D** [命题意图] 本题考查效率工资,难度中等。
[解析] 效率工资是指企业提供的一种高于市场均衡水平的工资,高工资有利于降低公司员工的离职率,同时削弱员工消极怠工的倾向,提高员工的积极性。这一点根据案例中"如果能将工资水平定为略高于市场平均水平,将有助于解决员工流失和工作积极性下降等问题"可以判断出来。故选D。

83. **AB** [命题意图] 本题考查工资差别,难度中等。
[解析] 补偿性工资差别是因从事职业的工作条件和社会环境的不同而产生的工资差别,这种工资差别主要是为了补偿那些在工作条件和社会环境方面处于不利地位的劳动者。竞争性工资差别是因不同劳动力在质上的差异而产生的工资差别。根据案例中"在任职要求类似的岗位中,劳动条件好和劳动条件差的岗位之间薪酬没有拉开合理差距""技术水平要求高和要求低的岗位之间的薪酬差距明显过小",可以判定在该公司的薪酬管理实践中存在补偿性工资差别和竞争性工资差别。故选AB。

84. **B** [命题意图] 本题考查工资差别形成原因,难度中等。
[解析] 不同产业部门间工资差别形成原因包括:熟练劳动力所占比重;技术经济特点;发展阶段;工会化程度;地理位置。案例中"一些通用工种核心员工流失,主要是由于本地新建了几家设备更先进、资本密集程度更高的大型企业,这些企业的薪

酬水平明显更高,吸引走了本公司一部分人"在一定程度上说明了技术经济特点对薪酬水平的影响。故选B。

(二)

85.B [命题意图] 本题考查人员替换分析法,难度较低。

[解析] 人员替换分析法是指针对组织内部的某个或某些特定的职位,确定能够在未来承担该职位工作的合格候选人。因此,为配合人才梯队建设、以便更多的内部基层员工有机会晋升到管理岗位,可以选择的人力资源供给预测的方法是人员替换分析法。故选B。

86.AB [命题意图] 本题考查人力资源供给预测的内容,难度中等。

[解析] 人力资源供给预测是指一个组织对自己在未来的某一特定时期内能够获得的人力资源数量、质量以及结构等所进行的估计。因此,该公司在进行人力资源供给预测的分析时,主要对质量、数量进行分析。故选AB。

87.A [命题意图] 本题考查马尔科夫分析法,难度较低。

[解析] 比率分析法、一元回归分析法和趋势分析法都属于人力资源需求预测方法。故选A。

88.D [命题意图] 本题考查内部人力资源供给预测,难度较低。

[解析] 为了对组织内部现有的人力资源状况有清晰的了解,很重要的一点是建立组织内部的员工技能数据库,它是用于评价现有员工供给状况的一种主要工具。故选D。

(三)

89.A [命题意图] 本题考查生命周期理论,难度中等。

[解析] 指导式(高工作—低关系)领导风格是指:领导规定工作任务、角色职责,指示员工做什么、如何做。根据案例中"小高只关心工作绩效,不太注重与成员之间的沟通协作,要求一切事项都必须按照他的要求执行"可判定小高的领导风格是指导式(高工作—低关系)。故选A。

90.AB [命题意图] 本题考查领导技能,难度中等。

[解析] 领导技能包括技术技能、人际技能和概念技能。根据案例中"虽然小高工作负责,但是他在管理中缺少激励措施,导致员工们的积极性不高,而且小高只关心工作绩效,不太注重与成员之间的沟通协作"表明小高需要提高的技能有人际技能和概念技能。故选AB。

91.C [命题意图] 本题考查管理方格图,难度较高。

[解析] 管理方格图将领导风格划分为以下几种类型:

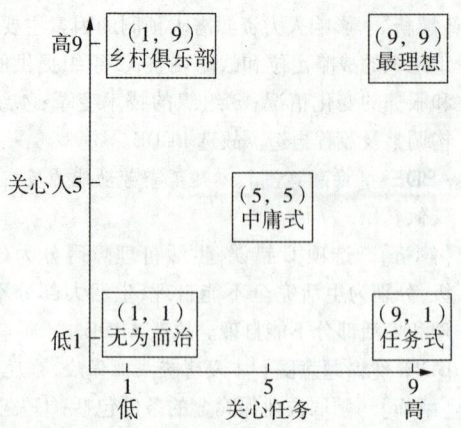

小高的领导风格属于对任务极端关注的位于坐标(9,1)的"任务式"。故选C。

92.C [命题意图] 本题考查路径—目标理论,难度中等。

[解析] 路径—目标理论将领导行为划分为以下几种:①指导式领导,即让员工明确别人对他的期望、成功绩效的标准和工作程序;②支持型领导,即努力建立舒适的工作环境,亲切友善,关心下属的要求;③参与式领导,即主动征求并采纳下属的意见;④成就取向式领导,即设定挑战性目标,鼓励下属实现自己的最佳水平。故选C。

(四)

93.A [命题意图] 本题考查劳动合同履行与解除,难度较低。

[解析] 选项A正确、选项BC错误,单方预告解除劳动合同是一种非过错性解除,它适用劳动合同当事人没有过错的情况。劳动者提前30日书面通知用人单位即可解除劳动合同,但用人单位单方预告解除的情形包括无过失性辞退和实施经济性裁员两种情形。案例中并没有符合乙公司单方预告解除的条件,因此,仅张某可以单方预告解除该劳动合同。选项D错误,自甲公司被乙公司合并之日起,原劳动合同继续有效,由承继其权利和义务的用人单位继续履行。故选A。

94.D [命题意图] 本题考查劳动合同相关法律规定,难度较低。

[解析] 选项AB错误,甲公司被乙公司合并之日,张某与甲公司签订的原劳动合同继续有效,由乙公司继续履行。因此,签订"期限2019年1月1日至2019年12月31日"的劳动合同、订立三个月的试用期均是不符合法律规定的。选项C错误,"禁止内部员工谈恋爱"这一规定从法律角度来说,限制了员工的婚恋自由,侵犯了公民的基本权利,是不

合法且无效的。故选 D。

95. C [命题意图] 本题考查经济补偿的计算,难度较高。

[解析] 经济补偿按照劳动者在用人单位工作的年限进行支付:①每满 1 年支付 1 个月工资;②6 个月以上不满 1 年的,按 1 年计算;③不满 6 个月的,向劳动者支付半个月工资的经济补偿。可以判定张某的工作年限为 10 年 7 个月,乙公司应该向张某支付 11 月的工资作为经济补偿,即 0.5×11 = 5.5(万元)。故选 C。

96. AC [命题意图] 本题考查社会基本养老保险制度,难度中等。

[解析] 选项 B 错误,参加基本养老保险的个人,达到法定退休年龄时累计缴费不足 15 年的:①可以缴费至满 15 年,按月领取基本养老金;②可以转入城乡居民基本养老保险,按相关规定享受相应的养老保险待遇;③可以书面申请终止职工基本养老保险关系。选项 D 错误,参加基本养老保险的个人,达到法定退休年龄时累计缴费满 15 年的,可按月领取基本养老金。故选 AC。

(五)

97. C [命题意图] 本题考查培训与开发效果评估,难度中等。

[解析] 培训与开发效果评估包括反应评估、学习评估、工作行为评估、结果评估和投资收益评估。根据案例中"主要评估参培人员将所学知识、技能等运用到工作上的程度"可以判定该公司进行的评估是工作行为评估。故选 C。

98. C [命题意图] 本题考查职业生涯发展阶段,难度中等。

[解析] 职业生涯发展阶段包括探索期、建立期、维持期、衰退期。根据案例中"王某在软件研发岗位已经工作了 6 年,打算去外地的子公司带领一个小团队",王某有一定的专业资历但还不足十年,该阶段追求成长与晋升,独自为组织做贡献,由此判定王某处于职业生涯发展的建立期。故选 C。

99. B [命题意图] 本题考查职业生涯发展阶段,难度中等。

[解析] 职业生涯发展阶段包括探索期、建立期、维持期、衰退期。根据案例中"张某今年 27 岁,打算去考非全日制研究生"可以看出,张某年龄不超过 30 岁,职业生涯的发展任务是确定兴趣、能力,让自我与工作相匹配,主要的活动包括学习、遵循方向等,由此判定张某处于职业生涯发展的探索期。故选 B。

100. A [命题意图] 本题考查职业生涯锚,难度较高。

[解析] 职业生涯锚类型包括技术/职能能力型、管理能力型、安全稳定型、自主独立型和创造型。具有管理能力型职业生涯锚的人往往具有分析能力、人际沟通能力和情绪控制能力强强组合的特点。根据案例中,"宋某通过测评发现自己的分析能力、人际沟通能力和情绪控制能力都比较强"可以判定宋某的职业生涯锚是管理能力型。故选 A。

2020 年《人力资源管理专业知识与实务》真题试卷答案解析

客观题答案速查:

1.D	2.C	3.A	4.B	5.C	6.A	7.A	8.C	9.A	10.B
11.C	12.A	13.A	14.C	15.D	16.C	17.A	18.C	19.A	20.B
21.B	22.D	23.D	24.C	25.B	26.A	27.B	28.D	29.A	30.A
31.B	32.C	33.A	34.C	35.D	36.C	37.A	38.A	39.D	40.A
41.C	42.D	43.C	44.B	45.C	46.B	47.A	48.B	49.C	50.B
51.C	52.B	53.C	54.B	55.C	56.C	57.B	58.C	59.A	60.B
61.CDE	62.BCD	63.ABC	64.AE	65.BDE	66.CDE	67.ABDE	68.ABD	69.ABDE	70.ACE
71.BDE	72.CD	73.ADE	74.ABCD	75.AE	76.CD	77.BCDE	78.ABCE	79.BCDE	80.ABDE
81.B	82.D	83.AC	84.BCD	85.A	86.D	87.BCD	88.A	89.A	90.BC
91.C	92.AD	93.BCD	94.ABC	95.AB	96.AD	97.CD	98.BCD	99.AC	100.AB

一、单项选择题

1.D [命题意图] 本题考查领导—成员交换理论,难度较低。
[解析] 选项D说法错误,领导—成员交换理论认为,这种交换过程是一个互惠的过程,所以应该是双向的而不是单向的。故选D。

2.C [命题意图] 本题考查组织结构的特征因素,难度较低。
[解析] 选项C说法错误,管理层次与管理幅度联系密切。首先,管理幅度与管理层次存在负相关的数量关系。其次,管理幅度与管理层次是相互制约的,其中管理幅度起主导作用。故选C。

3.A [命题意图] 本题考查劳动力需求弹性,难度较低。
[解析] 劳动力需求弹性是指某种劳动力的工资率变化1%引起的自身劳动力需求数量发生变化的百分比。当劳动力需求弹性绝对值大于1,即工资率上升1%引起的劳动力需求数量下降幅度大于1%时,此时的劳动力需求对自身工资率是富有弹性的。故选A。

4.B [命题意图] 本题考查组织文化,难度较低。
[解析] 俱乐部型组织文化的特征包括:①组织非常重视适应、忠诚感和承诺;②资历是关键因素,年龄和经验都至关重要;③通常把管理人员培养成通才。故选B。

5.C [命题意图] 本题考查知识测试,难度较低。
[解析] 知识测试就是我们通常所说的考试,考查的是一个人在特定领域掌握的知识的广度和深度。社会上一些职业资格考试基本上都属于知识测试。故选C。

6.A [命题意图] 本题考查工资差别形成的原因,难度较低。
[解析] 不同产业部门之间工资差别形成的原因包括熟练劳动力所占的比重、技术经济特点、发展阶段、工会化程度和地理位置,不包括劳动力规模。故选A。

7.A [命题意图] 本题考查知识型团队绩效考核,难度较低。
[解析] 可以从四个角度对知识型团队绩效进行考核:①效益型指标(工作产出成果满足客户需求的程度);②效率型指标(成本和投入产出的比例);③递延型指标(团队的工作过程和工作结果对客户、投资者、团队成员的长远影响);④风险型指标(判断不确定性风险的数量和对团队及其成员的危害程度的指标)。故选A。

8.C [命题意图] 本题考查社会保险制度覆盖范围,难度中等。
[解析] 具有与我国签订社会保险缴费双边或多边协议的国家国籍的就业人员,在其依法获得在我国境内就业证件3个月内提供协议国出具参保证明的,应按协议规定免除其规定险种在规定期限内的缴费义务。2019年3月1日迈克尔取得中国境内就业证书,他应当提供K国参保证明的日期不得晚于2019年6月1日。故选C。

9.A [命题意图] 本题考查人力资源供求平衡的方法,难度较低。
[解析] 减少未来劳动力过剩的方法如下所示:

方法	速度	员工受伤害的程度
裁员	快	高
降薪	快	高
降级	快	高
职位调动	快	中等
职位分享	快	中等
冻结雇用	慢	低
自然减员	慢	低
提前退休	慢	低
重新培训	慢	低

10.B [命题意图] 本题考查人才管理,难度较低。
[解析] 人才管理与传统的人力资源管理的一个显著区别就是要求组织在人才获取和保留方面必须有明显的前瞻性、主动性和灵活性,能够针对外部环境变化做出更为快速的反应。人才不是指最优秀或最重要的少部分员工,它囊括了能够在当前或未来为组织做出重要贡献的在员工队伍中占相当大比例的各种人才。为降低风险,适应人才需求的不确定性,应小规模、多批次地培养人才。故选B。

11.C [命题意图] 本题考查权变理论,难度较低。
[解析] 为了测量一个人的领导风格是属于工作取向还是关系取向的,费德勒发明了"最不喜欢的工作伙伴量表"。如果一个人对他最不喜欢的工作伙伴也用肯定性的形容词去描绘,说明他乐于和同事形成良好的人际关系,属于关系取向型,反之,则认为该领导主要关心生产,属于工作取向型。故选C。

12.A [命题意图] 本题考查发展和谐劳动关系的基本思路,难度较低。
[解析] 社会主义新型劳动关系的特点包括规范有序、公正合理、互利共赢、和谐稳定,不包括权责明确。故选A。

13. A ［命题意图］ 本题考查人力资本投资的私人收益估计偏差,难度较低。

［解析］ 高估偏差是指过高地估计一个人能够从教育投资中所获得的收益,把工资性报酬中不应当归于教育的部分也认为是教育做出的贡献。最主要是涉及一个人的能力问题。即使大学毕业生没有上大学,由于他们的能力本来就更强,因此他们高中毕业后参加工作获得的工资性报酬也会比那些实际没上过大学的人更高。故选A。

14. C ［命题意图］ 本题考查发展和谐劳动关系的主要任务,难度较低。

［解析］ 选项A错误,应以非公有制企业为重点对象,指导各地在已建工会的企业全面开展集体协商工作,在未建工会的企业集聚区大力开展区域性、行业性集体协商,进一步扩大集体协商和集体合同制度的覆盖面。选项B错误,应加强调解仲裁队伍建设,提高争议处理效能和专业化水平。加强劳动保障监察机构队伍建设,实现监察机构标准化、人员专业化。选项D错误,应健全以工资指导线、人力资源市场工资指导价位、行业人工成本信息为主要内容的企业工资宏观调控体系。故选C。

15. D ［命题意图］ 本题考查员工申诉管理,难度较低。

［解析］ 选项A错误,非正式的申诉处理主要依靠训练有素的中立的第三方,协调处理申诉双方当事人的意见分歧,以解决问题。选项B错误,员工申诉的正式处理流程一般包括四个阶段:①向申诉受理人提交员工申诉表,应写明申诉缘由,并尽量列举可靠的依据;②申诉受理;③查明事实;④解决问题。选项C错误,员工申诉的主要作用是处理员工工作过程中产生的不满的情绪,员工申诉的范围一般限于与工作有关的问题,与工作无关的问题,通常排除在外。故选D。

16. C ［命题意图］ 本题考查战略层次,难度较低。

［解析］ 竞争战略主要回答如何进行竞争的问题,即在已经选定的行业或领域中,应当如何与竞争对手展开有效的竞争,从而确立自己在市场上的长期竞争优势。故选C。

17. A ［命题意图］ 本题考查战略性人力资源管理的内容,难度较低。

［解析］ 成本领先战略实际上就是低成本战略。追求成本领先战略的组织都非常重视效率,尤其是对操作水平的要求很高,通常会比较详细和具体地对员工所要从事的工作内容和职责、任务进行描述,强调员工在工作岗位上的稳定性。培训内容的重点是针对当前所从事工作的需要,绩效管理的重点也在于员工的行为规范和对基本工作流程的遵守。故选A。

18. C ［命题意图］ 本题考查劳动力市场歧视,难度较低。

［解析］ 工资歧视是指雇主针对既定的生产率特征支付的价格因劳动者所属的人口群体不同而呈现系统性的差别。例如,对不同性别的劳动者实施的工资歧视。故选C。

19. A ［命题意图］ 本题考查劳动力市场的概念,难度较低。

［解析］ 劳动力市场是一种要素市场。故选A。

20. B ［命题意图］ 本题考查绩效管理与绩效考核,难度较低。

［解析］ 选项A应是绩效管理侧重于信息的沟通和绩效的提高,选项C应是绩效考核是绩效管理的重要组成部分,选项D应是绩效管理有助于建设和谐的组织文化。故选B。

21. B ［命题意图］ 本题考查专业技术人员继续教育,难度较低。

［解析］ 选项A错误,专业技术人员继续教育的内容包括公共科目和专业科目。选项CD错误,专业技术人员接受继续教育,每年累计总学时应不少于90学时,其中专业科目一般不低于总学时的三分之二。故选B。

22. D ［命题意图］ 本题考查员工持股计划,难度较低。

［解析］ 选项A错误,员工所持股份占企业总股本的比例,一般不宜超过20%。选项B错误,只有本企业正式聘用的员工才能参与员工持股。选项C错误,企业高管与一般职工的认购比例,原则上控制在4∶1的范围内。故选D。

23. D ［命题意图］ 本题考查劳动力流动,难度较低。

［解析］ 选项D说法错误,在经济繁荣时期更容易看到的应是自下而上的职业流动。这不仅是因为劳动力本身具有追求上进的倾向,而且会因为经济发展会使较好的职业发展更快,提供的就业机会更多。故选D。

24. B ［命题意图］ 本题考查劳动关系调整的原则,难度较低。

［解析］ 劳动关系调整的原则包括:①劳动关系主体权利义务统一的原则;②保护劳动关系主体权益的原则;③以劳动关系双方自主协调为基础的原则;④促进经济发展和社会进步的原则;⑤依法调整的原则;⑥三方协调的原则。故选B。

25. B ［命题意图］ 本题考查人力资源供给预测方法——人员替换分析法,难度较低。

［解析］ 人员替换分析法是针对某些关键职位,细致分析组织内部能够填补该职位空缺的合适候选人。故选B。

26. A　[命题意图]　本题考查货币工资与实际工资,难度较低。

[解析]　选项A说法错误,货币工资又称名义工资,是雇主以货币形式支付给员工的劳动报酬。实际工资则是指货币工资所能购买到的商品和服务量。实际工资=货币工资/物价指数。故选A。

27. B　[命题意图]　本题考查劳动争议仲裁管辖,难度较低。

[解析]　**当事人对劳动争议仲裁管辖的异议应当在答辩期满前提出**。故选B。

28. D　[命题意图]　本题考查股票期权,难度较低。

[解析]　股票期权的激励对象不包括独立董事和监事。故选D。

29. A　[命题意图]　本题考查科技项目资金管理,难度较低。

[解析]　选项A应是进一步提高财政项目中间接费用的比例。故选A。

30. A　[命题意图]　本题考查职位评价方法,难度较低。

[解析]　职位评价方法分类:

比较基础	比较范围	
	定量方法	定性方法
直接职位比较法	因素比较法	排序法
职位尺度比较法	要素计点法	分类法

31. B　[命题意图]　本题考查职能制组织结构,难度较低。

[解析]　职能制缺点包括:①狭隘的职能观念,不是把组织的任务看作一个整体;②横向协调性差,职能部门之间协调困难;③适应性差;④企业领导负担重;⑤不利于培养具有全面素质、能够经营整个企业的管理人才。强化专业管理是职能制结构的优点。故选B。

32. C　[命题意图]　本题考查基本养老保险,难度较低。

[解析]　选项C说法错误,无雇工的个体工商户、未在用人单位参加基本养老保险的非全日制从业人员以及其他灵活就业人员可以参加基本养老保险,个人应当按照国家规定缴纳基本养老保险费。故选C。

33. A　[命题意图]　本题考查绩效监控与绩效辅导,难度较低。

[解析]　选项B错误,绩效监控可以为绩效辅导奠定良好的基础。选项C错误,绩效监控是在绩效考核期间内管理者为了掌握下属的工作绩效情况而进行的一系列活动。选项D错误,绩效辅导是在掌握了下属工作绩效的前提下,为了提高员工绩效水平和自我效能感而进行的一系列活动。故选A。

34. C　[命题意图]　本题考查上大学的合理年限决策,难度中等。

[解析]　对于任何人来说,**能够达到效用最大化的高等教育投资数量都是在边际收益等于边际成本**的那个点上取得的。故选C。

35. D　[命题意图]　本题考查劳务派遣,难度较低。

[解析]　选项D说法错误,在劳务派遣这种特殊的用工形式下,劳务派遣单位与劳动者建立劳动关系,但是不使用劳动者,而**用工单位直接管理和指挥劳动者,但是与劳动者之间没有建立劳动关系**。故选D。

36. D　[命题意图]　本题考查人力资源需求预测方法,难度较低。

[解析]　选项A错误,德尔菲法不采用集体讨论。选项B错误,经验判断法属于一种主观判断法,适用于短期预测。选项C错误,使用趋势预测法必须确保组织的经营环境及重要技术确实是稳定的。故选D。

37. C　[命题意图]　本题考查领导决策过程,难度较低。

[解析]　西蒙的决策过程包括三个阶段:①智力活动阶段:包括对环境进行搜集,确定决策的情境。②设计活动阶段:包括探索、研究和分析可能发生的行为系列。③选择活动阶段:在可能发生的行为系列中选择一个行为。故选C。

38. A　[命题意图]　本题考查个人劳动力供给,难度较低。

[解析]　收入效应:工资率上升,导致个人劳动力供给时间减少。反之,则个人劳动力供给时间增加。替代效应:工资率上升,个人劳动力供给时间增加。反之,则个人劳动力供给时间减少。故选A。

| 要点透析 |

劳动力供给时间变动				
工资率	收入效应	替代效应	收入效益>替代效应	替代效应>收入效应
上升	减少	增加	减少	增加
下降	增加	减少	增加	减少

39. **D** [命题意图] 本题考查生命周期理论,难度较低。
[解析] 生命周期理论中四种领导风格:①指导式:高工作—低关系(领导规定工作任务、角色职责,指示员工做什么如何做)。②推销式:高工作—高关系(领导不仅表现出指导行为,而且富于支持行为)。③参与式:低工作—高关系(领导与下属共同决策,领导提供便利条件和沟通)。④授权式:低工作—低关系(领导提供较少的指导或支持,让下级自主决定)。故选D。

40. **A** [命题意图] 本题考查长期失业率,难度较低。
[解析] 长期失业率是指在劳动力总人口中,失业时间达到1年以及1年以上的失业者所占的比例。故选A。

41. **C** [命题意图] 本题考查效度,难度较低。
[解析] 内容效度是指一项测试的内容与测试所要达到的目标之间的相关程度,即一项测试的内容能够代表它所要测量的主题或特质的程度。某项甄选测试的目的是评价求职者的逻辑能力,但是测试的题目却是考查求职者的知识记忆情况,说明内容效度低。故选C。

42. **D** [命题意图] 本题考查职业技能等级,难度较低。
[解析] 工程技术领域的技能人员参评工程技术系列专业技术职称,必须有高级工以上的职业资格。故选D。

43. **C** [命题意图] 本题考查生命周期理论,难度较低。
[解析] 生命周期理论中四种领导风格:①指导式:高工作—低关系(领导规定工作任务、角色职责,指示员工做什么如何做);②推销式:高工作—高关系(领导不仅表现出指导行为,而且富于支持行为);③参与式:低工作—高关系(领导与下属共同决策,领导提供便利条件和沟通);④授权式:低工作—低关系(领导提供较少的指导或支持,让下级自主决定)。故选C。

44. **B** [命题意图] 本题考查组织发展,难度较低。
[解析] 选项B说法错误,组织发展强调权力平等,不强调等级权威和控制。故选B。

45. **C** [命题意图] 本题考查组织层次的职业生涯管理方法,难度较低。
[解析] 选项C说法错误,组织内的职业生涯通道通常包括横向通道、纵向通道和双通道。其中,双通道是指员工同时承担管理和技术工作,主要为技术人员或专业人员设计,也是组织培养高层管理人员的主要方式之一。故选C。

46. **B** [命题意图] 本题考查路径—目标理论,难度较低。
[解析] 路径—目标理论中四种领导行为包括:①指导式:让员工明确别人对他的期望、成功绩效的标准和工作程序。②支持型:努力建立舒适的工作环境,亲切友善,关心下属的要求。③参与式:主动征求并采纳下属的意见。④成就取向式:设定挑战性目标、鼓励下属实现自己的最佳水平。故选B。

47. **A** [命题意图] 本题考查动机,难度较低。
[解析] 内源性动机包括寻求挑战性的工作、获得为工作和组织多做贡献的机会、充分实现个人潜力的机会等。外源性动机包括工资、奖金、表扬、社会地位等。故选A。

| 要点透析 |

动机的类型		
类型	内源性动机(也称内在动机)	外源性动机(也称外在动机)
区别	①人做出某种行为是因为行为本身;②因为这种行为可以带来成就感,或者个体认为这种行为是有价值的	①人做出某种行为是为了行为结果;②因为这种行为可以获得物质或社会报酬,或者为了避免惩罚;③员工更看重工作所带来的报偿
举例	寻求挑战性的工作,获得为工作和组织多做贡献的机会以及充分实现个人潜力的机会	工资、奖金、表扬、社会地位等

48. **B** [命题意图] 本题考查社会保险法律适用基本规则,难度较低。
[解析] 社会保险法律适用基本规则:①上位法的效力高于下位法。《中华人民共和国宪法》具有最高的法律效力,法律的效力高于行政法规、地方性法规、规章,地方法规的效力高于本级和下级政府规章。省、自治区人民政府制定的规章的效力高于本行政区域内较大市的人民政府制定的规章。

②同位法中特别规定优于一般规定。③同位法中新的规定优于旧的规定。④原则上不溯及既往。故选B。

49. C [命题意图] 本题考查劳动力需求的影响因素，难度较低。
[解析] 在替代效应下，资本价格上升，企业会减少资本的使用增加劳动力的使用，所以劳动力的需求量会上升。反之，资本价格下降，劳动力的需求量会减少。在规模效应下，资本价格上升，企业会缩减生产规模，劳动力的需求量会减少。反之，资本价格下降，劳动力的需求量会上升。故选C。

| 要点透析 |

资本价格变化对劳动力需求数量的影响

资本价格	劳动力需求数量的变化			
	规模效应	替代效应	规模效应>替代效应	替代效应>规模效应
上升	减少	增加	减少	增加
下降	增加	减少	增加	减少

50. B [命题意图] 本题考查劳动力市场非均衡及其影响因素，难度较低。
[解析] 导致劳动力非均衡现象出现的原因包括两方面：①劳动者：劳动者并非可以零成本自由流动，劳动者对工资率的反应并非极其敏感。②企业：企业并非可以自由调整雇用量，企业并非必须支付市场通行的工资率。故选B。

51. C [命题意图] 本题考查霍兰德职业兴趣类型，难度较低。
[解析] 企业型职业兴趣类型的人具有的人格倾向是冒险、乐观、自信、精力充沛、有野心，喜欢担任有领导责任的工作，看重政治和经济方面的成就，喜欢追求财富、权力和地位，喜欢与人争辩，喜欢说服别人接受自己的观点，但不喜欢从事研究性的活动。适合担任企业领导或政府官员等。故选C。

52. B [命题意图] 本题考查劳动力流动，难度较低。
[解析] 选项B说法错误，劳动力流动对于员工来说有好处但也可能产生不好的效果。因为流动是有代价的，并不一定是收益大于成本。故选B。

53. C [命题意图] 本题考查党政领导干部兼职，难度较低。
[解析] 选项A错误，按规定经批准在企业兼职的党政领导干部，不得在企业领取薪酬、奖金、津贴等报酬，不得获取股权和其他额外利益；兼职不得超过1个。选项B错误，对辞去公职或者退（离）休的党政领导干部到企业兼职（任职）必须从严掌握、从严把关，确因工作需要到企业兼职（任职）的，应当按照干部管理权限规定严格审批。选项D错误，现职和不担任现职但未办理退（离）休手续的党政领导干部不得在企业兼职（任职）。故选C。

54. B [命题意图] 本题考查MBTI人格类型测试，难度较低。
[解析] MBTI人格类型测试从4个两极性的维度（外倾—内倾、感觉—直觉、理性—情感、判断—感知）对人的行为风格进行测试，这四个两极性维度分别反映：①一个人的注意力集中方向；②获取信息的方式；③处理信息和做出决策的方式；④通常表现出来的对待外界的方式。故选B。

55. C [命题意图] 本题考查领导者技能，难度较低。
[解析] 技术技能是一个人对于某种类型的程序或技术掌握的能力。对于操作人员和专业人员，技术技能是工作绩效的主要依据。故选C。

56. C [命题意图] 本题考查战略性薪酬管理，难度较低。
[解析] 选项C说法错误，采取不同战略的企业在设计薪酬体系时是不一样的，并不是所有企业都应该提高奖励性薪酬在薪酬体系中所占比重。故选C。

57. B [命题意图] 本题考查劳动力流动的影响因素，难度较低。
[解析] 选项B说法错误，劳动力市场越宽松，市场上存在明显的供大于求的现象时，劳动者找到新就业机会的概率下降，市场上的失业人数上升，很多人的失业周期延长，市场工资水平也会下降，这个时候已经就业的劳动者的流动机会受到削弱。故选B。

58. A [命题意图] 本题考查交易型和变革型领导理论，难度较低。
[解析] 交易型领导特征包括奖励、差错管理、放任。变革型领导特征包括魅力、激励、智慧型刺激和个性化关怀。故选A。

59. A [命题意图] 本题考查参与管理，难度较低。
[解析] 选项A说法错误，参与管理就是让下属分

享上级的权力,越是居于高位的管理人员,越不容易接受参与管理的理念。故选 A。

60.**B** [命题意图] 本题考查有效绩效管理的特征,难度较低。

[解析] 有效绩效管理的特征包括:①敏感性:可以明确地区分高效率员工和低效率员工。②可靠性:不同的评价者对同一个员工所作的评价基本相同。③准确性:应把工作标准和组织目标联系起来确定绩效的好坏。④可接受性:组织上下对于绩效工作的共同支持。⑤实用性:建立和维护成本小于带来的收益。故选 B。

二、多项选择题

61.**CDE** [命题意图] 本题考查魅力型领导者的道德特征和非道德特征,难度较低。

[解析] 魅力型领导者的道德特征和非道德特征包括:

道德特征	非道德特征
①使用权力为他人服务; ②使追随者的需要和志向与愿景相结合; ③从危机中思考和学习; ④激励下属独立思考; ⑤双向沟通; ⑥培训、发展并且支持下属,与他人分享; ⑦用内在道德标准行事	①为个人利益使用权力; ②提升自己的个人愿景; ③指责或批评相反的观点; ④要求自己的决定被无条件接受; ⑤单向沟通; ⑥对追随者的需要感觉迟钝; ⑦遵循外在道德标准

62.**BCD** [命题意图] 本题考查经典的领导风格理论,难度较低。

[解析] 从领导的经典研究和理论得出的领导风格小结:

管理者中心	员工中心
X 理论	Y 理论
独裁	民主
生产中心	员工中心
亲密的	普遍的
产出	关怀
任务驱动	人际关系
督导	支持
指导	参与

63.**ABC** [命题意图] 本题考查员工持股计划,难度较低。

[解析] 选项 D 错误,单个员工所获股份权益对应的股票总数累计不得超过公司股本总额的 1%。选项 E 错误,每期员工持股计划的持股期限不得低于 12 个月。故选 ABC。

64.**AE** [命题意图] 本题考查人力资源服务机构,难度较低。

[解析] 根据《人力资源市场暂行条例》,人力资源服务机构的类型有经营性人力资源服务机构和公共人力资源服务机构。故选 AE。

65.**BDE** [命题意图] 本题考查奥尔德弗的 ERG 理论,难度较低。

[解析] ERG 理论认为,人的核心需要有生存需要、关系需要、成长需要。故选 BDE。

66.**CDE** [命题意图] 本题考查标杆超越法,难度较低。

[解析] 选项 A 错误,选择标杆应该遵循两个标准:①标杆企业要有卓越的业绩;②标杆企业被瞄准的领域与本企业有相似的特点。选项 B 错误,标杆的寻找范围并不局限在同行业,应该有更广阔的视角。故选 CDE。

67.**ABDE** [命题意图] 本题考查人力资源管理与战略执行,难度较低。

[解析] 组织战略执行过程中的五大要素包括信息系统;组织结构;工作任务设计;报酬系统;人员甄选、培训与开发。故选 ABDE。

68.**ABD** [命题意图] 本题考查培训与开发的效果评估,难度较低。

[解析] 在结果评估中,硬指标包括产出、质量、成本、时间等四大类,易被衡量和量化,容易被转化为货币价值,而且评价也更为客观。软指标包括工作习惯、工作满意度、主动性、顾客服务等,难以被衡量和量化,也难以被转化为货币价值,而且评价具有主观性。故选 ABD。

69.**ABDE** [命题意图] 本题考查劳动力市场,难度较低。

[解析] 选项 C 错误,非全日制用工双方当事人可以订立口头协议,并不是劳动力供求双方通过劳动力市场达成协议后最终都会签订书面的正式雇佣合同。故选 ABDE。

70.**ACE** [命题意图] 本题考查领导决策过程,难度较低。

[解析] 明茨伯格的决策过程包括确认阶段、发展阶段和选择阶段。在选择阶段确定最终方案的方法一般有三种方法:在决策者经验或者知觉的基础上进行判断;在逻辑和系统的基础上对备选方案进行分析;决策成员之间相互权衡。故选 ACE。

71. BDE　[命题意图]　本题考查组织文化的结构,难度较低。

[解析]　选项A错误,物质层是组织文化的外层部分,并不是制度层。选项C错误,精神层是组织文化的核心和灵魂。故选BDE。

72. CD　[命题意图]　本题考查劳动力需求的影响因素,难度较低。

[解析]　在替代效应下,工资率上升,企业会减少劳动力的使用,所以劳动力的需求量会下降。反之,工资率下降,劳动力的需求量会增加。在规模效应下,工资率上升,企业会缩减生产规模,劳动力的需求量会减少。反之,工资率下降,劳动力的需求量会上升。故选CD。

73. ADE　[命题意图]　本题考查人力资源供给预测,难度较低。

[解析]　选项B错误,人力资源供给预测主要是预测企业未来能够获得的人力资源数量、质量以及结构。选项C错误,人力资源需求预测主要就是预测在未来一段时期内需要员工的数量以及类型。故选ADE。

74. ABCD　[命题意图]　本题考查事业单位岗位设置,难度较低。

[解析]　选项E错误,根据事业单位不同类型职责任务、工作性质和人员结构特点,实行不同的岗位类别结构比例控制。对事业单位管理岗位、专业技术岗位、工勤技能岗位实行最高等级控制和结构比例控制。故选ABCD。

75. AE　[命题意图]　本题考查职称评审,难度较低。

[解析]　选项A说法错误,专业技术人才跨区域、跨单位流动时,其职称按照职称评审管理权限重新评审或者确认,国家另有规定的除外。选项E说法错误,自由职业者申报职称评审,可以由人事代理机构等履行审核、公示、推荐等程序。故选AE。

76. CD　[命题意图]　本题考查人力资本投资的私人收益估计偏差,难度中等。

[解析]　选择性偏差一方面高估了那些实际没有上大学的人因为没上大学而放弃的收益,同时又低估了大学毕业生们从上大学中实际获得的收益。故选CD。

77. BCDE　[命题意图]　本题考查无领导小组讨论,难度较低。

[解析]　选项A错误,无领导小组讨论存在的问题之一是它对评价者的评分技术要求较高。故选BCDE。

78. ABCE　[命题意图]　本题考查外国人永久居留服务管理,难度较低。

[解析]　选项D错误,永久居留外国人在中国境内工作免办外国人工作许可,可按规定参加技术职务任职资格和职业资格考试;在购房、申领驾照、子女入学等方面依法享受中国公民同等待遇。故选ABCE。

79. BCDE　[命题意图]　本题考查目标管理法,难度较低。

[解析]　选项A错误,目标管理法的假设之一是认为员工是乐于工作的,这种过分乐观的假设高估了企业内部自觉、自治氛围形成的可能性。故选BCDE。

80. ABDE　[命题意图]　本题考查工资差别,难度较低。

[解析]　因劳动强度和劳动条件、从业时的不愉快程度、职业稳定与保障程度、责任大小程度而引起的工资差别,均属于补偿性工资差别。故选ABDE。

三、案例分析题

(一)

81. B　[命题意图]　本题考查评价者信度,难度较低。

[解析]　评价者信度是指不同评价者在使用同一种测试工具时所给出的分数之间的一致性程度。案例中"几个面试考官对同一位求职者的打分差异很大"说明了面试的评价者信度低。故选B。

82. D　[命题意图]　本题考查预测效度,难度较低。

[解析]　预测效度考察的是员工被雇用之前的测试分数与其被雇用之后的实际工作绩效之间是否存在实证性联系。"该公司招聘来的人员面试得分很高但入职后实际工作绩效不尽如人意",这说明面试的预测效度较低。故选D。

83. AC　[命题意图]　本题考查情境化结构面试,难度较高。

[解析]　情境化结构面试的题目类型包括:①以过去的经验为依据,它要求被面试者回答他们在过去的工作中遇到的某种情形,以及他们当时是如何处理的;②未来导向型,它要求被面试回答将来一旦遇到某种假设的情形,他们将会采取怎样的处理措施。故选AC。

84. BCD　[命题意图]　本题考查压力面试,难度较高。

[解析]　选项A描述的是压力面试,并不属于面试考官在面试中容易出现的应尽量避免的错误。故选BCD。

(二)

85. A　[命题意图]　本题考查职业生涯锚类型,难度中等。

[解析]　具有技术/职能能力型职业生涯锚的人往往强调实际技术/职能等业务工作,拒绝一般性管理工作,愿意在其技术/职能领域管理他人。"期望

在专业方面发展,不愿意承担一般性的管理工作"表明小张等员工的职业生涯锚类型是技术/职能型。故选A。

86.D [命题意图] 本题考查职业生涯锚类型,难度中等。

[解析] 具有管理能力型职业生涯锚的人追求一般性管理工作,且责任越大越好;具有强烈的升迁动机,以提升等级和收入作为衡量成功的标准;具有分析能力、人际沟通能力和情绪控制能力强强组合的特点;对组织有很强的依赖性。"喜欢管理工作,并愿意承担更大的责任,在分析能力、人际沟通能力、情商等方面的测评分数高"表明小李等员工的职业生涯锚类型是管理能力型。故选D。

87.BCD [命题意图] 本题考查组织层次的职业生涯管理方法,难度较低。

[解析] 组织层次的职业生涯管理方法有提供内部劳动力市场信息、成立潜能评价中心、实施培训与发展项目。个人层次的职业生涯管理办法包括给个人提供自我评估工具和机会、职业生涯指导与咨询。选项A属于个人层次的职业生涯管理办法。故选BCD。

88.A [命题意图] 本题考查培训与开发效果评估,难度较高。

[解析] 该公司通过多个渠道来进行效果评估,评估他们在知识、技能或态度方面是否有明显的提高或改变,重点评估他们学到了什么,表明实施的是学习评估。故选A。

(三)

89.A [命题意图] 本题考查劳动争议当事人,难度中等。

[解析] 用人单位分立为若干单位的,分立前发生的劳动争议,分立后的实际用人单位为当事人。案例中,"2018年8月7日,张某向调解组织提出书面申请,希望解决2012年2月至2017年2月之间,甲商贸公司拖欠其工资问题""分立协议明确由甲贸易公司承受分立前甲商贸公司的所有劳务权利和义务,并明确张某继续留在甲贸易公司工作",表明在张某提起的劳动争议仲裁中,被申请人应是甲贸易公司。故选A。

90.BC [命题意图] 本题考查劳动争议仲裁管辖,难度中等。

[解析] 发生劳动争议,申请人可以选择向劳动合同履行地或用人单位所在地的劳动人事争议仲裁委员会中的任何一个劳动人事争议仲裁委员会提起仲裁申请。"甲贸易公司登记一直在江北地区,张某实际工作地一直在江东地区",说明张

某可以向江东区或江北区的劳动争议仲裁委员会申请劳动争议仲裁。故选BC。

91.C [命题意图] 本题考查劳动争议当事人的举证责任,难度较高。

[解析] 劳动争议当事人的举证责任的基本原则是"谁主张,谁举证""谁作决定,谁举证"。但是与争议事项有关的证据属于用人单位掌握管理的,用人单位应当提供。因此关于工资发放明细表和社保费缴纳情况证明都应由公司提供。故选C。

92.AD [命题意图] 本题考查劳动争议仲裁时效期间,难度较高。

[解析] 在劳动争议申请仲裁的时效期间内,有下列情形之一的,仲裁时效中断:①一方当事人向对方当事人主张权利;②一方当事人请求权利救济;③对方当事人同意履行义务。故选AD。

(四)

93.BCD [命题意图] 本题考查薪酬管理,难度中等。

[解析] "员工抱怨责任不明、薪酬待遇不公、贡献与收入不成比例,大锅饭现象严重,薪酬水平在市场上缺乏竞争力""薪酬分配在职位间、员工间缺乏公平性,存在平均主义;此外,员工的薪酬水平较低,落后于同行业类似职位的薪酬水平,与该公司的市场地位不符",表明该公司薪酬管理存在的问题有缺乏统一政策、薪酬水平设定没有参考市场、没有体现不同职位之间差异。故选BCD。

94.ABC [命题意图] 本题考查薪酬成本的控制,难度较低。

[解析] 薪酬成本的控制包括:①控制雇佣量,不仅是控制员工数量,而且是控制工时数量;②控制基本薪酬、奖金、福利支出;③利用适当的薪酬技术手段等。故选ABC。

95.AB [命题意图] 本题考查薪酬体系的设计,难度较低。

[解析] 为了提升企业市场的竞争力,则薪酬水平不能落后于同行业类似职位的薪酬水平,该企业可以采取的薪酬策略有领先或跟随策略。故选AB。

96.AD [命题意图] 本题考查薪酬体系的设计,难度较低。

[解析] 工作分析是确定薪酬体系的基础,职位评价为了解决薪酬的内部公平性问题。故选AD。

(五)

97.CD [命题意图] 本题考查在职培训,难度中等。

[解析] 对于工人的技能学习来说,在职培训是最普遍、最主要的方式。大多数在职培训都是非正式的。例如,经验较少的工人往往通过"边干边学"来获取新的技能;通过有经验的技术工人与未受过训

练的工人之间的信息和技能的不断传递,也可以提高新工人的技术。故选CD。

98.BCD [命题意图] 本题考查在职培训的成本收益,难度中等。
[解析] 在职培训的成本包括:①直接成本:主要包括支付受训者的工资及教师的讲课费,支付租用培训场地和培训设备的费用。②机会成本:主要包括受训练者参加培训的机会成本、利用机器或有经验职工从事培训活动的机会成本。故选BCD。

99.AC [命题意图] 本题考查在职培训的成本收益,难度中等。
[解析] 在职培训的收益主要表现在受训者生产率的提高,然而这种收益有时比较明显,有时要经过一段时间才能表现出来。故选AC。

100.AB [命题意图] 本题考查在职培训对企业及员工行为的影响,难度较高。
[解析] 为降低因员工离职造成组织培训投资损失的风险,组织可以与员工共同分担培训成本,或者与员工协商约定培训服务期。故选AB。

2019年《人力资源管理专业知识与实务》真题试卷答案解析

客观题答案速查:

1.C	2.D	3.B	4.D	5.A	6.A	7.C	8.A	9.B	10.C
11.B	12.D	13.B	14.A	15.C	16.D	17.D	18.A	19.C	20.B
21.D	22.B	23.C	24.C	25.D	26.C	27.A	28.A	29.D	30.C
31.A	32.A	33.A	34.D	35.D	36.D	37.D	38.B	39.D	40.A
41.A	42.D	43.A	44.A	45.A	46.C	47.D	48.C	49.C	50.C
51.D	52.D	53.D	54.A	55.B	56.D	57.B	58.A	59.B	60.D
61.ACD	62.ACDE	63.BD	64.ABCD	65.ACDE	66.BCE	67.BDE	68.CD	69.ADE	70.BCDE
71.CDE	72.ADE	73.ABDE	74.ABDE	75.ABE	76.ACDE	77.ACDE	78.ABCD	79.CD	80.ABC
81.C	82.C	83.A	84.A	85.C	86.ACD	87.CD	88.C	89.AD	90.BD
91.ABC	92.BCD	93.AD	94.BCD	95.ABC	96.ABC	97.BCD	98.AD	99.BC	100.AD

一、单项选择题

1.C [命题意图] 本题考查组织战略层次,难度较低。
[解析] 组织战略又称企业战略或组织发展战略,主要回答到哪里去竞争的问题,也就是组织应该选择经营何种业务以及进入何种行业或领域的决策。某科技公司做出进入区块链技术领域的战略决策属于组织战略。故选C。

2.D [命题意图] 本题考查工资差别,难度较低。
[解析] 选项D说法错误,工资差别能够优化劳动力资源的配置,对社会经济的发展具有积极的作用,所以不需要政府努力消除不同企业的同类劳动者之间存在的工资差别。故选D。

3.B [命题意图] 本题考查劳动力流动,难度较低。
[解析] 选项B说法错误,劳动力流动属于人力资本投资的一种形式,劳动力的流动通常能使劳动力得到更有效的利用,从而增加收入。故选B。

4.D [命题意图] 本题考查股票期权,难度较低。
[解析] 选项AC错误,股票期权是一种权利而不是义务,收益人可以买也可以不买公司的股票。选项B错误,股票期权适用于上市公司。故选D。

5.A [命题意图] 本题考查领导的影响力,难度较低。
[解析] 选项A说法错误,领导的影响力主要来源于组织的正式任命,也可以从其他方面获得,如具有与工作相关的专门技能,也同样可以成为影响力的来源。故选A。

6.A [命题意图] 本题考查信度,难度中等。
[解析] 复本信度是指对同一组被测试者进行某种测试时,使用两种功能等值但是表面内容并不相同的测试形式,然后考察在这两种等值的测试中被试者取得的分数之间的相关程度。故选A。

7.C [命题意图] 本题考查绩效改进的方法,难度较低。
[解析] 六西格玛管理通过减少企业业务流程中的偏差,使组织的绩效提升到更高的水平。故选C。

8.A [命题意图] 本题考查员工持股计划,难度较低。
[解析] 选项B错误,员工持股计划的认购者不包

括企业外部人士。选项C错误,员工所认购的股份在转让、交易方面受到一定的限制。选项D错误,员工持股能够减轻企业的税务负担。故选A。

9. B [命题意图] 本题考查管理方格理论,难度较低。
[解析] 关心人和关心任务都很高的是(9,9),属于最理想型的领导风格。故选B。

10. C [命题意图] 本题考查领导决策风格,难度较低。
[解析] 分析型的决策者倾向于使用独裁的领导风格,喜欢对情境进行分析,倾向于过度分析事物。具有较高的模糊耐受性水平,倾向于任务和技术。

11. B [命题意图] 本题考查劳动力需求的自身工资弹性的计算,难度较高。
[解析] 将该市对此类劳动力的需求总量设为 x 万小时,然后代入劳动力需求弹性的公式: $[(x-10)\div 10]\div[(15-10)\div 10]=-1$(劳动力需求弹性值为负),解得 $x=5$。故选B。

12. D [命题意图] 本题考查双因素理论,难度较低。
[解析] 保健因素包括组织政策、监督方式、人际关系、工作环境和工资等。选项ABC属于激励因素。故选D。

┌─ 要点透析 ─┐

双因素理论

因素	具体内容	具备	缺失
激励因素	成就感、别人的认可、工作本身、责任和晋升等因素	员工满意	员工没有满意
保健因素	组织政策、监督方式、人际关系、工作环境和工资等因素	员工没有不满	员工不满

13. B [命题意图] 本题考查人格测试方法,难度较低。
[解析] 评价量表法就是首先提供一组描述人的个性或特质的词或句子,然后让其他人通过对被测试者的观察,对被测试者的人格或特质做出评价的方法。故选B。

14. A [命题意图] 本题考查在职培训,难度较低。
[解析] 选项A说法错误,大多数接受过特殊培训的员工可能愿意在本企业中工作较长的时间,他们的流动倾向会受到削弱。因为员工通过特殊在职培训获得的技能仅对培训他的企业有用,一旦员工离职则该技能也失效了。故选A。

15. C [命题意图] 本题考查人力资源供给预测方法,难度较低。
[解析] 马尔科夫分析法是基于多种职位及人员流动状况进行人力资源供给预测的方法,故选C。

16. D [命题意图] 本题考查绩效管理工具,难度较低。
[解析] 选项A错误,目标管理法倾向于聚焦企业短期目标。选项B错误,标杆超越法中的标杆对象要与本企业具有相似度。选项C错误,关键绩效指标法要突出关键的指标,并不是越多越好。故选D。

17. D [命题意图] 本题考查效度,难度较低。
[解析] 效标效度是指一种测试或甄选技术对被测试者的一种或多种工作行为或工作绩效进行预测的准确程度。故选D。

18. A [命题意图] 本题考查期望理论,难度较低。

[解析] 影响动机的三要素包括效价、期望、工具性。故选A。

19. C [命题意图] 本题考查股票增值权,难度较低。
[解析] 股票增值权的特点:①行权期一般超过任期;②激励对象拥有股价上升所带来的收益,但不拥有这些股票的所有权,也不拥有表决权、配股权;③实施股票增值权时可以是全额兑现,也可以是部分兑现;④股票增值权的实施可以用现金,也可以折合成股票,还可以是现金和股票形式的结合。故选C。

20. B [命题意图] 本题考查霍兰德职业兴趣测试,难度较低。
[解析] 企业型的基本人格倾向是冒险、乐观、自信、精力充沛、有进取心,喜欢担任有领导责任的工作,看重政治和经济方面的成就,喜欢追求财富、权力和地位,喜欢与人争辩,喜欢说服别人接受自己的观点,但是他们不喜欢从事研究性的活动。这些人适合担任企业领导或行政管理者等。故选B。

21. D [命题意图] 本题考查情境化结构面试遵循的"STAR"原则,难度较低。
[解析] "STAR"原则内容:①向被面试者描述他们可能会面对的典型环境(Situation);②向被面试者描述需要完成的主要工作任务(Task);③询问他们实际上采取了何种行动(Action);④让他们说明这种行动产生了怎样的结果(Result)。故选D。

22. B [命题意图] 本题考查劳动力市场均衡,难度中等。

[解析] 题目中的信息表明,劳动力需求曲线不变,供给不足或减少,则供给曲线左移。此时,均衡工资率上升,均衡就业量下降。故选B。

23. C [命题意图] 本题考查参与管理,难度较低。
[解析] 有效推行参与管理的条件包括:①在行动前,有充裕的时间来进行参与;②员工参与的问题必须与其自身利益相关;③员工必须具有参与的能力,如智力、知识技术、沟通技巧等;④参与不应使员工和管理者的地位和权力受到威胁;⑤组织文化必须支持员工参与;⑥还要考虑员工对参与的需要。故选C。

24. C [命题意图] 本题考查高等教育的信号模型,难度较低。
[解析] 高等教育的信号模型认为高等教育与生产率之间存在着某种联系,高等教育本身可能并没有导致生产率的提高,但是却表明了受过高等教育的人可能是一个具有较高生产率的人,也就是高等教育是证明劳动者具有高生产率的一种信号。故选C。

25. D [命题意图] 本题考查内容教材已删除。
[解析] 劳动者的基本义务是完成劳动任务。此外还有忠实义务,包括服从义务、保密义务、增进义务。故选D。

26. C [命题意图] 本题考查组织文化的结构,难度较低。
[解析] 组织文化结构分为物质层、制度层和精神层三个层次。其中,精神层是组织文化的深层,是组织文化的核心与灵魂。故选C。

27. A [命题意图] 本题考查高等教育的社会收益,难度较低。
[解析] 选项A说法错误,终身工资性报酬属于教育投资产生的私人收益,而不是社会收益。故选A。

28. A [命题意图] 本题考查魅力型领导理论,难度较低。
[解析] 在魅力型领导理论中,能促使魅力归因的领导特质包括自信、印象管理技能、社会敏感性和共情。故选A。

29. D [命题意图] 本题考查个人劳动力供给,难度较低。
[解析] 在收入效应下,工资率上涨,个人劳动力供给时间减少;在替代效应下,工资率上涨,个人劳动力供给时间增加。故选D。

30. C [命题意图] 本题考查绩效评价常见误区,难度较低。
[解析] 选项A是以偏概全、以点概面的看法,选项B是指评价分数集中在某一阶段或区域,选项D

是以最初的印象去评价一个人。故选C。

31. A [命题意图] 本题考查战略性人力资源管理工具,难度较低。
[解析] 战略地图是战略实现过程的一种图形工具,形象展现了通过对组织战略的实现过程进行分解,展示出必须完成的各种关键活动及其驱动关系。故选A。

32. A [命题意图] 本题考查人力资本投资的基本模型,难度较低。
[解析] 选项A说法错误,人力资本投资收益除了货币收益还有心理收益等,而且也并不是未来若干年中获得的货币收益的简单相加,因为货币存在时间价值。故选A。

33. A [命题意图] 本题考查职业生涯发展阶段,难度较低。
[解析] 建立期的主要任务和活动是晋升、成长、安全感,生涯类型的确立和独自做出贡献。故选A。

34. D [命题意图] 本题考查基本医疗保险,难度较低。
[解析] 《中华人民共和国社会保险法》规定,符合基本医疗保险药品目录、诊疗项目、医疗服务设施标准以及急诊、抢救的医疗费用,按照国家规定从基本医疗保险基金中支付。下列医疗费用不纳入基本医疗保险基金支付范围:应当从工伤保险基金中支付的;应当由第三人负担的;应当由公共卫生负担的;在境外就医的。故选D。

35. D [命题意图] 本题考查激励理论——强化理论,难度较低。
[解析] 强化理论认为行为的结果对行为本身有强化作用,是行为的主要驱动因素。这是一种行为主义观点,并不考虑人的内在心态,而是注重行为及其结果。故选D。

36. D [命题意图] 本题考查领导者生命周期理论,难度较低。
[解析] 生命周期理论将工作取向和关系取向两个维度相结合,产生四种领导风格:①指导式:高工作—低关系。②推销式:高工作—高关系。③参与式:低工作—高关系。④授权式:低工作—低关系。故选D。

37. C [命题意图] 本题考查组织设计的类型——行政层级式组织形式,难度较低。
[解析] 行政层级式组织形式在复杂/静态的环境中最为有效。故选C。

38. B [命题意图] 本题考查伯恩斯的交易型和变革型领导理论,难度较低。

[解析] 交易型领导的特征包括:奖励、积极和消极的差错管理、放任。魅力、智慧型刺激、个性化关怀属于变革型领导的特征。故选B。

39. B [命题意图] 本题考查内容教材已删除。
[解析] 选项B说法错误,中国降低某些美国产品进口关税,进而影响在劳动关系中作为劳动者的中国消费者,这属于经济环境方面的因素,而不是社会文化环境方面的因素。故选B。

40. A [命题意图] 本题考查组织文化的类型,难度较低。
[解析] 学院型组织文化的特征是组织喜欢雇用年轻的大学毕业生,并为他们提供大量的专门培训,然后指导他们在特定的职能领域内从事各种专业化工作。故选A。

41. A [命题意图] 本题考查劳动合同的解除,难度较低。
[解析] 选项BD中关于经济补偿金的支付问题需要根据具体情况来确定。选项C,用人单位以暴力、威胁或者非法限制人身自由的手段强迫劳动者劳动的,或者用人单位违章指挥、强令冒险作业危及劳动者人身安全的,劳动者可以立即解除劳动合同,并未强调书面形式。故选A。

42. D [命题意图] 本题考查内容教材已删除。
[解析] 劳动法律体系包括:①劳动标准法(工资法、工作时间和休假法、职业安全与卫生法、特殊群体的劳动保护法);②劳动关系法(劳动合同法、集体合同、工会和雇主组织法、劳动争议处理法);③劳动保障法(就业法、职业介绍与培训法、社会保险法);④劳动行政法(劳动行政法、劳动监督检查法)。选项D不属于劳动法律体系。故选D。

43. A [命题意图] 本题考查战略性薪酬管理,难度较低。
[解析] 选项B错误,采用成长战略的企业会在短期内提供相对较低的基本薪酬。选项C错误,采用收缩战略的企业中,基本薪酬在薪酬结构中所占的比例较低。选项D错误,采用稳定战略的企业一般跟随或高于市场水平的薪酬。故选A。

44. A [命题意图] 本题考查绩效评价技术,难度较低。
[解析] 选项B描述的是行为观察量表法,选项C描述的是行为锚定法,选项D描述的是交替排序法。故选A。

45. A [命题意图] 本题考查人力资源管理与战略规划之间的联系,难度较低。

[解析] 选项A说法错误,单项联系是指组织自行制定战略规划,然后再将战略规划告知人力资源管理部门,让其配合战略的实施或落地,所以人力资源部门不能参与战略制定过程。故选A。

46. C [命题意图] 本题考查优等和次等劳动力市场,难度较低。
[解析] 选项A错误,贫穷、歧视以及受教育程度不高导致的技能缺乏等是造成两种劳动力市场之间出现相对隔离的主要原因。选项B错误,优等劳动力市场就业条件好,工资福利水平高,职业保障性较强。选项D错误,优等劳动力市场和次等劳动力市场是相对独立运转的,尽管在两个市场之间也可以存在劳动力流动,但是大部分知识技能水平较低、就业机会较差的劳动者是很难从次等劳动力市场流入优等劳动力市场的。故选C。

47. D [命题意图] 本题考查社会保险体系的基本框架,难度较低。
[解析] 社会保险包括基本养老、基本医疗、工伤、失业、生育保险。选项D不属于社会保险险种。故选D。

48. C [命题意图] 本题考查领导决策模型—理性模型,难度较低。
[解析] 选项AB描述的均为有限理性模型的特点。选项D错误,理性模型和有限理性模型之间的差异主要体现在程度上。故选C。

49. C [命题意图] 本题考查一般认知能力测试,难度较低。
[解析] 一般认知能力测试即通常所说的智力测试或者智商测试,它所要测量的不是一个人的某种单一特质,而是同时测量一个人的多种能力,如记忆能力、表达能力以及数学能力等。故选C。

50. C [命题意图] 本题考查确定工资水平的实际因素,难度较低。
[解析] 同工同酬是对于完成同等价值工作的劳动者应支付同等水平的工资,这一原则应贯穿于不同行业、部门,不同的民族、种族,不同性别的劳动者之间。但是在实际生活中要做到这一点有许多障碍,所以这一原则往往只能在同一部门或单位内部得到较好的贯彻。故选C。

51. D [命题意图] 本题考查劳动法律责任的形式,难度较低。
[解析] 选项ABD都是行政机关执法的处罚措施,属于行政责任。选项C属于行政机关对内的处分行为,是行政责任,而不是民事责任。故选D。

┌ 要点透析 ┐

劳动法律责任形式

责任形式		具体内容
行政责任	行政处罚	是劳动行政部门、公安行政部门、工商行政管理部门等国家行政管理部门依法对有关单位以及责任人员、劳动者实施的行为制裁。 包括警告、责令改正、责令停止、查封、吊销执照、行政拘留等
	行政处分	是行政管理机关对其公务人员的惩戒或用人单位给予其职工的惩戒。 包括警告、记过、记大过、降级、撤职、留用察看、开除等
民事责任		①违反劳动合同及有关劳动合同的法律规定所应承担的民事责任； ②损害劳动者或用人单位权利的民事责任
刑事责任		是最严厉的一种法律责任，具有强制性，只能由国家司法机关追究

52.D [命题意图] 本题考查劳务派遣单位和用工单位的法定义务，难度较低。

[解析] 劳务派遣用工单位应当履行下列义务：①执行国家劳动标准，提供相应的劳动条件和劳动保护；②告知被派遣劳动者的工作要求和劳动报酬；③支付加班费、绩效奖金，提供与工作岗位相关的福利待遇；④对在岗被派遣劳动者进行工作岗位所必需的培训；⑤连续用工的，实行正常的工资调整机制。选项ABC描述的都是劳务派遣单位的法定义务。故选D。

53.D [命题意图] 本题考查战略性绩效管理，难度较低。

[解析] 选项A错误、选项D正确，成本领先战略以节约成本为目的，主要选择以结果为导向的绩效考核方法；考核主体单一，主要为直接上级。选项BC错误，差异化战略考核主体要多元化，绩效考核周期不宜过短。故选D。

┌ 要点透析 ┐

适用于取得竞争优势战略的绩效管理

战略类型	绩效考核	绩效改进与结果
成本领先战略 （可简记为"省钱"）	①选择以结果为导向、实施成本较低的评价方法（如目标管理法）； ②选择客观的财务指标； ③只选择直接上级作为评价主体； ④考核周期不宜过短	改进选择标杆超越法，结果应用于成本的改进和控制
差异化战略 （可简记为"独特"）	①弱化员工工作的直接结果，鼓励员工多进行创新的活动； ②选择以行为为导向的评价方法； ③评价主体多元化； ④考核周期不宜过短	结果充分利用于员工的开发、培训活动

54.A [命题意图] 本题考查劳动争议的范围，难度较低。

[解析] 选项B错误，劳动争议必须发生在劳动者及其用人单位之间。选项CD是法定的不属于劳动争议的范围。故选A。

55.B [命题意图] 本题考查失业的类型及其对策，难度较低。

[解析] 选项B说法错误，政府为失业者提供企业用工需求信息是解决摩擦性失业的有效措施。故选B。

56.D [命题意图] 本题考查组织结构的内容，难度较低。

[解析] 职能结构是达到企业目标所需完成的各项业务工作及其比例和关系。选项C描述的是职权结构，选项A描述的是横向的部门结构，选项B描述的是纵向的层次结构。故选D。

57.B [命题意图] 本题考查在职培训，难度较低。

[解析] 选项A错误，员工通过特殊在职培训获得

的技能只能在本企业使用。选项 C 错误,一般在职培训对个人和企业都是有益的。选项 D 描述的应该是直接成本,而在职培训的成本除了直接成本,还包括机会成本。故选 B。

58. A [命题意图] 本题考查内容教材已删除。
[解析] 政府在劳动关系中主要扮演五种角色:保护者、促进者、调停者、规划者和雇佣者。其中,政府在集体谈判、工会组织、雇员参与、分红入股时扮演的是促进者的角色。故选 A。

59. D [命题意图] 本题考查人才管理,难度较低。
[解析] 选项 D 说法错误,作为人才管理对象的人才不仅是指组织中最优秀、已经表现出卓越绩效的少数员工,还包括构成员工队伍大多数的、有能力且绩效稳定的员工。故选 D。

60. D [命题意图] 本题考查动机的要素,难度较低。
[解析] 动机有三个要素:①决定人行为的方向;②努力的水平;③坚持的水平。选项 D 不属于动机三要素。故选 D。

二、多项选择题

61. ACD [命题意图] 本题考查内容教材已删除。
[解析] 现代劳动关系理论一般认为雇主的权利主要包括组织权、劳动指挥权、奖惩权以及闭厂权。故选 ACD。

62. ACDE [命题意图] 本题考查公平理论,难度较低。
[解析] 感到不公平的员工恢复公平的方法:改变自己的投入和产出;改变对照者的投入和产出;改变对投入和产出的知觉;改变参照对象;辞职。故选 ACDE。

63. BD [命题意图] 本题考查知识型团队的绩效考核,难度较低。
[解析] 选项 AC 错误,效益型指标能够反映知识型团队的工作产出成果,而效率型指标能够反映知识型团队所付出的成本和投入的产出比。选项 E 错误,知识型团队绩效考核以结果为导向,而不是行为。故选 BD。

64. ABCD [命题意图] 本题考查劳动争议仲裁的回避制度,难度较低。
[解析] 劳动争议仲裁员应当回避的情形:①是本案当事人或者当事人、代理人的近亲属的;②与本案有利害关系的;③与本案当事人、代理人有其他关系,可能影响公正裁决的;④私自会见当事人、代理人,或者接受当事人、代理人的请客送礼的。故选 ABCD。

65. ACDE [命题意图] 本题考查不同职业之间工资差别形成的原因,难度较低。

[解析] 补偿性工资差别主要是为了补偿那些在工作条件和社会环境方面处于不利地位的劳动者。因劳动强度和劳动条件、从业时的不愉快程度、工作保障和职业稳定程度、承担的责任程度而引起的工资差别,均属于补偿性工资差别。故选 ACDE。

66. BCE [命题意图] 本题考查晋升竞赛,难度较低。
[解析] 选项 A 错误,被晋升者将得到更高一级新职位对应的全部报酬,而失败者不会得到任何报酬。选项 D 错误,晋升竞赛的合理工资差距是看晋升的综合价值和晋升风险,而不是失败者的数量。故选 BCE。

67. BDE [命题意图] 本题考查组织发展,难度较低。
[解析] 组织发展的目的包括重视人员和组织的成长、合作与参与过程以及质询精神。故选 BDE。

68. CD [命题意图] 本题考查经典的领导风格理论,难度较低。
[解析] 从领导的经典研究和理论得出的领导风格小结:

管理者中心	员工中心
X 理论	Y 理论
独裁	民主
生产中心	员工中心
亲密的	普遍的
产出	关怀
任务驱动	人际关系
督导	支持
指导	参与

69. ADE [命题意图] 本题考查领导决策过程,难度较低。
[解析] 西蒙的决策过程包括智力活动、设计活动、选择活动。故选 ADE。

┤要点透析├

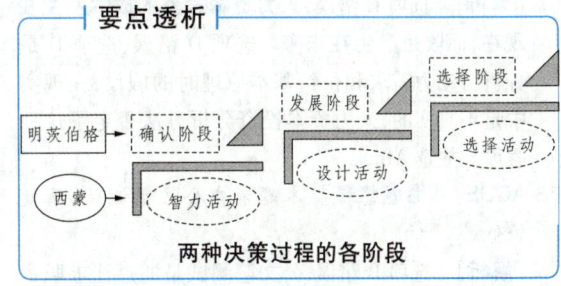

两种决策过程的各阶段

70. BCDE [命题意图] 本题考查培训与开发效果评估——结果评估,难度较低。
[解析] 选项 A 错误,结果评估中的硬指标包括产出、质量、时间和成本,软指标包括主动性、顾客服

务、工作满意度等。故选 BCDE。

71. **CDE** [命题意图] 本题考查经营者年薪制,难度较低。

[解析] 选项 C 正确,年薪制年薪结构中加大了风险收入的比例,有利于在责任、风险和收入对等的基础上加大激励力度。选项 D 正确,年薪制在设置上比较灵活,可以根据企业经营者一个年度以及任期内的经营管理业绩,相应确定与其贡献相当的年度和长期薪酬水平及薪酬支付方式。选项 E 正确,年薪制是一种高风险的薪酬制度,依靠的是约束和激励互相制衡的机制。故选 CDE。

72. **ADE** [命题意图] 本题考查行政复议,难度较低。

[解析] 公民、法人或其他组织对下列事项不能申请行政复议:①人力资源社会保障部门做出的行政处分或其他人事处理;②劳动者与用人单位之间发生的人力资源争议;③劳动能力鉴定委员会的行为;④劳动人事争议仲裁委员会的仲裁、调解等行为;⑤已就同一事项向其他有权受理的行政机关申请行政复议;⑥向人民法院提起行政诉讼,人民法院已经依法受理的。故选 ADE。

73. **ABDE** [命题意图] 本题考查战略性人力资源管理,难度较低。

[解析] 选项 C 错误,战略性人力资源管理的这一概念强调的核心理念是,人力资源管理必须能够帮助组织实现战略,赢得竞争优势,所以<u>人力资源战略要匹配组织的发展战略和竞争战略</u>,而不是突破和引领企业的战略。故选 ABDE。

74. **ABDE** [命题意图] 本题考查社会保险法律关系主体,难度较低。

[解析] 从社会保险责任角度划分,社会保险法律关系主体包括:国家、社会保险的管理和经办机构、用人单位、劳动者及其家庭。故选 ABDE。

75. **ABE** [命题意图] 本题考查人力资本投资的一般原理,难度较低。

[解析] 选项 C 错误,<u>人力资本投资的成本发生在现在,而收益产生在未来</u>。选项 D 错误,选项 D 是分析劳动力需求和供给基本原理时的假设,在现实中是不真实的,人力资本投资分析方法否定了这一假设。故选 ABE。

76. **ACDE** [命题意图] 本题考查公文筐测试,难度较低。

[解析] 选项 B 错误,公文筐测试是通过让求职者进行文件处理的方法进行测试的,<u>无法测试被测者的口头表达能力</u>。故选 ACDE。

77. **ACDE** [命题意图] 本题考查人力资源需求预测方法,难度较低。

[解析] 人力资源需求预测方法包括德尔菲法、经验判断法、趋势预测法、比率分析法和回归分析法。而人员替换分析法是人力资源供给预测的主要方法之一。故选 ACDE。

78. **ABCD** [命题意图] 本题考查劳动力市场的概念,难度较低。

[解析] 选项 E 错误,劳动力市场是一种要素市场。故选 ABCD。

79. **CD** [命题意图] 本题考查工伤保险待遇,难度较低。

[解析] 选项 A 错误,一次性工亡补助金标准为上一年度全国城镇居民人均可支配收入的 20 倍。选项 B 错误,职工住院治疗工伤的伙食补助费,以及经医疗机构出具证明,报经办机构同意,工伤职工到统筹地区以外就医所需的交通、食宿费用从工伤保险基金支付,基金支付的具体标准由统筹地区人民政府规定。选项 E 错误,<u>劳动者因工伤被鉴定为一至四级伤残的,退出工作岗位</u>。故选 CD。

80. **ABC** [命题意图] 本题考查劳动合同的解除,难度较低。

[解析] 《中华人民共和国劳动合同法》第三十八条规定,用人单位有下列情形之一的,劳动者可以解除劳动合同:①未按照劳动合同约定提供劳动保护或者劳动条件的;②未及时足额支付劳动报酬的;③未依法为劳动者缴纳社会保险费的;④用人单位的规章制度违反法律法规的规定,损害劳动者权益的;⑤因用人单位以欺诈、胁迫的手段或者乘人之危,使劳动者在违背真实意思的情况下订立或者变更劳动合同致使劳动合同无效的;⑥法律、行政法规规定劳动者可以解除劳动合同的其他情形。故选 ABC。

三、案例分析题

(一)

81. **C** [命题意图] 本题考查对用人单位解除劳动合同的要求,难度中等。

[解析] 选项 A 错误,首先从案例资料可以判断女职工甲已经不处于孕期。选项 B 错误,<u>用人单位单方解除劳动合同,应当事先将理由通知工会,而不是得到工会书面同意</u>。选项 D 错误,无固定期限合同是指用人单位与劳动者约定无确定终止时间的劳动合同,而不是公司单方不能解除的合同。故选 C。

82. **C** [命题意图] 本题考查用人单位解除、终止劳动合同的附随义务,难度中等。

[解析] 选项 AB 错误,甲已不处于孕期。选项 D 错误,<u>用人单位应当在解除或者终止劳动合同时出具解除或者终止劳动合同的证明,并在 15 日内为</u>

劳动者办理档案和社会保险关系转移手续。故选C。

83.A [命题意图] 本题考查劳动合同法定解除与经济补偿,难度中等。
[解析] 选项A正确、选项D错误,因单位未依法为甲缴纳社会保险,从而导致甲提出解除劳动合同的,公司应该向甲支付经济补偿。经济补偿金按照甲在公司的工作年限,每满1年支付一个月工资的标准支付。选项BC错误,甲可以口头通知也可以书面通知,且无需提前通知。故选A。

84.A [命题意图] 本题考查劳动争议,难度中等。
[解析] 劳动者对该公司解除劳动合同的行为不服而产生的争议属于劳动争议。不能向劳动行政部门申请行政复议。发生劳动争议,可以选择双方进行协商和解或者请求工会协助其与企业进行协商和解;也可以向劳动争议调解机构申请调解;还可以直接向劳动人事争议仲裁委员会申请仲裁,对仲裁裁决不服的,可以向人民法院提起诉讼。故选A。

(二)

85.C [命题意图] 本题考查失业率的计算,难度较高。
[解析] 失业率=失业人口/劳动力人口×100%=失业人口/(失业人口+就业人口)×100%=(120-95-20)/(120-20)×100%=5%。故选C。

86.ACD [命题意图] 本题考查失业统计,难度较低。
[解析] 在城乡劳动力调查中,将具有劳动能力并同时符合以下各项条件的16岁及以上的人员列为失业人员:①在调查周内未从事为取得报酬或经营利润的劳动,也没有处于就业定义中的暂时未工作状态;②在某一特定期间内采取了某种方式寻找工作;③当前如有工作机会可以在一个特定期间内应聘就业或从事自营职业。失业人员的具体标准是:在调查周内,工作时间未达到一个小时,在近三个月采取了某种方式找工作并且在调查周内可以应聘的人。故选ACD。

87.CD [命题意图] 本题考查劳动力市场存量—流量模型,难度较低。
[解析] 失业率=失业人口/劳动力人口×100%=失业人口/(失业人口+就业人口)×100%。选项A错误,失业者退出劳动力市场,公式分子分母同时减少,分子变小,失业率下降。选项B错误,非劳动力实现就业,公式分母变大,失业率下降。故选CD。

88.C [命题意图] 本题考查失业类型,难度中等。
[解析] 结构性失业是指因专业技术或产品结构的调整,失业者与企业技术需求存在差异或错位的现象,也有地理位置导致的错位。由于该市生产企业大批引入自动生产设备而在未来可能引发的失业是结构性失业。故选C。

(三)

89.AD [命题意图] 本题考查人力资源管理工作,难度中等。
[解析] 选项AD正确,案例中,"企业整体的人数冗余情况比较严重""内部有些部门却还存在着人手不足和明显的人岗不匹配现象",表明企业一方面要做好人力资源优化配置,另一方面还要做好人力资源规划,使得人力资源供需实现平衡。选项BC错误,企业决定采取收缩战略,而且人员冗余问题较多,招聘新员工显然不合适,而提高员工福利也解决不了问题。故选AD。

90.BD [命题意图] 本题考查人力资源需求预测的影响因素,难度较低。
[解析] 人力资源需求预测的主要影响因素包括组织战略、产品和服务、技术、组织变革。案例中,"随着市场产能过剩,市场空间逐步缩小,企业决定采取收缩战略,再加上该企业的产品类型较为单一,所以企业整体的人数冗余情况比较严重",反映了产品市场和企业战略对于该组织的人力资源需求产生了影响。故选BD。

91.ABC [命题意图] 本题考查人力资源供求平衡的基本对策,难度较低。
[解析] 解决人才短缺的方法主要有:延长工时、人员招募、降低现有人员的流失率、业务外包、提高工作效率等。选项D错误,职位分享是解决人员过剩的方法。故选ABC。

92.BCD [命题意图] 本题考查人力资源供求平衡的方法分析,难度较低。
[解析] 解决人员过剩的主要方法有:裁员、降薪、降级、冻结雇佣、提前退休等。选项A错误,业务外包是解决人员短缺的方法。故选BCD。

(四)

93.AD [命题意图] 本题考查高等教育投资决策的基本推论,难度中等。
[解析] 大学毕业刚开始工作的工资可能会比较低,但上大学的总收益是指在毕业之后的终身职业生涯中获得的超过高中毕业生的工资性报酬。故选AD。

94.BCD [命题意图] 本题考查农业劳动力向工业部门的流动,难度中等。
[解析] 选项A错误,农业劳动力流动比较普遍的有两种情况:离土又离乡,即与生产断绝联系;离土不

D43

离乡,即在从事工业部门劳动的同时还从事一些农业劳动,不包括离乡不离土这种情况。故选BCD。

95.ABC　[命题意图]　本题考查农业劳动力跨地区、跨产业流动,难度中等。

[解析]　选项A正确,小李从老家到广东打工,在广东打工一段时间后又回到老家,这种现象被称为回归迁移。选项B正确,小李原先在广东一家电子装配厂工作,现在回老家边干农活边经营一家小超市,也属于跨部门劳动力流动现象。选项C正确,小李回老家是因为惦记父母没人照顾,说明劳动力跨地区流动存在心理成本。故选ABC。

96.ABC　[命题意图]　本题考查在职培训的成本及收益安排,难度较高。

[解析]　选项D错误,**特殊在职培训的培训成本一般是由企业和劳动者个人共同分摊的**,小马接受培训期间的工资比正常工作时低,说明小马个人实际上对培训进行了投资。故选ABC。

(五)

97.BCD　[命题意图]　本题考查动机的类型,难度较低。

[解析]　外源性动机是指人做出某种行为是为了行为结果,可以获得物质或者社会报酬,更看重工作带来的补偿,包括工资、奖金、晋升等。选项A属于内源性动机。故选BCD。

98.AD　[命题意图]　本题考查需要层次理论,难度中等。

[解析]　从孙先生采取的措施来看,主要是通过提高工资和发放奖金,激发员工的外源性动机,满足员工的基本需要。孙先生的这些激励措施取得了积极的效果,表明市场部员工的需要处于需要层次理论中的生理需要和安全需要。故选AD。

99.BC　[命题意图]　本题考查目标管理,难度较低。

[解析]　目标管理的四要素包括目标具体化、参与决策、限期完成、绩效反馈。故选BC。

100.AD　[命题意图]　本题考查绩效薪金制,难度较低。

[解析]　绩效薪金制的优点主要在于提高员工工作的积极性,减少管理者的工作量。故选AD。

《人力资源管理专业知识与实务》临考预测(一)答案解析

客观题答案速查:

1.D	2.D	3.D	4.B	5.B	6.B	7.D	8.C	9.D	10.C
11.D	12.C	13.C	14.C	15.B	16.C	17.B	18.A	19.A	20.B
21.A	22.D	23.B	24.D	25.A	26.D	27.C	28.C	29.D	30.D
31.C	32.D	33.C	34.C	35.C	36.A	37.D	38.C	39.D	40.C
41.D	42.A	43.D	44.A	45.B	46.C	47.D	48.A	49.A	50.C
51.A	52.C	53.D	54.A	55.C	56.D	57.D	58.C	59.C	60.C
61.ABDE	62.ADE	63.ABDE	64.ADE	65.BDE	66.ABCE	67.ABD	68.CDE	69.ABCD	70.ACE
71.ACD	72.BD	73.ABCE	74.ACDE	75.ABDE	76.ACE	77.ABDE	78.ABDE	79.BCD	80.ABD
81.B	82.A	83.B	84.B	85.C	86.ABC	87.AD	88.ACD	89.D	90.AC
91.ABD	92.AB	93.D	94.A	95.CD	96.ACD	97.A	98.D	99.A	100.AB

一、单项选择题

1.D　[命题意图]　本题考查需要、动机与激励,难度较低。

[解析]　激励是通过满足员工的需要而使其努力工作,从而实现组织目标的过程。故选D。

2.D　[命题意图]　本题考查ERG理论,难度较低。

[解析]　选项AB错误,ERG理论认为人的核心需要包括生存需要、关系需要和成长需要,不包含亲和需要。选项C错误,ERG理论提出了"挫折—退化"的观点,即如果较高层次的需要不能得到满足,则对满足低层次需要的欲望就会加强。选项D正确,ERG理论认为各种需要可以同时具有激励作用。故选D。

3.D　[命题意图]　本题考查内源性动机,难度较低。

[解析]　选项ABC错误,出于外源性动机的员工更看重工作所带来的报偿,如工资、奖金、表扬、社会地位等。选项D正确,内源性动机是指人做出某种行为是因为行为本身,因为这种行为可以带来成就感,或者个体认为这种行为是有价值的。出于内源性动

机的员工看重的是工作本身,如寻求挑战性的工作,获得为工作和组织多做贡献的机会以及充分实现个人潜力的机会。故选 D。

4. B　[命题意图]　本题考查强化理论,难度较低。
[解析]　强化理论认为行为的结果对行为本身具有强化作用,是行为的主要驱动因素。它并不考虑人的内在心态,而是注重行为及其结果之间的关系。故选 B。

5. B　[命题意图]　本题考查交易型和变革型领导理论,难度较低。
[解析]　变革型领导理论认为,领导会利用理想与组织价值观来激励追随者们,会为组织制定明确的愿景,并通过领导风格来影响员工和团队的绩效。故选 B。

6. B　[命题意图]　本题考查双因素理论,难度较低。
[解析]　保健因素缺乏是员工感到不满的原因。故选 B。

7. D　[命题意图]　本题考查战略性人力资源管理,难度较低。
[解析]　在战略性人力资源管理工具中,强调量化处理的是人力资源计分卡。强调监督工作进度的工具是数字仪表盘。故选 D。

8. C　[命题意图]　本题考查领导决策风格,难度较高。
[解析]　领导的决策风格可划分为指导型、分析型、行为型和概念型。其中,分析型的领导在决策时,喜欢对情境进行分析,并倾向于过度分析事物。他们会比指导型决策者评估更多的信息和备选方案,使用更多的时间进行决策,而且对新的、不确定的情境的反应比较好。故选 C。

9. D　[命题意图]　本题考查组织结构的主要内容,难度较低。
[解析]　组织结构主要内容包括以下四方面:①职能结构是指完成组织目标所需的各项业务工作及其比例、关系;②层次结构(即纵向结构)是指组织各管理层次的构成;③部门结构(即横向结构)是指组织各管理部门的构成;④职权结构是指各管理层次、部门在权力和责任方面的分工和相互关系。故选 D。

10. C　[命题意图]　本题考查管理方格图,难度较低。
[解析]　管理者既不关心任务,也不关心人,即位于坐标(1,1),领导风格是"无为而治"。管理者既关心任务,也关心人,即位于坐标(9,9)是最理想的领导风格。管理者极端关注人,即位于坐标(1,9),领导风格是"乡村俱乐部"。管理者极端关注任务,即位于坐标(9,1),是"任务"领导风格。位于坐标(5,5),是"中庸式"领导风格。故选 C。

11. D　[命题意图]　本题考查组织结构设计类型,难度较高。

[解析]　选项 D 说法错误,矩阵组织形式缺点在于稳定性较差,而职能制结构的优点是稳定性较高。故选 D。

12. C　[命题意图]　本题考查战略性薪酬管理,难度较高。
[解析]　成本领先战略或低成本战略下,企业的薪酬管理的策略是:薪酬水平不低于竞争对手,也不要高于竞争对手;提高浮动薪酬或奖金在薪酬构成中的比重,奖励节约成本的员工。故选 C。

13. C　[命题意图]　本题考查组织结构设计的权变因素,难度较低。
[解析]　组织结构的权变因素包括:人员素质、组织战略、组织技术、组织环境、组织规模、组织生命周期。故选 C。

14. C　[命题意图]　本题考查组织结构的特征因素,难度较低。
[解析]　职业化程度,是指员工为了胜任本职工作而需要接受正规教育和培训的程度。通常可以用员工的平均文化程度或上岗职业培训期限作为衡量职业化程度高低的指标。故选 C。

15. B　[命题意图]　本题考查经验判断法,难度较低。
[解析]　经验判断法是指组织中的中高层管理者根据自己过去积累的工作经验以及个人的直觉,对组织未来所需要的人力资源的数量和结构等状况进行估计。该方法属于一种定性预测方法,较为粗略,适用于短期预测,以及那些规模较小或经营环境相对稳定、人员流动率不是很高的企业。故选 B。

16. C　[命题意图]　本题考查组织结构设计类型,难度较高。
[解析]　选项 C 说法错误,无边界组织是打破组织结构的各种边界而形成的新型组织,它并不意味着组织中原先各种边界完全消失,而是将原先各种边界模糊化,实现组织中信息的有效传递和分享,达到提高工作效率和激励创新的目的。故选 C。

17. B　[命题意图]　本题考查信度与效度,难度较高。
[解析]　选项 B 说法错误,内容效度是指一项测试的内容与测试所要达到的目标之间的相关程度,即一项测试的内容能够代表它所要测量的主题或特质的程度。构想效度是指能够测量出理论构想的程度。故选 B。

18. A　[命题意图]　本题考查认知能力测试,难度较低。
[解析]　认知能力测试可分为:①一般认知能力测试,它所要测量的不是一个人的某种单一特质,而是同时测量一个人的多种能力,如记忆能力、口头表达能力以及数学能力等;②特殊认知能力测试,

D45

主要针对一些比较具体的认知能力,如归纳和演绎能力、语言理解力、记忆能力、空间关系能力、机械理解能力、创造力等设计的测试。故选A。

19. A [命题意图] 本题考查德尔菲法的优点,难度中等。
[解析] 德尔菲法的优点包括:①吸取和综合了众多专家的意见,避免了个人预测的片面性;②不采用集体讨论的方式,而且匿名进行,避免了从众的行为,同时也避免了专家们必须在一起开会的麻烦;③采取多轮预测的方法,具有较高的准确性。故选A。

20. B [命题意图] 本题考查工作样本测试,难度较低。
[解析] 选项B说法错误,工作样本测试是在一个对实际工作的一部分或全部进行模拟的环境中,让求职者实地完成某些具体的工作任务的一种测试方法,其优点在于效标效度和内容效度都很高。故选B。

21. A [命题意图] 本题考查绩效管理工具,难度较高。
[解析] 选项A说法错误,目标管理法就是一种沟通的程序或过程,强调企业上下一起协商,将企业目标分解成个人目标,并将这些目标作为公司经营、评估、奖励的标准。目标管理法更易操作,且较为公平。故选A。

22. D [命题意图] 本题考查战略性绩效管理,难度较高。
[解析] 选项D说法错误,在差异化战略下,绩效考核评价主体应多元化。如果组织实施成本领先战略,可以只选择直接上级作为评价主体。故选D。

23. B [命题意图] 本题考查情景化结构面试,难度较低。
[解析] 情境化结构面试实际上属于结构化面试的一种。在这种面试中,被面试者需要回答他们将来在实际工作中很可能会遇到的工作环境以及非常具体的工作任务、工作问题或难题。故选B。

24. D [命题意图] 本题考查跨部门团队绩效考核,难度较低。
[解析] 跨部门团队绩效考核适用于矩阵组织形式,关键是做好标准化工作,即目标、考核程序、组织、方法手段标准化。对于性质相同的部门注意采用同一评价方法,使考核结果具有可比性。故选D。

25. A [命题意图] 本题考查战略性薪酬管理,难度较高。
[解析] 选项B错误,采用稳定战略的企业,在薪酬结构中,基本薪酬和福利所占比重应较高。选项C错误,采用收缩战略的企业,基本薪酬所占比例相对较低。选项D错误,采用创新战略的企业,其基本报酬应以劳动力市场通行水平为准且略高于市场水平。故选A。

26. B [命题意图] 本题考查职位评价方法,难度较高。
[解析] 选项A错误,职位评价的定性方法包括排序法和分类法,定量方法包括因素比较法和要素计点法。选项C错误,要素计点法的最大优点在于更为精确,排序法最大的优点是简单易行。选项D错误,因素比较法的准确性和公平性容易遭到员工质疑。故选B。

─ 要点透析 ─

职位评价方法

方法	优点	局限性
排序法	简单易行;成本较低;易于与员工沟通	没有详细具体的评价标准,主观成分很大。只能确定职位的序列,不能确定所排序的职位之间的相对价值
分类法	简单;容易解释;能够真实反映有关企业的结构	等级定义比较困难;存在较大的主观因素
要素计点法	更为精确,评价结果更容易被员工所接受;同时允许对职位之间的差异进行微调	设计与实施都比较复杂;对管理水平要求较高
因素比较法	较为完善,可靠性高;使不同的职位间更具可比性;可由职位内容直接求得具体薪酬金额	评价体系设计复杂,难度较大,成本较高;不易理解,准确性和公平性容易遭到员工质疑

27．C　[命题意图]　本题考查强制分布法的作用，难度较低。

[解析]　当一个企业实行末位淘汰机制时，强制分布法能很快鉴别出哪些员工应当被淘汰，这从一个侧面也会对员工起到鞭策和激励作用。故选C。

28．C　[命题意图]　本题考查薪酬体系设计的基本步骤，难度较低。

[解析]　薪酬结构设计是薪酬的内部一致性和外部竞争性这两种薪酬有效性标准之间进行平衡的一种结果。故选C。

29．D　[命题意图]　本题考查驻外人员薪酬的相关内容，难度较高。

[解析]　驻外人员的福利由标准福利和额外福利组成，其中标准福利包括保障计划和带薪休假；额外福利包括搬家补助、驻外人员子女教育津贴、探亲假和差旅补助、带薪休假及津贴。故选D。

30．B　[命题意图]　本题考查职业生涯锚类型，难度较低。

[解析]　管理能力型职业生涯锚的人往往追求一般性管理工作，且责任越大越好；具有强烈的升迁动机，以提升等级和收入作为衡量成功的标准；具有分析能力、人际沟通能力和情绪控制能力的强强组合特点；对组织有很大的依赖性。故选B。

31．C　[命题意图]　本题考查职业生涯发展阶段及其主要任务，难度较低。

[解析]　职业生涯发展阶段主要包括探索期、建立期、维持期和衰退期。在维持期，员工的发展任务主要是维持成就感，更新技能。故选C。

┃ 要点透析 ┃

职业生涯发展阶段及其主要任务

发展阶段	探索期	建立期	维持期	衰退期
发展任务	确定兴趣、能力，让自我与工作相匹配	晋升、成长、安全感，生涯类型的确立	维持成就感，更新技能	退休计划，改变工作与非工作之间的平衡
活动	协助、学习、遵循方向	独自作出贡献	训练、帮助、政策制定	退出工作
身份	学徒	同事	导师	顾问
专业资历	2年以下	2~10年	多于10年	多于10年

32．D　[命题意图]　本题考查我国调整劳动关系的制度和机制，难度较低。

[解析]　我国调整劳动关系的制度和机制主要包括劳动合同制度、集体合同制度、劳动规章制度、职工民主管理制度、劳动争议处理制度、协调劳动关系三方机制和劳动监察制度。故选D。

33．C　[命题意图]　本题考查员工申诉管理的原则，难度较低。

[解析]　员工申诉管理的原则包括：合法原则、公平原则、明晰原则、及时原则、反馈原则、保密原则。选项C说法错误，保密原则强调，为保护当事人的权益，在员工提出申诉后和申诉调查期间应对相关事项进行严格保密，减少申诉者的疑虑，尤其不能泄露申诉内容和申诉人的个人隐私，避免出现打击报复等恶性事件。故选C。

34．C　[命题意图]　本题考查职业生涯锚，难度较低。

[解析]　自主独立型职业生涯锚的人总是希望随心所欲地安排自己的工作方式和生活方式，追求能够施展个人能力的工作环境，最大限度地摆脱组织的束缚。故选C。

35．C　[命题意图]　本题考查劳动力供给总量，难度较低。

[解析]　劳动力供给总量取决于劳动力供给数量和劳动力供给质量两个因素。影响劳动力供给数量的因素包括人口总量、劳动力参与率、劳动者的周平均工作时间。而劳动力队伍的身体健康状况以及受教育和训练的程度影响的是劳动力供给质量。故选C。

36．A　[命题意图]　本题考查培训与开发效果评估，难度较低。

[解析]　培训与开发效果评估中应用最广的是层次评估模型。故选A。

37．C　[命题意图]　本题考查优等和次等劳动力市场，难度较低。

[解析]　双层劳动力市场理论认为，劳动力市场可以被划分为优等劳动力市场和次等劳动力市场两个相互独立的部分。造成优等和次等这两种劳动力市场之间出现相对隔离的主要原因是贫穷、歧视以及受教育程度不高导致的技能缺乏。故选C。

38. C [命题意图] 本题考查劳动力参与率,难度较低。

[解析] 劳动力参与率是指在16岁以上总人口中,就业人口与失业人口之和所占的百分比,即:劳动力参与率=(就业人口+失业人口)/(全部人口-16岁以下人口)×100%=(50+10)/(100-20)×100%=75%。故选C。

39. A [命题意图] 本题考查劳动力市场的特征,难度较低。

[解析] "劳动力市场上的交易使得交易双方之间的关系在一定时期内被固化下来"体现了劳动力市场的延续性。故选A。

40. C [命题意图] 本题考查我国调整劳动关系的制度和机制,难度较低。

[解析] 《中华人民共和国劳动争议调解仲裁法》等法律法规,明确了以协商、调解、仲裁、诉讼为主要环节的先裁后审的劳动争议处理制度。故选C。

41. D [命题意图] 本题考查个人劳动力供给,难度较低。

[解析] 工资率对个人劳动力供给会同时产生收入效应和替代效应,这导致了个人劳动力供给曲线是一条"向后弯曲"的曲线。它表示,工资率上升,个人劳动力供给时长先增加,后下降。故选D。

| 要点透析 |

工资率变动所产生的规模效应		
工资率变动	劳动力成本	资本	劳动力需求量
上升	提高	变得相对便宜,增加资本使用	减少
下降	降低	变得相对昂贵,减少资本使用	增加

42. A [命题意图] 本题考查劳动力市场结构,难度较高。

[解析] 选项A说法错误,内部劳动力市场的基本特征是企业通常从外部招聘员工来填补较低级别岗位的空缺,内部的中高层职位一般都是通过内部晋升来实现。故选A。

43. D [命题意图] 本题考查晋升竞赛,难度较低。

[解析] 选项D说法错误,被晋升者将得到更高一级的新职位所带来的全部报酬,但失败者不会因为参加竞赛而得到任何报酬。故选D。

44. A [命题意图] 本题考查劳动力需求的交叉工资弹性,难度较高。

[解析] 劳动力需求的交叉工资弹性是指一种劳动力的工资率变化1%引起的另一类劳动力需求量变化的百分比。如果两种劳动力的交叉工资弹性值为负,则意味着一种劳动力的工资率提高会促使另一种劳动力的需求数量减少,说明两者之间是一种总互补关系。反之,劳动力需求的交叉工资弹性值为正,则两种劳动力之间为总替代关系。在本题中,女性劳动力的工资率上涨1%导致男性劳动力的就业量下降0.5%,说明女性劳动力与男性劳动力之间存在总互补关系。故选A。

45. B [命题意图] 本题考查劳动关系的概念,难度较低。

[解析] 在我国,法律界定的用人单位中,个体经济组织是指雇工7人以下(包含7人)的个体工商户。故选B。

46. C [命题意图] 本题考查工资差别,难度较高。

[解析] 选项C说法错误,现代经济学家将职业之间的工资差别分为补偿性工资差别、竞争性工资差别和垄断性工资差别。其中,垄断性工资差别可分为自然垄断性工资差别和非自然垄断性工资差别,采取城乡分隔的就业政策会导致非自然垄断性工资差别。故选C。

47. D [命题意图] 本题考查失业统计,难度较低。

[解析] 在我国关于失业人员的统计中,失业人员必须满足的条件包括:①在法定劳动年龄之内;②有工作能力和工作意愿;③尚未实现就业。故选D。

48. A [命题意图] 本题考查失业率与劳动力市场存量—流量模型,难度较高。

[解析] 选项B错误,失业者变成就业者,失业率下降。选项C错误,非劳动力变成就业者,失业率下降。选项D错误,失业者变成非劳动力,失业率下降。故选A。

49. A [命题意图] 本题考查劳动力需求及其影响因素,难度较低。

[解析] 直接需求是指人们对那些能够直接满足自己的某种需要的商品所产生的需求,如对食品和服饰的需求,人们通过对这些商品的消费能够产生直接的效用即满足。故选A。

50. C [命题意图] 本题考查高等教育投资的基本推论,难度较高。

[解析] 选项C说法错误,通常情况下,人们是根据上大学的总收益来做出上大学的投资决策的。上大学的总收益是指一个人在接受大学教育之后

的终身职业生涯中获得的超过高中毕业生的工资性报酬,而不是大学毕业后所获得的工资。因此,**大学毕业生与高中毕业生之间的工资性报酬差距越大,则愿意投资于大学教育的人相对来说就会越多**。故选C。

51.C [命题意图] 本题考查在职培训,难度较低。

[解析] 选项C说法错误,在职培训可分为一般培训和特殊培训。通常情况下,一般培训的成本应当全部由受训人员承担,并享有全部收益。特殊培训的成本由企业和受训人员共同承担,共同享有收益。故选C。

52.C [命题意图] 本题考查劳动力跨地区流动,难度较低。

[解析] 选项C说法错误,跨地区劳动力流动对劳动力流入地和劳动力流出地均可能存在一定程度的好处和坏处,并不能绝对地认为只对流入地有好处,对流出地没有好处。故选C。

53.D [命题意图] 本题考查最低工资立法及其影响,难度较高。

[解析] 选项D说法错误,政府的最低工资立法对于收入分配的不平等程度有可能会同时产生压缩效应和扩大效应。故选D。

54.A [命题意图] 本题考查劳动合同的变更,难度较低。

[解析] 选项B错误,变更劳动合同,应当采用书面形式。选项CD错误,变更劳动合同的情形一般包括:①双方当事人经协商,达成一致变更劳动合同;②劳动合同订立时所依据的客观情况发生重大变化,致使劳动合同无法履行,导致劳动合同需要变更;③劳动者不能胜任工作,被调整了工作岗位,需要变更劳动合同等。故选A。

55.A [命题意图] 本题考查劳动合同的解除,难度较高。

[解析] 选项A说法错误,劳动合同解除可分为协商解除和法定解除。法定解除是指出现了法律规定的可以解除劳动合同的情况时,不需双方当事人一致同意,劳动合同可以被单方解除的情形。故选A。

56.D [命题意图] 本题考查失业率与劳动力市场的存量—流量模型,难度较低。

[解析] 长期失业率是指失业满一年以及超过一年以上的失业者在劳动总人口中所占的比例,从另外一个角度反映了一个国家或地区失业问题的严重程度。故选D。

57.D [命题意图] 本题考查劳动争议,难度较低。

[解析] 根据《最高人民法院关于审理劳动争议案件适用法律若干问题的解释(二)》,劳动者与用人单位解除或者终止劳动关系后,请求用人单位办理人事档案转移发生争议,属于劳动争议。故选D。

58.C [命题意图] 本题考查城乡居民养老保险,难度较低。

[解析] 选项AB错误,年满16周岁(不含在校学生)、非国家机关和事业单位工作人员及不属于职工基本养老保险制度覆盖范围的城乡居民,可以在户籍地参加城乡居民养老保险。选项D错误,城乡居民养老保险基金由个人缴费、集体补助以及政府补贴构成。故选C。

59.C [命题意图] 本题考查工伤认定,难度较高。

[解析] 视同工伤的情形包括:①在工作时间和工作岗位,突发疾病死亡或在48小时之内经抢救无效死亡的;②在抢险救灾等维护国家利益、公共利益活动中受到伤害的;③职工原在军队服役,因战、因公负伤致残,已取得残疾军人证,到用人单位后旧伤复发的。在工作时间和工作场所内,因履行工作职责受到暴力伤害等意外伤害的应当认定为工伤。故选C。

60.C [命题意图] 本题考查劳动争议诉讼,难度较高。

[解析] 选项C说法错误,用人单位与其招用的已经依法享受养老保险待遇或领取退休金的人员发生用工争议,向人民法院提起诉讼的,人民法院应当按劳务关系处理。故选C。

二、多项选择题

61.ABDE [命题意图] 本题考查公平理论,难度中等。

[解析] 选项C错误,公平理论认为:人们不仅关心自己的绝对报酬,而且关心自己和他人工作报酬上的相对关系;员工倾向于将自己的产出与投入的比率与他人(成为对照者)的产出与投入的比率相比较,来进行公平判断,比较角度有纵向比较(组织内自我比较、组织外自我比较)和横向比较(组织内他比、组织外他比)。故选ABDE。

62.ADE [命题意图] 本题考查决策过程,难度较低。

[解析] 西蒙的决策过程包括智力活动、设计活动、选择活动。故选ADE。

63.ABDE [命题意图] 本题考查管理层次和管理幅度,难度较低。

[解析] 选项C错误,**管理层次和管理幅度存在负相关的数量关系**。故选ABDE。

64.ADE [命题意图] 本题考查组织发展方法,难度较低。

[解析] 传统的组织发展方法包括结构技术和人文技术。其中,结构技术包括:合并职能部门、简化部门规章、扩大员工自主性、工作再设计等。人文

技术包括：敏感性训练、调查反馈、质量圈、团队发展。故选 ADE。

65. **BDE** [命题意图] 本题考查德尔菲法，难度较低。
[解析] 选项 A 错误，运用德尔菲法进行人力资源需求预测，并不采用集体讨论的方式，而是匿名进行。选项 C 错误，使用德尔菲法时需注意，问题设计要合理，不要让专家一次回答过多的问题。故选 BDE。

66. **ABCE** [命题意图] 本题考查人力资源供求平衡的对策，难度较低。
[解析] 当组织内部的人力资源供给小于需求时，说明此时组织缺人，可以采取业务外包、临时雇佣、外部招聘、加班加点等方法进行平衡。选项 D 错误，扩大经营规模会增加组织对人力资源的需求。故选 ABCE。

67. **ABD** [命题意图] 本题考查股票增值权作为股权激励模式的优点，难度较低。
[解析] 选项 C 属于股票期权的优点，选项 E 属于限制性股票的优点。故选 ABD。

68. **CDE** [命题意图] 本题考查国际人力资源的绩效考核，难度较低。
[解析] 选项 A 错误，从绩效考核的目标看，国际人力资源的绩效考核不仅关注业绩，而且突出战略方向，强调企业的长远发展。选项 B 错误，国际人力资源的绩效考核更倾向于结果的考核，而不是基于员工特征的考核。故选 CDE。

69. **ABCD** [命题意图] 本题考查人才管理的主要内容，难度中等。
[解析] 选项 E 错误，建立学习型组织，重视员工，属于高绩效工作系统内容。故选 ABCD。

70. **ACE** [命题意图] 本题考查培训与开发的效果评估，难度较低。
[解析] 选项 B 错误，结果评估的目标是评估受训人员工作行为改变对其所服务的组织绩效的影响作用。选项 D 错误，硬指标包括产出、质量、成本、时间。软指标包括工作习惯、工作满意度、主动性、顾客服务。故选 ACE。

71. **ACD** [命题意图] 本题考查工会的类型，难度较低。
[解析] 工会的划分方式主要有以下两种：①按工会的组织结构形式划分为职业工会、产业工会、总工会；②按工会的层级划分为企业工会、区域性（或地方性）工会、全国性工会。故选 ACD。

72. **BD** [命题意图] 本题考查劳动力市场均衡，难度较低。
[解析] 当劳动力供给曲线不变，而劳动力需求曲线右移时，均衡工资率上升，均衡就业量上升。故选 BD。

73. **ABCE** [命题意图] 本题考查劳动力市场歧视，难度较高。
[解析] 选项 D 错误，职业隔离是指一个人口群体内部的职业分布与其他人口群体内部的职业分布存在很大差异的情况。可用差异指数对职业隔离进行衡量，如果所有的职业都是完全隔离的，则差异指数的值等于 100。故选 ABCE。

74. **ACDE** [命题意图] 本题考查人才管理，难度中等。
[解析] 人才"零库存"模式的特点包括：同时利用制造人才和购买人才两种策略应对人才供求两个方面的风险，并保持适当的平衡；适应人才需求的不确定性，小规模、多批次地培养人才；降低人才开发风险，提高人才开发的投资回报率；通过平衡组织和员工之间的利益来保护组织的培训开发投资。故选 ACDE。

75. **ABDE** [命题意图] 本题考查高等教育投资的收益，难度较高。
[解析] 选项 C 错误，选择性偏差是指高估了那些没上大学的人因为没上大学而放弃的收益，同时又低估了那些上大学的人通过上大学而获得的收益。故选 ABDE。

76. **ACE** [命题意图] 本题考查劳动力流动的影响因素，难度较高。
[解析] 选项 B 错误，企业的组织文化以及领导风格会影响劳动力的流动。当员工不喜欢组织文化、对直接上级的管理能力水平或领导力不满、与同事相处不愉快、个人成就感得不到满足等，都有可能导致员工流失。选项 D 错误，当劳动力市场出现明显的供大于求的现象时，劳动者找到新就业机会的概率下降，已经就业的劳动者的流动动机显然会受到削弱，故劳动力的流动率会降低。故选 ACE。

77. **ABDE** [命题意图] 本题考查平衡计分卡法，难度较低。
[解析] 平衡计分卡法是一种新型的战略性绩效管理系统和方法，它着眼于公司的长远发展，从四个角度关注企业的绩效，即财务角度、客户角度、内部流程角度、学习与发展角度。故选 ABDE。

78. **ABDE** [命题意图] 本题考查职业兴趣类型，难度中等。
[解析] 选项 C 错误，社会型的人适合从事社会、教育、咨询等方面的工作。故选 ABDE。

79. **BCD** [命题意图] 本题考查劳动争议仲裁时效，难度较高。
[解析] 选项 B 说法错误，劳动争议申请仲裁的时效期间为 1 年，从当事人知道或者应当知道其权利

D50

被侵害之日起计算。选项 C 说法错误,因不可抗力当事人不能在法定 1 年的仲裁时效期间申请仲裁的,仲裁时效中止。选项 D 说法错误,劳动争议对方当事人在时效期间内同意履行义务的,仲裁时效中断。故选 BCD。

> 要点透析

<table>
<tr><td colspan="2" align="center">劳动争议仲裁时效期间的补充规定</td></tr>
<tr><td>补充内容</td><td>具体规定</td></tr>
<tr><td>仲裁时效中断</td><td>在争议申请仲裁的时效期间内,有下列情形之一的,仲裁时效中断;从中断时起,仲裁时效期间重新计算:①一方当事人向对方当事人主张权利的;②一方当事人请求权利救济的;③对方当事人同意履行义务的</td></tr>
<tr><td>仲裁时效中止</td><td>因不可抗力,或者有无民事行为能力或者限制民事行为能力劳动者的法定代理人未确定等其他正当理由,当事人不能在法定 1 年的仲裁时效期间申请仲裁的,仲裁时效中止。从中止时效的原因消除之日起,仲裁时效期间继续计算</td></tr>
<tr><td>拖欠劳动报酬的劳动争议</td><td>劳动关系存续期间因拖欠劳动报酬发生争议的,劳动者申请仲裁不受 1 年仲裁时期间的限制;但是劳动关系终止的,应当自劳动关系终止之日起 1 年内提出</td></tr>
</table>

80. **ABD** [命题意图] 本题考查无领导小组讨论,难度较低。
[解析] 选项 C 错误,所谓的"无领导小组",就是指在讨论的过程中,组织者不会为该小组指定一名领导人,而是让大家自由发言。选项 E 错误,在无领导小组讨论中使用的试题可以大致分为五种形式,并不是只有两难性的问题。故选 ABD。

三、案例分析题

(一)

81. **B** [命题意图] 本题考查按职能划分的组织形式,难度较低。
[解析] 职能制的主要特点有职能分工、直线—参谋制、管理权力高度集中。这些在题干中都有体现。故选 B。

82. **A** [命题意图] 本题考查组织结构设计的主要参数,难度中等。
[解析] 管理层次是指从最高一层管理组织到最低一级管理组织的各个组织等级。该公司中的组织等级有厂长、厂部、车间、工段、班组,所以管理层次为 5 层;管理幅度是指一名领导者直接领导的下级人员的数量。题干已经表明"每个上级直接管辖的下属为 3~9 人",所以管理幅度为 3~9 人。故选 A。

83. **B** [命题意图] 本题考查职能制组织形式的缺点,难度较低。
[解析] 职能制组织形式的缺点有:狭隘的职能观念;横向协调性差;适应性差;企业领导负担重;不利于培养具有全面素质、能够经营整个企业的管理人才。故选 B。

84. **B** [命题意图] 本题考查组织变革的方法,难度中等。
[解析] 组织变革的方法有以人员为中心的变革、以结构为中心的变革、以技术为中心的变革、以系统为中心的变革。以结构为中心的变革是对组织内部结构进行分化和整合,包括重新划分和合并部门,调整管理层次和管理幅度,任免责任人,明确责任和权力等。故选 B。

(二)

85. **C** [命题意图] 本题考查绩效评价技术,难度较低。
[解析] 材料中,将员工分为"优秀员工""合格员工"和"不合格员工"三类,三类员工的比例分别为 10%、85% 和 5%,这表明公司将被评估者的绩效结果划定在不同区域,避免出现趋中趋势。因此,"三工机制"的做法属于强制分布法。故选 C。

86. **ABC** [命题意图] 本题考查绩效面谈的技巧,难度较低。
[解析] 选项 D 错误,绩效面谈中,最忌讳主管人员喋喋不休,时常打断员工的谈话。故选 ABC。

87. **AD** [命题意图] 本题考查绩效辅导,难度较低。
[解析] 绩效辅导指的是在掌握了下属工作绩效的前提下,为提高员工绩效水平和自我效能感而进行的一系列活动。选项 B 错误,不同于绩效反馈面谈,绩效辅导贯穿于绩效实施的整个过程中,是一种经常性的管理活动。选项 C 错误,典型的绩效辅导活动通常包括探讨绩效现状和寻找改进绩效的方法。故选 AD。

88. ACD　[命题意图]　本题考查绩效评价主体的培训,难度较低。
　　[解析]　对绩效评价主体培训的内容包括:①绩效考核的理论和技术,同时向考核者说明以前的考核中存在的问题以及合理的解决方案;②增加工作绩效的多角度性,客观记录所见事实的重要性,合格与不合格员工的具体事例等。**工作分析技术不属于绩效评价主体的培训内容**。故选ACD。

(三)

89. D　[命题意图]　本题考查失业率的计算,难度较低。
　　[解析]　失业率=失业人数/(失业人数+就业人数)×100%=20/(20+480)×100%=4%。故选D。

90. AC　[命题意图]　本题考查劳动力市场的存量—流量模型,难度较高。
　　[解析]　在其他条件相同的情况下,就业者成为失业者、就业者成为非劳动力这两种流量会使得该市未来的失业率上升。故选AC。

91. ABD　[命题意图]　本题考查失业的类型,难度较低。
　　[解析]　摩擦性失业、结构性失业、技术性失业、季节性失业属于竞争性劳动力市场上的一种不可避免的较低水平的失业,是正常性的失业。故选ABD。

92. AB　[命题意图]　本题考查劳动力市场政策,难度较低。
　　[解析]　政府促进就业的宏观经济政策包括:货币政策、财政政策、收入政策、人力政策、产业政策。选项C错误,为长期失业者提供额外的失业补贴并不能增加就业。选项D错误,最低工资立法对于收入分配的不平等程度有可能会同时产生压缩效应和扩大效应。故选AB。

(四)

93. B　[命题意图]　本题考查甄选的效度,难度较低。
　　[解析]　预测效度所要考察的是员工被雇用之前的测试分数与其被雇用之后的实际工作绩效之间是否存在实证性联系。故选B。

94. A　[命题意图]　本题考查甄选的方法,难度中等。
　　[解析]　需要结合案例内容找出问题,陆续出现了一些管理人员违规侵占公司利益的问题。经过调查发现,公司录用的跳槽过来的个别人员在上家公司工作时就存在类似问题,因为被发现才不得不选择跳槽。可以得出该公司缺乏履历分析。故选A。

95. CD　[命题意图]　本题考查面试中需要注意的问题,难度中等。
　　[解析]　选项AB错误,面试中应该根据岗位的情况合理安排对每一位被面试者进行面试的时间长度,A、B两个选项表述错误。考官需要认真阅读简历材料和职位说明书,准备好相关的问题。培训中使面试考官理解在进行面试评价时可能会出现的各种偏差。故选CD。

96. ACD　[命题意图]　本题考查甄选方法中的评价中心技术,难度中等。
　　[解析]　选项B错误,**评价中心技术是一种情景模拟的形式,并非以实际工作任务进行考察**。故选ACD。

(五)

97. B　[命题意图]　本题考查劳动力市场的特征,难度较低。
　　[解析]　小昌在找工作时考虑多种因素(不仅考虑工资水平,还考虑职业发展前途、企业声誉等因素)的情况表明,劳动力市场存在交易条件复杂性的特征。故选B。

98. BCD　[命题意图]　本题考查效率工资,难度较低。
　　[解析]　选项A错误,**企业支付的超过市场均衡水平的高工资属于效率工资,而不是绩效工资**。企业往往假设高工资往往能够带来高生产率。这是因为:①高工资能帮助组织吸引到更优秀的、生产率更高的员工;②高工资有利于降低员工的离职率,逐渐提高生产率;③高工资能够让员工产生公平感。通常劳动者期望与企业保持长期雇佣关系的条件下,效率工资才能促进生产率的提高。故选BCD。

99. A　[命题意图]　本题考查劳动力需求量的影响因素,难度较高。
　　[解析]　选项B错误,机器人价格下降的替代效应会导致企业的劳动力需求下降。选项C错误,机器人对人工操作的替代反映了工资率对劳动力需求产生的影响。选项D错误,机器人对人工操作的替代反映两种生产要素之间的替代关系。故选A。

100. AB　[命题意图]　本题考查次等劳动力市场,难度较低。
　　[解析]　选项C错误,小王是通过次等劳动力市场实现就业的,次等劳动力市场的特征是就业不稳定、工资率较低、工作条件较差,同时工作的社会地位也相对较低。所以小王领取的不是效率工资。选项D错误,**次等劳动力市场上的劳动者是可以进入优等劳动力市场的,只不过需要经过大量的训练,满足优等劳动力市场的要求才可以**。故选AB。

《人力资源管理专业知识与实务》临考预测(二)答案解析

客观题答案速查：

1.B	2.D	3.C	4.B	5.D	6.C	7.A	8.A	9.A	10.B
11.C	12.D	13.B	14.A	15.C	16.B	17.C	18.D	19.A	20.B
21.D	22.B	23.D	24.C	25.C	26.D	27.C	28.C	29.B	30.A
31.D	32.A	33.D	34.C	35.B	36.D	37.B	38.C	39.C	40.D
41.B	42.B	43.A	44.A	45.B	46.A	47.C	48.B	49.C	50.C
51.C	52.B	53.D	54.B	55.B	56.A	57.B	58.C	59.C	60.C
61.ACE	62.DE	63.ABCD	64.BC	65.BCD	66.ACDE	67.ACD	68.AE	69.BDE	70.AB
71.ABCE	72.ADE	73.ABE	74.BE	75.ACD	76.ABC	77.ADE	78.ABCD	79.ABCE	80.BCDE
81.C	82.B	83.A	84.B	85.B	86.AC	87.ABD	88.ABD	89.B	90.D
91.AB	92.BCD	93.CD	94.AB	95.ABC	96.ABC	97.CD	98.B	99.BC	100.AB

一、单项选择题

1.B [命题意图] 本题考查动机的要素,难度较低。
[解析] 动机的三要素包括决定人行为的方向、努力的水平、坚持的水平。故选B。

2.D [命题意图] 本题考查马斯洛需要层次理论,难度较低。
[解析] 在马斯洛的需要层次理论中,自我实现的需要包括个人成长、发挥个人潜能、实现个人理想的需要。故选D。

3.C [命题意图] 本题考查双因素理论,难度较低。
[解析] 双因素理论也称激励—保健因素理论。其中,保健因素包括组织政策、监督方式、人际关系、工作环境和工资等因素。故选C。

要点透析

双因素理论内容

两种因素	具备	缺失
激励因素	成就感、别人的认可、工作本身、责任和晋升等因素	满意	没有满意
保健因素	组织政策、监督方式、人际关系、工作环境和工资等因素	没有不满	不满

4.B [命题意图] 本题考查组织文化的类型,难度较低。
[解析] 在俱乐部型组织中,资历是关键,年龄和经验都至关重要,培养通才。故选B。

5.D [命题意图] 本题考查绩效薪金制,难度较低。
[解析] 选项D说法错误,绩效薪金制是指将绩效与报酬相结合的激励措施,绩效薪金制同期望理论关系比较密切。故选D。

6.C [命题意图] 本题考查魅力型领导理论,难度较低。
[解析] 根据魅力型领导理论,魅力型领导的非道德特征包括:①为个人利益使用权力;②提升自己的个人愿景;③指责或批评相反的观点;④要求自己的决定被无条件接受;⑤单向沟通;⑥对追随者的需要感觉迟钝;⑦遵循外在道德标准。故选C。

7.A [命题意图] 本题考查劳动争议处理,难度较低。
[解析] 下列劳动争议适用《中华人民共和国劳动争议调解仲裁法》:①因确认劳动关系发生的争议;②因订立、履行、变更、解除和终止劳动合同发生的争议;③因除名、辞退和辞职、离职发生的争议;④因工作时间、休息休假、社会保险、福利、培训以及劳动保护发生的争议;⑤因劳动报酬、工伤医疗费、经济补偿或者赔偿金等发生的争议;⑥法律、法规规定的其他劳动争议。故选A。

8.A [命题意图] 本题考查关键绩效指标,难度较低。
[解析] 通常来说,关键绩效指标有四种类型:①数量类,如产品的数量、销售量等;②质量类,如合格产品的数量、不合格品比率等;③成本类,如单位产品的

成本、投资回报率等;④时限类,如及时性、供货周期等。故选A。

9. **A** ［命题意图］ 本题考查组织设计的程序,难度中等。

［解析］ 管理规范设计是进一步确定各项管理业务的工作程序、管理工作应达到的要求和管理人员应该采用的管理方法。该步骤是组织结构的细化,可以起到使组织合法化、规范化,巩固和稳定组织结构的作用。故选A。

10. **B** ［命题意图］ 本题考查生命周期理论,难度较低。

［解析］ 领导者的生命周期理论认为,影响领导风格选择的重要因素是下属的成熟度,包括:①工作成熟度:一个人的知识和技能水平。②心理成熟度:从事工作的意愿或动机。员工心理成熟度越高,自觉性越高,越不需要外力推动。反之,则要规定员工的工作任务和角色职责。故选B。

11. **C** ［命题意图］ 本题考查西蒙的决策过程,难度较低。

［解析］ 西蒙把决策过程依次分为智力活动、设计活动、选择活动三个阶段。故选C。

12. **D** ［命题意图］ 本题考查知识测试,难度中等。

［解析］ 选项D说法错误,知识测试通常都是以笔试的方式完成,但并非所有的笔试都属于知识测试。故选D。

13. **B** ［命题意图］ 本题考查组织发展的含义,难度较低。

［解析］ 组织发展的目的在于重视人员和组织的成长、合作与参与过程以及咨询精神。故选B。

14. **A** ［命题意图］ 本题考查组织结构的特征因素,难度较低。

［解析］ 选项A说法错误,组织的地区分布表明组织结构在空间的复杂程度。故选A。

15. **C** ［命题意图］ 本题考查矩阵组织形式,难度较低。

［解析］ 选项C说法错误,在矩阵组织中,为了完成某一特定任务,首先由产品经理(或项目经理)同职能部门经理之间,以及项目小组内部各成员之间进行直接接触,达到彼此协调和配合。只有低层次的协调无法解决分歧时,才由上级主管人员进行高层次的协调。故选C。

16. **B** ［命题意图］ 本题考查矩阵组织形式,难度较高。

［解析］ 选项B说法错误,按职能划分的组织形式有利于管理人员注重并能熟练掌握本职工作的技能。故选B。

17. **C** ［命题意图］ 本题考查组织文化的结构,难度较低。

［解析］ 组织文化包含三个层次,分别是物质层、制度层和精神层。其中,精神层是形成物质层及制度层的思想基础,是组织文化的核心和灵魂,它是组织文化形成的主要标志和标准。故选C。

18. **D** ［命题意图］ 本题考查绩效改进方法,难度较低。

［解析］ 六西格玛管理关注组织业务流程的误差率。故选D。

19. **A** ［命题意图］ 本题考查培训与开发决策分析的概念,难度较低。

［解析］ 选项A说法错误,企业在进行培训投资决策之前,一般会考虑以下三方面的因素:①培训与开发的支出;②员工参加培训给组织带来的收益;③培训后组织支付给员工的加薪。故选A。

20. **B** ［命题意图］ 本题考查人力资源管理与战略规划之间的联系,难度较低。

［解析］ 单向联系是指战略规划制定好后告知人力资源管理部门,让其配合战略实施。人力资源管理的重要性只是在执行方面,忽视了它在战略规划中的作用。故选B。

21. **D** ［命题意图］ 本题考查人力资源需求预测的影响因素,难度较低。

［解析］ 选项D说法错误,组织在未来可能采用的新技术会影响到组织的人力资源需求,这种影响不仅体现在人力资源数量上,而且可能体现在对人力资源质量上的要求。故选D。

22. **B** ［命题意图］ 本题考查人力资源需求预测方法,难度较低。

［解析］ 选项A错误,该选项描述的是经验判断法的概念。选项C错误,运用德尔菲法时,专家彼此之间并不见面,也不进行沟通。选项D错误,德尔菲法是一种定性的人力资源需求预测方法。故选B。

23. **D** ［命题意图］ 本题考查常用的信度测试方式,难度较高。

［解析］ 内部一致性信度反映的是同一测试内容中的各个题目得分的一致性程度。故选D。

> **要点透析**

常用的信度测试方式

测试方式	基本含义
重测信度 （再测信度）	它是指使用同一种测试方法对一组被测试者在不同时间进行测试的结果之间的一致性程度。它可以用来考察一种测试工具在时间上的稳定性
复本信度	它是指对同一被测试者进行两种等值的、内容相当的测试，所得到的结果之间的一致性程度。它反映了两个测验在内容上的等值程度
内部一致性信度	它是指把同一被测试者进行的同一测试分为若干部分，考察各部分所得结果之间的一致性程度。它可以考察同一测试内容的各个题目是否在测量同一内容或特质。 考察方式：分半信度、同质性信度（克伦巴赫 α 系数）
评价者信度	它是指不同评价者使用同一种测试工具对被测试者同一行为或表现进行评价时，所给出的分数之间的一致性程度

24.A [命题意图] 本题考查培训与开发的组织体系，难度中等。
[解析] 培训与开发机构隶属于人力资源部，是其中的一个部门。把培训与开发看作整个人力资源管理系统的一部分，便于形成一个协调、统一的培训与开发计划，缺点是无法体现培训与开发在组织中的战略位置，而且会受到其他工作的影响，难以保证培训与开发的力度和连续性。培训与开发机构与人力资源部并列时，需要在两个部门之上设置一个领导充当组织和协调的角色。故选 A。

25.C [命题意图] 本题考查组织结构设计的主要参数，难度较低。
[解析] 职业化程度是指员工为了胜任本职工作而需要接受正规教育和培训的程度。通常用员工的平均文化程度或上岗职业培训期限作为衡量指标。故选 C。

26.D [命题意图] 本题考查甄选的主要方法，难度较低。
[解析] 选项 D 说法错误，公文筐测试的缺点在于编制成本较高，而且评分比较困难。故选 D。

27.D [命题意图] 本题考查培训与开发效果评估的内容，难度较低。
[解析] 在实际工作中，组织很少进行投资收益评估，因为对其进行评估是一个困难且昂贵的过程。故选 D。

28.B [命题意图] 本题考查绩效管理，难度较低。
[解析] 选项 B 说法错误，绩效管理侧重于信息的沟通和绩效的提高，绩效考核则侧重于绩效的识别、判断和评估。故选 B。

> **要点透析**

绩效管理和绩效考核

项目	绩效管理	绩效考核
目的	绩效管理的主要目的是建立客观、简洁的绩效优化体系，实现组织与个人绩效的紧密融合。绩效优化体系可以保留、激励员工，持续地培养和发展员工，依据组织需要调整人员配置，从而提升企业的核心竞争力	通过绩效考核，可以评价员工的实际工作效果并对其进行针对性的奖励和惩罚、了解员工的发展潜力，最终实现员工与组织的共同发展
区别	①它是一个完整的管理过程； ②侧重于信息的沟通和绩效的提高	①它是绩效管理中的一个环节； ②侧重于绩效识别、判断和评估
联系	①绩效考核是绩效管理的重要组成部分，绩效考核的顺利实施不仅取决于评价过程本身，更取决于评价相关的整个绩效管理过程； ②有效的绩效考核是对绩效管理的有力支撑，成功的绩效管理也会推动绩效考核的顺利开展	

29. B [命题意图] 本题考查战略性绩效管理,难度较高。

[解析] 选项 B 说法错误,采取差异化战略的组织,评价主体应多元化。采取成本领先战略的组织,可以只选择直接上级为评价主体。故选 B。

30. A [命题意图] 本题考查劳动关系的主体,难度中等。

[解析] 雇主组织的作用包括:参与集体谈判;参与劳动立法和政策制定;在劳动争议处理过程中向其成员提供法律服务;通过雇主组织的培训机构为会员企业提供培训服务。故选 A。

31. D [命题意图] 本题考查绩效管理工具,难度较高。

[解析] 选项 D 说法错误,平衡计分卡法从客户角度、内部流程角度、学习与发展角度和财务角度关注企业绩效。故选 D。

32. A [命题意图] 本题考查劳动和社会保险行政争议的解决方式,难度较低。

[解析] 从现行法律规定来看,解决劳动和社会保险行政争议的方式主要是待遇复查、行政复议和行政诉讼。故选 A。

33. D [命题意图] 本题考查战略性薪酬管理,难度较高。

[解析] 选项 A 错误,采用成长战略的企业,在薪酬管理中应强调企业与员工共担风险,共享收益。选项 BC 错误,采用成本领先战略的企业,提供不高于竞争对手的薪酬,在薪酬结构中,基本薪酬和福利所占比重应较低。故选 D。

34. C [命题意图] 本题考查股票期权,难度较低。

[解析] 选项 C 说法错误,股票期权只有在行权价格低于行权时本企业股票的市场价格才有价值。故选 C。

35. B [命题意图] 本题考查销售人员的薪酬制度,难度较低。

[解析] 销售人员的薪酬制度包括:①单纯佣金制:全部薪酬收入都来自于佣金。②基本薪酬加佣金制:销售人员的薪酬由基本薪酬和按销售业绩提取的佣金组成。③基本薪酬加奖金制。④基本薪酬加佣金加奖金制。故选 B。

36. D [命题意图] 本题考查劳动仲裁延长期限,难度较低。

[解析] 劳动争议案件案情复杂申请延期的,劳动仲裁延长期限不得超过 15 天。故选 D。

37. B [命题意图] 本题考查劳动力工资总量的变化,难度中等。

[解析] 劳动力需求缺乏弹性,工资率下降,劳动力需求上升的相对程度会低于工资率下降的程度,这类劳动力工资总量下降。故选 B。

▎要点透析▎

劳动力工资总量的变化

工资弹性	工资率变化	劳动力工资总量
富有弹性	工资率上升	下降
	工资率下降	上升
缺乏弹性	工资率上升	上升
	工资率下降	下降
单位弹性	上升或下降	无变化

38. C [命题意图] 本题考查失业的类型及其成因与对策,难度中等。

[解析] 周期性失业是指由经济周期或经济波动引起劳动力市场供求失衡所造成的失业。故选 C。

39. C [命题意图] 本题考查职位评价的原则,难度较高。

[解析] 职位评价的原则主要包括:系统性原则、战略性原则、标准化原则、员工参与原则、结果公开原则、实用性原则。其中,结果公开原则可以降低不公正现象,提高员工的满意度。故选 C。

40. D [命题意图] 本题考查员工申诉管理的原则,难度较低。

[解析] 员工申诉管理的原则主要包括:合法原则、公平原则、及时原则、明晰原则、反馈原则、保密原则。其中,反馈原则表明要及时地将员工申诉事项的结果告知员工。故选 D。

41. B [命题意图] 本题考查劳动力市场的特征,难度较低。

[解析] 选项 B 说法错误,劳动力的出售者在交易完成之后,还会继续参与劳动力购买者的生产过程,这体现了劳动力市场交易的延续性。选项 A 描述的是交易条件的复杂性,选项 C 描述的是多样性,选项 D 描述的是特殊性。故选 B。

42. B [命题意图] 本题考查家庭生产理论,难度。

[解析] 家庭生产理论不是从单个劳动者的角度来分析劳动力供给问题,它是以家庭为单位来分析一个家庭的劳动力供给问题。故选 B。

43. A [命题意图] 本题考查仲裁管辖,难度较低。

[解析] 选项 A 说法错误,由于劳动人事争议仲裁委员会不按行政区层层设立,因此其地域管辖也不按行政区划划分。故选 A。

44. A [命题意图] 本题考查失业率的统计,难度较高。

[解析] 失业率=失业人数/(失业人数+就业人

数),"因退休而退出劳动力市场的人数增加"将使就业人数减少,所以会使失业率上升。故选A。

45.B [命题意图] 本题考查工资水平与企业规模的关系,难度较低。
[解析] 选项B说法错误,规模较大的企业给员工提供的高工资可以被看成是一种补偿性的工资差别,即要求员工接受严格的纪律约束从而导致工作对员工的吸引力较差,于是就需要对他们提供一种补偿。故选B。

46.A [命题意图] 本题考查高等教育投资决策的基本模型,难度较低。
[解析] 选项A正确,学费属于上大学的直接成本。故选A。

47.C [命题意图] 本题考查工伤认定,难度较低。
[解析] 选项C说法错误,在工作时间和工作场所内,因履行工作职责受到暴力等意外伤害的属于工伤认定范围。故选C。

48.B [命题意图] 本题考查高等教育投资的私人收益估计偏差,难度较高。
[解析] 低估偏差是指低估了教育尤其是高等教育所产生的私人收益。上大学的收益不仅表现为较高的生产率,还表现为心理上的收益和非货币收益。另外,上大学所获得的超过高中毕业生的货币报酬不仅仅包括工资性报酬部分,还包括福利部分。这些在估算上大学的收益时可能被忽略了,因此容易产生低估偏差。故选B。

49.B [命题意图] 本题考查在职培训的成本,难度

较低。
[解析] 邀请外部讲师培训的讲课费属于在职培训的直接成本。故选B。

50.C [命题意图] 本题考查建立企业年金的程序,难度较低。
[解析] 企业应当将企业年金方案报送所在地县级以上人民政府人力资源社会保障行政部门。人力资源社会保障行政部门自收到企业年金方案文本之日起15日内未提出异议的,企业年金方案即行生效。故选C。

51.C [命题意图] 本题考查劳动合同的终止,难度较低。
[解析] 如果在本单位患职业病被确认丧失劳动能力的,即使劳动合同期满,劳动合同也应当续延至相应的情形消失时才能终止。故选C。

52.B [命题意图] 本题考查劳动力跨地区流动,难度较高。
[解析] 劳动力流动主要受地区间人均收入差别、工作机会多少、迁移距离、迁移成本以及劳动力迁出地区和迁入地区的关系紧密程度等方面影响。跨地区劳动力流动对流入地、流出地既会带来收益,也会带来成本。故选B。

53.D [命题意图] 本题考查失业保险,难度较低。
[解析] 领取失业保险金的条件包括:①失业前用人单位和本人已经缴纳失业保险费满1年;②非因本人意愿中断就业;③已经进行失业登记,并有求职要求。故选D。

[要点透析]

失业保险金的领取

领取条件	①失业前用人单位和本人已经缴纳失业保险费满1年; ②非因本人意愿中断就业; ③已进行失业登记,并有求职要求
停止领取的情况	①重新就业的; ②应征服兵役的; ③移居境外的; ④享受基本养老保险待遇的; ⑤无正当理由,拒不接受介绍的工作或提供的培训的
领取期限	失业前用人单位和本人缴纳失业保险费: ①累计满1年不足5年的,领取期限最长为12个月; ②累计满5年不足10年的,领取期限最长为18个月; ③累计10年以上的,领取期限最长为24个月; 失业保险金领取期限自办理失业登记之日起计算
领取标准	由省、自治区、直辖市人民政府规定,不得低于城市居民最低生活保障标准
其他规定	领取失业保险金人员参加职工医保应缴纳的保险费从失业保险基金中支付

54. B [命题意图] 本题考查劳务派遣的劳动合同,难度较低。
[解析] 劳务派遣单位与劳动者应签订2年以上的固定期限劳动合同,按月支付劳动报酬。故选B。

55. D [命题意图] 本题考查职业资格,难度较低。
[解析] 职业资格包括两类:①准入类职业资格:所涉职业(工种)必须关系公共利益或涉及国家安全、公共安全、人身健康生命财产安全,且必须有法律法规或国务院决定作为依据。②水平评价类职业资格:所涉职业(工种)应具有较强的专业性和社会通用性,技术技能要求较高,行业管理和人才队伍建设确实需要。故选D。

56. A [命题意图] 本题考查劳动合同履行的原则,难度中等。
[解析] 用人单位注册地的有关标准高于劳动合同履行地的有关标准,且用人单位与劳动者约定按照用人单位注册地的有关规定执行的,从其约定。故选A。

57. B [命题意图] 本题考查事业单位工作人员的收入分配,难度较低。
[解析] 选项B说法错误,事业单位实行岗位绩效工资制度,由岗位工资、薪级工资、绩效工资和津贴补贴四部分组成,其中薪级工资主要体现工作人员的工作表现和资历,而绩效工资主要体现工作人员的实绩和贡献。故选B。

58. B [命题意图] 本题考查专业技术人员继续教育,难度较低。
[解析] 选项B说法错误,**专业技术人员参加继续教育的时间,每年累计应不少于90学时**。故选B。

59. B [命题意图] 本题考查经营劳务派遣业务的条件,难度较高。
[解析] 选项B说法错误,经营劳务派遣业务,注册资本不得少于200万元。故选B。

60. C [命题意图] 本题考查公务员考核,难度较低。
[解析] 选项C说法错误,**定期考核的结果应当以书面形式通知公务员本人**。故选C。

二、多项选择题

61. ACE [命题意图] 本题考查参与管理,难度较低。
[解析] 选项BD错误,参与管理的实施需要满足相应的条件,主要包括:①员工要有充裕的时间进行参与;②员工参与的问题必须与其自身利益相关;③员工必须具有参与的能力;④参与不应使员工和管理者的地位和权力受到威胁;⑤组织文化必须支持员工参与;⑥员工的参与需要。故选ACE。

62. DE [命题意图] 本题考查双因素理论,难度较低。
[解析] 保健因素是指组织政策、监督方式、人际关系、工作环境和工资等因素。具备这些因素只能使员工不产生不满情绪,但不能起到激励作用。故选DE。

63. ABCD [命题意图] 本题考查领导决策风格,难度较高。
[解析] 根据价值取向与模糊耐受性两个维度的组合,决策风格可以分为指导型、分析型、概念型和行为型四种。故选ABCD。

64. BC [命题意图] 本题考查组织设计与组织文化的关系,难度较高。
[解析] 选项B正确,组织的管理层次较少,组织结构趋于扁平化,则有利于上下级之间的沟通,鼓励员工独立决策。选项C正确,员工的多样化程度高、以外部招聘为主的组织更重视灵活性和创新的价值。故选BC。

65. BCD [命题意图] 本题考查战略性人力资源管理,难度较高。
[解析] 选项BC属于差异化战略下组织的人力资源管理措施,选项D属于市场集中战略下组织的人力资源管理措施。故选BCD。

66. ACDE [命题意图] 本题考查绩效管理工具,难度中等。
[解析] 选项B错误,标杆超越法选择标杆,其寻找范围并不局限在同行业,应该有更广阔的视角。故选ACDE。

67. ACD [命题意图] 本题考查心理测试,难度较低。
[解析] 选项B错误,能力测试是测试一个人是否具有从事一项特定工作的潜在能力。选项E错误,霍兰德职业兴趣类型中,社会型的人适合从事社会、教育、咨询等方面工作。故选ACD。

68. AE [命题意图] 本题考查战略性绩效管理,难度较高。
[解析] 选项B属于防御者战略下组织的绩效管理策略,选项CD属于差异化战略下组织的绩效管理策略。故选AE。

69. BDE [命题意图] 本题考查绩效管理相关问题,难度较高。
[解析] 选项B说法错误,绩效辅导是一种经常性的管理行为。选项D说法错误,首因效应是指主管人员在绩效考核中往往根据最初的印象去评价员工。选项E说法错误,在绩效结果应用方面,对于安分型员工,主管应对其进行培训。故选BDE。

70. AB [命题意图] 本题考查培训与开发的效果评估中的反应评估,难度较低。
[解析] 反应评估通常采用访谈、问卷调查等方

法,其中问卷调查法的应用最为普遍。故选 AB。

71. ABCE　[命题意图]　本题考查员工申诉管理,难度较低。

[解析]　公司不给员工提供集体宿舍不属于与工作有直接关系的事项,员工不能因此不满而提出申诉。故选 ABCE。

72. ADE　[命题意图]　本题考查劳动关系系统的运行,难度较低。

[解析]　劳动关系运行的过程主要包含三个阶段:第一阶段,劳动关系的构成;第二阶段,劳动标准的确定和实施;第三阶段,劳动争议的处理和解决。故选 ADE。

73. ABE　[命题意图]　本题考查女性劳动力参与率变化的影响因素,难度较高。

[解析]　选项 C 错误,当出生率下降,家庭所需要的养育孩子的时间大大减少,已婚女性重返劳动力市场的速度更快,而且可能性更大。选项 D 错误,当离婚率上升,即婚姻的不稳定导致许多女性形成了建立和维持与劳动力市场之间的联系的动机,从而提高她们的劳动力参与率。故选 ABE。

74. BE　[命题意图]　本题考查劳动力市场政策,难度较低。

[解析]　货币政策的施行手段包括:法定准备金制度、贴现率调整和公开市场业务。财政政策的施行手段主要是调整税率和政府支出水平。故选 BE。

75. ACD　[命题意图]　本题考查劳动力流动的影响因素,难度较低。

[解析]　影响劳动力流动的劳动者因素有年龄、性别和任职年限。企业的地理位置和企业的文化属于影响劳动力流动的企业因素。故选 ACD。

76. ABC　[命题意图]　本题考查工资水平,难度较高。

[解析]　选项 A 说法错误,员工实际拿到手的工资是货币工资,又称名义工资。选项 B 说法错误,实际工资是经过商品价格指数调整后的货币工资,实际工资=货币工资/物价指数。选项 C 说法错误,企业所面临的劳动力供给是随实际工资水平的波动而变动的,所以在制定工资制度、确定工资水平时,必须对实际工资水平有真正的了解。选项 D 正确,货币工资上涨时,物价指数升高,则实际工资就会下降。选项 E 正确,实际工资=货币工资/物价指数,物价指数越高,实际工资越低。故选 ABC。

77. ADE　[命题意图]　本题考查工伤保险,难度较高。

[解析]　选项 B 错误,工伤保险费由用人单位缴纳,职工不缴费。选项 C 错误,在工作时间和工作场所内,因履行工作职责受到暴力等意外伤害的,应当认定为工伤。故选 ADE。

| 要点透析 |

社会保险各险种的相关内容

险种	考点提示	缴费	转移
养老保险	享受待遇应同时满足:达到法定退休年龄+累计缴纳基本养老保险费满15年	用人单位和职工共同缴纳	保险关系随本人转移,缴费年限累计计算
医疗保险	下列医疗费用不纳入基本医疗保险基金的支付范围: ①应当从工伤保险基金中支付的; ②应当由第三人负担的; ③应当由公共卫生负担的; ④在境外就医的		
失业保险	享受待遇应满足: ①失业前用人单位和本人已经缴纳失业保险费满1年; ②非因本人意愿中断就业; ③已经进行失业登记,并有求职要求		
工伤保险	认定工伤的七种情形;视同工伤的三种情形;不得认定为工伤或者视同工伤的三种情形	职工不缴纳	无
生育保险	已经缴纳生育保险费的用人单位的职工,可以享受生育保险待遇;未就业职工配偶不享受生育津贴待遇		

78. **ABCD** [命题意图] 本题考查突出业绩奖励,难度较低。

[解析] 对功绩卓著的,授予"人民满意的公务员""人民满意的公务员集体""模范公务员""模范公务员集体"等荣誉称号。故选 ABCD。

79. **ABCE** [命题意图] 本题考查公共人力资源服务机构,难度较低。

[解析] 公共人力资源服务机构提供的服务包括:①人力资源供求、市场工资指导价位、职业培训等信息发布;②职业介绍、职业指导和创业开业指导;③就业创业和人才政策法规咨询;④对就业困难人员实施就业援助;⑤办理就业登记、失业登记等事务;⑥办理高等学校、中等职业学校、技工学校毕业生接收手续;⑦流动人员人事档案管理;⑧县级以上人民政府确定的其他服务。故选 ABCE。

80. **BCDE** [命题意图] 本题考查外国人来华工作许可,难度较低。

[解析] 外国人申请办理来华工作许可的基本条件包括:①年满18周岁,身体健康,无犯罪记录,境内有确定的用人单位,具有从事其工作所必需的专业技能或相适应的知识水平;②所从事的工作符合我国经济社会发展需要,为国内急需紧缺的专业人员;③法律法规对外国人来华工作另有规定的,从其规定。故选 BCDE。

三、案例分析题

(一)

81. **C** [命题意图] 本题考查需要层次理论,难度较低。

[解析] 尊重的需要包括内在的尊重,如自尊心、自主权、成就感等需要,以及外在的尊重,如地位、认同、受重视等需要。"小李认为自己工作非常努力,也不被领导认可,升职希望渺茫"体现他在工作中没有得到满足的需要是尊重的需要。故选 C。

82. **A** [命题意图] 本题考查双因素理论,难度较高。

[解析] 保健因素的缺失,会导致员工产生不满。结合案例内容,属于保健因素缺失的是工作目标设定的政策,即组织政策。故选 A。

83. **A** [命题意图] 本题考查公平理论,难度较低。

[解析] "小李工作动力没有以前那么大了,甚至萌生了辞职念头"表明他在恢复公平的方法中使用的是改变自己的投入或产出这一种方法。故选 A。

84. **B** [命题意图] 本题考查目标管理,难度中等。

[解析] "小李认为,这是由公司为不同员工设置的工作目标不合理造成的""工作目标是领导设定的,自己没有发言权"表明组织在目标管理中没有具备参与决策要素。故选 B。

(二)

85. **B** [命题意图] 本题考查面试的类型,难度中等。

[解析] 非结构化面试是指在面试过程中,面试考官没有一个必须遵循的面试问题提纲,也没有明确的问题提问顺序,而可以相对自由地对被面试者进行各种提问。材料中,"面试考官对这名应聘者提出很多无限制的问题"表明该公司在招聘时采用的招聘方法是非结构化面试。故选 B。

86. **AC** [命题意图] 本题考查非结构化面试,难度较低。

[解析] 非结构化面试没有面试问题提纲,没有明确的提问顺序;没有统一打分规则和评价标准;很难确保所有的关键问题都能问到;信度和效度比结构化面试信度和效度低。故选 AC。

87. **ABD** [命题意图] 本题考查压力面试,难度较低。

[解析] 在进行压力面试的时候,如果对压力面试掌控不好,面试就有可能会因为过于具有侵犯性或者有违一般道德规范而受到质疑甚至起诉。在不需要采用压力面试时,没有必要非采用这种做法。如果确实需要采取压力面试,也一定要让经过相关方面的特殊培训的面试考官来组织。故选 ABD。

88. **ABD** [命题意图] 本题考查改善面试效果的方法,难度中等。

[解析] 改善面试效果的主要方法包括:①采用情境化结构面试;②面试前做好充分准备;③系统培训面试考官。故选 ABD。

(三)

89. **A** [命题意图] 本题考查成长战略的薪酬管理,难度中等。

[解析] 从案例中可知顺鑫公司还处在一种不断成长的时期,所以其对应的薪酬战略应该是成长战略。故选 A。

90. **D** [命题意图] 本题考查成长战略的薪酬管理,难度较低。

[解析] 对于追求成长战略的企业来说,其薪酬管

理的指导思想是企业与员工共担风险,共享收益。故选 D。

91. **AB** [命题意图] 本题考查薪酬体系设计的相关内容,难度较低。

[解析] 工作分析是确定薪酬体系的基础,职位评价主要是为了解决薪酬的内部公平性问题。故选 AB。

92. **BCD** [命题意图] 本题考查稳定战略的薪酬管理,难度中等。

[解析] 选项 A 错误,属于成长战略下薪酬管理的内容。故选 BCD。

(四)

93. **CD** [命题意图] 本题考查人力资源规划的意义,难度中等。

[解析] 该企业既面临整体人员冗余情况比较严重的问题,又存在明显的人岗不匹配的问题。针对这些问题,为了更好地利用现有人力资源,该企业的人力资源管理工作应根据企业战略发展的需要,重点做好人力资源规划和人力资源的优化配置。故选 CD。

94. **AB** [命题意图] 本题考查人力资源需求的影响因素,难度中等。

[解析] 影响一个企业人力资源需求的因素包括组织战略、产品和服务、技术、组织变革。根据题目中的阐述,"随着市场产能过剩,市场空间逐步缩小,企业决定采取收缩战略;再加上该企业的产品类型较为单一,所以企业整体的人员冗余情况比较严重",表明该企业当前面临的人员冗余问题反映了企业战略调整和产品市场变化对人力资源需求的影响。故选 AB。

95. **ABC** [命题意图] 本题考查人力资源供求平衡的基本对策,难度中等。

[解析] 企业避免产生人员短缺的方法包括加班加点、雇用临时工、业务外包、再培训后换岗、降低流动率、从外部雇用新人和技术创新。故选 ABC。

96. **ABC** [命题意图] 本题考查人力资源供求平衡的基本对策,难度中等。

[解析] 企业减少未来出现劳动力过剩的方法包括裁员、降薪、降级、职位调动、职位分享、冻结雇用、自然减员、鼓励提前退休和进行重新培训。故选 ABC。

(五)

97. **CD** [命题意图] 本题考查劳动合同用工,难度较高。

[解析] 选项 C 说法错误,劳动合同的解除分为协商解除和法定解除,只要符合法定条件,劳动者可以单方面解除与用人单位的劳动关系。选项 D 说法错误,用人单位招用劳动者,不得扣押劳动者的居民身份证和其他证件,不得要求劳动者提供担保或者以其他名义向劳动者收取财物。故选 CD。

98. **D** [命题意图] 本题考查工伤保险待遇,难度较高。

[解析] 在工作时间前后和工作场所内,劳动者从事与工作有关的预备性或者收尾性工作受到事故伤害的,应当认定为工伤。根据"某日下班后,周某在处理收尾性工作时,被工厂内的吊灯砸伤"可以判断周某属于工伤。职工因工作遭受事故伤害或者患职业病需要暂停工作接受工伤医疗的期间为停工留薪期,在停工留薪期内,职工的原工资福利待遇不变,由所在单位按月支付。故选 D。

99. **BC** [命题意图] 本题考查劳动合同的解除,难度较高。

[解析] 周某工伤痊愈不构成伤残,作为一个正常的劳动者继续履行与甲公司的劳动合同,如果甲公司确实已经无适合的工作岗位(周某已不胜任甲公司的工作),且无法对周某进行培训和调整工作岗位的,可以按照法定程序(提前 30 日以书面形式通知劳动者本人或者额外支付劳动者 1 个月工资)与周某解除劳动合同,并支付经济补偿金。故选 BC。

100. **AB** [命题意图] 本题考查竞业限制约定,难度较高。

[解析] 选项 C 错误,发生劳动争议,当事人可以直接申请劳动仲裁,劳动争议调解程序并非劳动仲裁的必经程序,但劳动仲裁是劳动争议当事人向人民法院提起诉讼的必经程序(先仲裁后起诉)。选项 D 错误,周某与甲公司之间的纠纷属于平等主体之间的纠纷,不适用行政复议、行政诉讼。故选 AB。

《人力资源管理专业知识与实务》临考预测(三)答案解析

客观题答案速查:

1.B	2.C	3.A	4.A	5.D	6.D	7.D	8.C	9.B	10.B
11.D	12.C	13.D	14.B	15.A	16.B	17.D	18.C	19.D	20.B
21.C	22.B	23.D	24.A	25.B	26.D	27.C	28.A	29.D	30.C
31.B	32.B	33.B	34.D	35.C	36.C	37.D	38.B	39.D	40.B
41.B	42.D	43.D	44.D	45.A	46.D	47.D	48.D	49.D	50.D
51.D	52.D	53.D	54.D	55.D	56.D	57.D	58.D	59.D	60.C
61.ABD	62.ABD	63.ABCE	64.ABD	65.ABDE	66.ABDE	67.ABE	68.ABC	69.CDE	70.ABE
71.CE	72.BCDE	73.ABCD	74.ABCE	75.DE	76.CE	77.ACDE	78.ADE	79.CD	80.BCE
81.BD	82.D	83.B	84.ACD	85.AD	86.AC	87.D	88.AC	89.A	90.C
91.A	92.AD	93.ABC	94.BD	95.AD	96.C	97.D	98.C	99.BC	100.A

一、单项选择题

1.B [命题意图] 本题考查动机的类型,难度较低。
[解析] 具有外源性动机的员工更看重工作所带来的报偿,如工资、奖金、表扬、社会地位等。故选B。

2.C [命题意图] 本题考查激励类型,难度较低。
[解析] ①从激励内容的角度,可将激励划分为物质激励、精神激励;②从激励作用的角度,可将激励划分为正向激励、负向激励;③从激励对象的角度,可将激励划分为他人激励、自我激励。故选C。

3.A [命题意图] 本题考查需要层次理论,难度较高。
[解析] 需要层次理论认为,需要包括生理需要、安全需要、归属和爱的需要、尊重需要以及自我实现的需要,这五种层次的需要可以大致分为两大类:前三个层次为基本需要,后两个层次为高级需要。故选A。

4.A [命题意图] 本题考查交易型和变革领导理论,难度中等。
[解析] 选项A说法错误,传统的特质理论观点:领导者具有某些固定的特质,并且这些特质是与生俱来的;只有先天具备这些特质的人才可能成为领导。故选A。

5.D [命题意图] 本题考查公平理论,难度较低。
[解析] 公平理论认为,员工会将自己的产出与投入比与别人的产出与投入比进行比较。"投入"包括员工所受的教育、资历、工作经验、忠诚和承诺、时间和努力、创造力以及工作绩效。故选D。

6.D [命题意图] 本题考查期望理论,难度较低。
[解析] 在期望理论中,动机是三种因素的产物,即:效价×期望×工具性=动机。①效价:一个人需要多少报酬,即个体对所获报酬的偏好强度,是对个体得到报酬的愿望的数量表示。②期望:个人对努力产生成功绩效的概率估计,即员工对工作努力能够完成任务的信念强度。③工具性:个人对绩效与获得报酬之间关系的估计,即员工对一旦完成任务就可以获得报酬的信念。故选D。

7.D [命题意图] 本题考查领导—成员交换理论,难度较低。
[解析] 领导—成员交换理论认为,团体中领导者与下属在确立关系和角色的早期,就把下属分出"圈里人"和"圈外人"的类别。故选D。

8.C [命题意图] 本题考查激励理论在实践中的应用,难度较低。
[解析] 绩效薪金制是将报酬和绩效相结合的做法,它同期望理论关系比较密切。故选C。

9.B [命题意图] 本题考查失业的类型,难度较低。
[解析] 产生摩擦性失业的原因是劳动力市场的动态属性和信息不完善性,摩擦性失业是竞争性劳动力市场的一个自然特征。故选B。

10.B [命题意图] 本题考查决策风格,难度中等。
[解析] 决策者具有较高的模糊耐受性及很强的任务和技术取向,属于分析型决策者。故选B。

> 要点透析

四种领导决策风格

决策风格	划分依据	决策者的特征
指导型	较低的模糊耐受性,关注任务和技术	决策者解决问题时,一般是系统、有效、程序化的。喜欢关注事实,关注近期效果;喜欢使用权力、有控制感
分析型	较高的模糊耐受性,关注任务和技术	决策者喜欢对情境进行分析,会评估更多的信息和备选方案,并使用更多的时间进行决策,对新的、不确定的情境的反应比较好
行为型	较低的模糊耐受性,关注人和社会	决策者可以与他人进行很好的合作,乐于接受建议并提供支持和帮助,更喜欢口头而非书面的信息。倾向于避免冲突,不喜欢困难的决策
概念型	较高的模糊耐受性,关注人和社会	决策者解决问题时,喜欢考虑不同的选择以及将来的可能性。会与尽可能多的人进行讨论。喜欢冒险,擅长创新。有时会陷入空想和犹豫不决之中

11. D [命题意图] 本题考查组织结构的特征因素,难度中等。
[解析] 专业化是指各职能工作分工的精细程度,表现为其部门(科室)和职务(岗位)数量的多少。同样规模的企业,科室多,说明分工精细、专业化程度高。故选D。

12. C [命题意图] 本题考查其他组织形式,难度中等。
[解析] 选项C说法错误,无边界组织形式是对管理幅度不加限制,减少或取消职能部门,代之以授权的团队。故选C。

13. D [命题意图] 本题考查组织结构的特征因素,难度较高。
[解析] 选项A错误,管理幅度决定管理层次。选项B错误,人员结构属于组织结构的特征因素,而人员素质属于组织结构的权变因素。选项C错误,专业化程度是指各职能工作分工的精细程度,而分工形式是指各部门的横向分工所采取的形式。故选D。

14. B [命题意图] 本题考查战略性人力资源管理的工具,难度较低。
[解析] 选项B说法错误,人力资源管理计分卡不是一张用来计分的卡片,而是针对为实现组织战略目标所需完成的一系列人力资源管理活动链而设计的各种财务类和非财务类目标或衡量指标。故选B。

15. A [命题意图] 本题考查人力资源管理与战略规划,难度中等。
[解析] 愿景是对组织未来发展方向的总体描述。使命描述一个组织存在的理由、目的和意义。价值观是在履行使命以及达成愿景过程中坚持的基本行为规范和道德伦理。故选A。

16. B [命题意图] 本题考查人力资源供求平衡的方法分析,难度较低。
[解析] 裁员和降薪的速度快、对员工伤害程度高。职位分享的速度快、对员工伤害程度中等。自然减员的速度慢、对员工伤害程度低。故选B。

17. D [命题意图] 本题考查全面质量管理,难度较低。
[解析] 选项D说法错误,全面质量管理属于现代组织发展方法。故选D。

18. C [命题意图] 本题考查人力资源战略及其与战略的匹配,难度较低。
[解析] 收缩战略:对于将员工的收入与组织的经营业绩挂钩有着非常强烈的愿望,除了在薪酬中减少固定薪酬部分所占的比重、增加浮动薪酬的比重,往往还力图实行员工股份所有权计划等,以鼓励员工与组织共担风险。故选C。

19. D [命题意图] 本题考查人力资源规划,难度较低。
[解析] 选项D说法错误,如果人力资源供给和需求在数量、质量以及结构方面正好达成一致,则组织基本可以不采取调整措施。故选D。

20. B [命题意图] 本题考查人力资源规划的概念,难度较低。
[解析] 人力资源规划是指组织根据自身战略的需要,采用科学的手段来预测组织未来可能会遇到的人力资源需求和供给状况,进而制定必要的人力资源获取、利用、保留和开发计划,满足组织对于人

力资源数量和质量的需求,从而不仅帮助组织实现战略目标,而且确保组织在人力资源的使用方面达到合理和高效。故选B。

21. C　[命题意图]　本题考查面试的类型,难度较低。
[解析]　根据面试组织形式划分的面试类型包括单独面试、系列面试、小组面试、集体面试。其中,小组面试是由一组面试考官在同一时间和同一场所,共同对一位被面试者进行提问、观察并作出评价的面试。其场面类似于若干新闻记者在一个新闻发布会上向发言人分别提问。故选C。

[要点透析]

根据面试组织形式划分的面试类型

面试类型	基本概念
单独面试(一对一)	面试考官和被面试者单独见面,面试考官进行口头引导或询问,被面试者作出回答
小组面试(多对一)	由一组面试考官在同一时间和同一场所,共同对一位被面试者进行提问、观察并作出评价。其场面类似于若干新闻记者在一个新闻发布会上向发言人分别提问
集体面试(一对多或多对多)	多位被面试者在同一时间和同一场合,共同接受面试
系列面试(顺序面试)	组织根据某种特定的先后顺序,安排组织中的若干人员对同一位被面试者进行多轮面试,将所有面试考官独立得出的面试结果加以汇总结论

22. B　[命题意图]　本题考查人格测试,难度较低。
[解析]　评价量表法是指首先提供一组描述人的个性或特质的词或句子,然后让其他人通过对被测试者的观察,对被测试者的人格或特质作出评价。故选B。

23. D　[命题意图]　本题考查绩效计划,难度较低。
[解析]　选项D说法错误,绩效计划的制订需要组织中不同人群的参与,人力资源管理部门对绩效管理的监督与协调负主责任,各级主管人员要参与绩效计划的制订,员工也要积极参与计划制订的过程。故选D。

24. A　[命题意图]　本题考查人力资源供给预测,难度较低。
[解析]　马尔科夫分析法主要是利用一种所谓转移矩阵的统计分析程序来进行人力资源供给预测。转移矩阵能够显示在不同的时间,不同职位类型的员工所占的比例或数量。故选A。

25. B　[命题意图]　本题考查绩效评价的误区,难度中等。
[解析]　刻板印象是指个人对他人的看法往往受到他人所属群体的影响。故选B。

26. D　[命题意图]　本题考查绩效管理的作用,难度较低。
[解析]　绩效管理在组织管理中的作用:有助于组织内部的沟通,有助于管理者成本的节约,有助于促进员工的自我发展,有助于建设和谐的组织文化,是实现组织战略的重要手段。绩效管理在人力资源管理中的作用:绩效管理为其他人力资源管理环节的有效实施提供依据(薪酬的发放、人员的配置和甄选、员工的开发),绩效管理可以用来评估人员招聘、员工培训等计划的执行效果。故选D。

27. C　[命题意图]　本题考查绩效反馈面谈中评价者的误区,难度较低。
[解析]　选项C说法错误,绩效反馈面谈中,主管人员要避免以对方为中心、或持有同情的态度,因为过多地考虑对方的立场,过度的关怀可能会使对方产生厌烦情绪。故选C。

28. A　[命题意图]　本题考查履历分析,难度较低。
[解析]　目前,履历分析技术的一个最新发展是目标履历分析法,与传统的履历分析试图去预测一个人的总体工作绩效不同,这种技术的目的是预测不同的人在某些与工作相关的具体行为或兴趣方面存在的差异。故选A。

29. C　[命题意图]　本题考查全面薪酬管理,难度较低。
[解析]　选项C说法错误,全面薪酬战略的特征包括:战略性、激励性、灵活性、创新性和沟通性。故选C。

30. B　[命题意图]　本题考查劳动力的流动,难度较低。
[解析]　选项A错误,劳动者因工厂倒闭而回乡务

农的情况属于劳动力跨产业流动。选项C错误,在劳动力跨职业流动中,通常情况下,收入高于或接近中值水平的职业,普遍存在劳动力净流入;收入低于中值水平的职业,普遍存在劳动力净流出。选项D错误,高失业率部门劳动力流动率也较高。故选B。

31. B [命题意图] 本题考查心理测试,难度较低。
    [解析] 自陈量表法,即编制好一套人格测试问卷之后,由被测试者本人根据自己的实际情况或感受来回答问卷中的全部问题,以此来衡量一个人的人格。故选B。

32. B [命题意图] 本题考查股票期权,难度中等。
    [解析] 在我国可以实施股权激励计划的公司中,激励对象包括上市公司的董事、高级管理人员、核心技术人员或核心业务人员,以及公司认为应当激励的对公司经营业绩和未来发展有直接影响的其他员工,但不应当包括独立董事和监事。故选B。

33. B [命题意图] 本题考查职业生涯管理方法,难度较低。
    [解析] 组织层次职业生涯管理的方法有:提供内部劳动力市场信息、成立潜能评价中心、实施培训与发展项目。个人层次职业生涯管理的方法有:给个人提供自我评估工具和机会、职业生涯指导与咨询。故选B。

34. D [命题意图] 本题考查团队绩效考核的流程,难度较高。
    [解析] 团队绩效考核的流程为:①人力资源部门发布考核通知,启动考核程序,公布考核的要求;②对各个团队负责人的绩效进行考核;③根据员工所在团队负责人的评价结果确定团队成员的评价结果分布;④进行团队成员评价;⑤员工的直接上级与员工就绩效考核结果进行沟通,并制定下一阶段的工作目标。故选D。

35. C [命题意图] 本题考查有效的绩效管理的特征,难度较低。
    [解析] 选项C说法错误,有效的绩效管理应当具备五个特征:敏感性、可靠性、准确性、可接受性和实用性。一般来说,只要绩效管理体系满足敏感性、可靠性、准确性,就可以认为它是有效的。故选C。

36. C [命题意图] 本题考查图尺度评价法的优缺点,难度较低。
    [解析] 选项C说法错误,图尺度评价法对不同的工作、不同的战略以及不同的组织都具有普遍适应

性。故选C。

37. B [命题意图] 本题考查派生需求定理,难度较高。
    [解析] 其他生产要素对劳动力的替代越容易,当工资率一旦提升,组织将很容易使用其他生产要素实现对劳动力的替代,劳动力的需求量将大大减少。此时,劳动力需求的自身工资弹性很大。故选B。

| 要点透析 |

派生需求定理		
影响因素	变化情况	劳动力需求的自身工资弹性
最终产品的需求价格弹性	越大	越大
要素替代的难易度	越容易	越高
其他生产要素的供给弹性	越大	越大
产品总成本中劳动力成本所占的比重	越大	越高

38. B [命题意图] 本题考查效率工资,难度较低。
    [解析] 效率工资是企业自愿提供的一种高于市场均衡水平的高工资。故选B。

39. B [命题意图] 本题考查经济周期中的劳动力供给,难度较低。
    [解析] 经济衰退时期,劳动力供给可能出现附加的劳动者效应和灰心丧气的劳动者效应。总的来说,在经济衰退时期,灰心丧气的劳动者效应比较强,并且占据着主导地位。故选B。

40. B [命题意图] 本题考查组织内的职业生涯通道,难度较低。
    [解析] 纵向通道是员工在不同管理层级、技术等级、技能等级上下之间的变动路径。故选B。

41. B [命题意图] 本题考查劳动力市场非均衡,难度较低。
    [解析] 劳动力市场非均衡及其影响因素包括:①劳动力需求方遇到的摩擦力:企业并非必须支付市场通行的工资率、企业并非可以自由调整雇用量。②劳动力供给方遇到的摩擦力:劳动者并非可以零成本自由流动、劳动者对工资率的反应并非极其敏感。故选B。

42. D [命题意图] 本题考查不同群体之间的工资差别,难度较低。

[解析] 男性和女性之间产生工资性报酬差别的原因主要包括三个:①年龄和受教育程度;②职业;③工时和工作经验。故选 D。

43. D [命题意图] 本题考查不同职业之间的工资差别,难度较低。

[解析] 不同职业之间的工资差别主要有补偿性工资差别、竞争性工资差别和垄断性工资差别。垄断性工资差别又分为非自然性垄断所造成的工资差别和自然性垄断所造成的工资差别。自然性垄断所造成的工资差别最典型的就是文体影视明星与普通劳动者之间的收入差别。故选 D。

44. D [命题意图] 本题考查用人单位的劳动规章制度,难度较低。

[解析] 选项 AB 错误,用人单位制定的劳动规章制度要具有法律效力,需满足三个条件:①内容合法;②经过民主程序制定;③向劳动者公示或告知。选项 C 错误,在劳动规章制度实施过程中,工会认为不适当的内容,用人单位应与工会协商予以修改。选项 D 正确,用人单位制定的劳动规章制度出现违法情形时,有两种处理方法:一是允许劳动者以此为由随时提出解除劳动合同,二是由劳动行政部门责令改正。故选 D。

45. A [命题意图] 本题考查我国调整劳动关系的制度和机制,难度中等。

[解析] 我国调整劳动关系的制度和机制主要包括劳动合同制度、集体合同制度、劳动规章制度、职工民主管理制度、劳动争议处理制度、协调劳动关系三方机制和劳动监察制度。其中,劳动合同制度是市场经济条件下调整个别劳动关系的一项基本制度。故选 A。

46. D [命题意图] 本题考查用人单位实施经济性裁员解除劳动合同,难度较低。

[解析] 用人单位裁减人员时,应优先留用下列人员:①与本单位订立较长期限的固定期限劳动合同的;②与本单位订立无固定期限劳动合同的;③家庭无其他就业人员,有需要扶养的老人或未成年人的。故选 D。

47. A [命题意图] 本题考查被派遣劳动者的退回,难度较大。

[解析] 用工单位有下列情形之一,可以将被派遣劳动者退回劳务派遣单位:①劳动合同订立时所依据的客观情况发生重大变化,致使劳动合同无法履行,经用人单位与劳动者协商,未能就变更劳动合同内容达成协议的;②其他因劳动合同订立依据

的客观经济情况发生重大变化,致使劳动合同无法履行的;③劳务派遣协议期满终止;④依照企业破产法规定进行重整的;⑤生产经营发生严重困难的;⑥企业转产、重大技术革新或者经营方式调整,经变更劳动合同后,仍需裁减人员;⑦被依法宣告破产、吊销营业执照、责令关闭、撤销、决定提前解散或者经营期限届满不再继续经营。故选 A。

48. D [命题意图] 本题考查我国调整劳动关系的制度和机制,难度中等。

[解析] 选项 D 说法错误,我国实行的是"一调、一裁、两审"的争议处理体制。故选 D。

49. C [命题意图] 本题考查劳动争议当事人的特殊情形,难度较低。

[解析] 劳务派遣单位或者用工单位与劳动者发生劳动争议的,劳务派遣单位和用工单位为共同当事人。故选 C。

50. D [命题意图] 本题考查职业生涯管理的相关内容,难度较低。

[解析] 选项 D 说法错误,职业生涯管理是指组织和员工个人共同对员工职业生涯进行设计、规划、执行、评估和反馈的一个综合性过程。故选 D。

51. D [命题意图] 本题考查用人单位的工伤保险责任,难度较低。

[解析] 选项 D 说法错误,职工在两个用人单位同时就业时,职工发生工伤后,由职工受到伤害时工作的单位依法承担工伤保险责任。故选 D。

52. C [命题意图] 本题考查城乡居民基本养老保险,难度中等。

[解析] 选项 A 错误,城乡居民养老保险基金由个人缴费、集体补助、政府补贴构成。选项 B 错误,年满 16 周岁(不含在校学生),非国家机关和事业单位工作人员及不属于职工基本养老保险制度覆盖范围的城乡居民,可以在户籍地参加城乡居民养老保险。选项 D 错误,参加城乡居民养老保险的个人,年满 60 周岁、累计缴费满 15 年,且未领取国家规定的基本养老保障待遇的,可以按月领取城乡居民养老保险待遇。故选 C。

53. A [命题意图] 本题考查失业保险,难度中等。

[解析] 选项 A 说法错误,《中华人民共和国社会保险法》规定,职工应当参加失业保险,由用人单位和职工按照国家规定共同缴纳失业保险费。《中华人民共和国失业保险条例》规定,城镇企事业单位职工按照个人工资的 1% 缴纳失业保险费;城镇企事业单位按照本单位工资总额的 2% 缴纳失业保险费。故选 A。

54.B [命题意图] 本题考查生育保险,难度较低。
[解析] 选项B说法错误,已经缴纳生育保险费的用人单位的职工,可以享受生育保险待遇。**职工未就业的配偶生育子女,可以按照国家规定享受生育医疗费用待遇,所需资金从生育保险基金中支付,但未就业职工配偶不享受生育津贴待遇**。故选B。

55.D [命题意图] 本题考查影响劳动力流动的劳动者因素,难度中等。
[解析] 影响劳动力流动的劳动者因素包括:劳动者的年龄、任职年限以及性别。故选D。

▎要点透析▎

<table>
<tr><th colspan="2">劳动力流动</th></tr>
<tr><th>影响因素</th><th>内容</th></tr>
<tr><td>企业因素</td><td>①企业的规模越大,员工的流动率越低;
②企业所处的地理位置;
③企业的组织文化和领导风格</td></tr>
<tr><td>劳动者因素</td><td>①劳动者的年龄;
②劳动者的性别;
③劳动者的工作年限</td></tr>
<tr><td>市场周期因素</td><td>①当劳动力市场处于宽松状态时,劳动力供给大于需求,已就业的劳动者的流动动机会被削弱;
②当劳动力市场处于紧张状态时,劳动力需求大于供给,已经就业的劳动者流动率会上升;
③衡量劳动力市场松紧程度的指标是失业率和临时解雇率,两者都与离职率存在负相关关系</td></tr>
<tr><td>社会环境因素</td><td>①社会对于劳动者流动的态度和传统的流动习惯都会影响劳动力的流动率;
②不同国家的社会制度也会影响劳动者的直接流动成本</td></tr>
</table>

56.D [命题意图] 本题考查劳动者违反劳动法律的责任,难度中等。
[解析] 选项A错误,劳动者违法解除劳动合同,应当承担法律责任。选项B错误,劳动者违反劳动合同中约定的保密义务或者竞业限制,劳动者应当按照劳动合同的约定,向用人单位支付违约金。给用人单位造成损失的,应当承担赔偿责任。选项C错误,劳动者解除约定有服务期的劳动合同得先区分是否合法,进而还需确认是否给用人单位造成损失。故选D。

57.B [命题意图] 本题考查劳动争议诉讼当事人,难度较高。
[解析] 选项A错误,劳动者和用人单位均不服劳动人事争议仲裁委员会的同一裁决,向同一人民法院起诉的,人民法院应当并案审理,双方当事人互为原告和被告。选项C错误,劳动者与起字号的个体工商户产生的劳动争议诉讼,应当以营业执照上登记的字号为当事人,同时注明该字号业主的自然情况。选项D错误,用人单位招用尚未解除劳动合同的劳动者,原用人单位与劳动者发生的劳动争议,可以列新的用人单位为第三人。原用人单位以新的用人单位侵权为由向人民法院起诉的,可以列劳动者为第三人。故选B。

58.A [命题意图] 本题考查劳动合同的解除,难度较低。
[解析] **用人单位单方解除劳动合同,应当事先将理由通知工会**。故选A。

59.C [命题意图] 本题考查职业化程度,难度较低。
[解析] 职业化程度是指企业员工为了掌握其本职工作,需要接受正规教育和培训的程度。故选C。

60.C [命题意图] 本题考查职称制度,难度较低。
[解析] 选项C说法错误,未出席评审会议的评审专家不得委托他人投票或者补充投票。故选C。

二、多项选择题

61.ABD [命题意图] 本题考查行政层级式组织形式,难度较低。
[解析] 选项C错误,行政层级式组织形式在复杂/静态的环境中最为有效。选项E错误,行政层

D67

级式的决定因素包括权力等级、分工、程序规范、非个人因素和技术能力。故选ABD。

62. **ABD** [命题意图] 本题考查绩效薪金制,难度较低。

   [解析] 绩效薪金制通常采用的方式有计件工资、工作奖金、利润分成、按利分红等。故选ABD。

63. **ABCE** [命题意图] 本题考查基本养老金的发放,难度较低。

   [解析] 基本养老保险金的发放机构主要包括:委托银行发放、通过邮局发放、社会保险机构直接发放、依托社区发放、设立派出机构发放。故选ABCE。

64. **ABD** [命题意图] 本题考查面试,难度较低。

   [解析] 选项A说法错误,**非结构化面试不存在必须遵循的既定格式**。选项B说法错误,面试法具有简便快捷、容易操作、不需要复杂的专用测试工具和方法等优点。选项D说法错误,半结构化面试可以实现结构性与灵活性相结合。故选ABD。

65. **ABDE** [命题意图] 本题考查绩效评价技术,难度较高。

   [解析] 选项C错误,**配对比较法可以在人数较少情况下快速比较出员工绩效水平,如果人数较多,工作量将成倍增加**。故选ABDE。

66. **ABDE** [命题意图] 本题考查绩效改进效果的评价,难度较低。

   [解析] 通常来说,组织可以从以下四个维度来评价绩效改进:①反应,即员工、客户、供应商对改进结果的反应;②学习或能力,即绩效改进实施后,员工能力素质的提升程度;③转变,即改进活动对工作方式的影响;④结果,即绩效改进所达成的结果与预期的对比。故选ABDE。

67. **ABE** [命题意图] 本题考查员工持股计划,难度较低。

   [解析] 员工持股计划对企业发展具有重要的作用,一套科学合理的员工持股计划不仅能激励员工努力工作,吸引人才,提高企业的核心竞争力,起到"留人"的作用,而且可以令企业获得资金来源,而这种资金来源于员工持股,因而是低成本资金,并且是稳定、长期的,能够减轻企业的税负担。员工持股计划具有以下特点:①持股人或认购者必须是本企业的工作员工;②员工所认购的股份在转让、交易等方面受到一定的限制。故选ABE。

68. **ABC** [命题意图] 本题考查市场劳动力供给曲线的形状,难度中等。

   [解析] 市场或企业所面临的劳动力供给曲线有三种情况:向右上倾斜的劳动力供给曲线;垂直形状的劳动力供给曲线;水平形状的劳动力供给曲线。故选ABC。

69. **CDE** [命题意图] 本题考查劳动合同履行的原则,难度较低。

   [解析] 劳动合同履行遵循的原则为:①全面履行原则;②合法原则。故选CDE。

70. **ABE** [命题意图] 本题考查劳动关系运行的实体规则,难度较低。

   [解析] 选项C错误,集体劳权是以个别劳权为基础形成的,体现的是劳动者一方或劳动者集体的利益要求。选项D错误,集体劳权包括民主参与权、团结权、集体谈判权、集体行动权,劳动争议提请处理权属于个别劳权。故选ABE。

71. **CE** [命题意图] 本题考查劳动力市场,难度较低。

   [解析] 选项A错误,**在劳动力市场中,尽管存在一些有形机构,但大量的雇佣合同是通过无形市场达成的**。选项B错误,在劳动力市场的交易中转移的是劳动力使用权,所有权并不转移。选项D错误,劳动力市场的特征包括交易对象的难以衡量性,即在劳动力交易的过程中,想要准确衡量劳动者的劳动能力是比较困难的。故选CE。

72. **BCDE** [命题意图] 本题考查工资水平,难度较低。

   [解析] 选项A错误,货币工资又称名义工资,是雇主以货币形式支付给员工的劳动报酬。**实际工资是指货币工资所能购买的商品和服务量,它可以用来说明货币工资的购买能力**。故选BCDE。

73. **ABCD** [命题意图] 本题考查在职培训对企业和员工的影响,难度较低。

   [解析] 选项E错误,个人的人力资本投资是随着年龄的增加而减少的,因此随着员工的年龄越来越大,他们进行在职培训投资的意愿越来越低。故选ABCD。

74. **ABCE** [命题意图] 本题考查社会保险法律关系的客体,难度中等。

   [解析] 社会保险法律关系的客体是社会保险主体权利和义务所指向的对象,可以是资金、物,也可以是服务行为。例如,养老保险中缴纳的养老保险费和支付的养老保险待遇,失业保险中缴纳的失业保险费、就业服务项目,医疗保险中的医疗津贴、医疗服务等。故选ABCE。

75. **DE** [命题意图] 本题考查非全日制用工,难度较低。

[解析] 选项A错误,从事非全日制用工的劳动者可以与一个或者一个以上用人单位订立劳动合同。选项B错误,非全日制用工双方当事人可以订立口头协议。选项C错误,非全日制用工双方当事人不得约定试用期。故选DE。

76. **CE** [命题意图] 本题考查劳务派遣,难度中等。

[解析] 选项A错误,劳务派遣单位名称、住所、法定代表人或注册资本等改变的,应当向许可机关提出变更申请。选项B错误,用人单位不得设立劳务派遣单位向本单位或所属单位派遣劳动者。用人单位或者其所属单位合伙设立劳务派遣单位,也不得向本单位或所属单位派遣劳动者。选项D错误,用工单位应根据工作岗位的实际需要与劳务派遣单位确定派遣期限,不得将连续用工期限分割订立数个短期劳务派遣协议。故选CE。

77. **ACDE** [命题意图] 本题考查企业补充保险,难度较低。

[解析] 补充医疗保险类型包括职工大额医疗费用补助、企业补充医疗保险、社会医疗救助、商业医疗保险(基础医疗保险、大病保险、伤残保险、与基本医疗保险衔接的大病保险)。故选ACDE。

78. **ADE** [命题意图] 本题考查工伤保险,难度较高。

[解析] 选项B错误,在上下班途中,受到非本人主要责任的交通事故伤害的应当认定工伤。选项C错误,工伤职工所在单位应在规定时限内向统筹地区社会保险行政部门提出工伤认定申请。故选ADE。

79. **CD** [命题意图] 本题考查职称申报审核,难度较高。

[解析] 选项C说法错误,事业单位工作人员受到记过以上处分的,在受处分期间不得申报参加职称评审。选项D说法错误,自由职业者申报职称评审,可以由人事代理机构等履行审核、公示、推荐等程序。故选CD。

80. **BCE** [命题意图] 本题考查事业单位聘用合同管理,难度较低。

[解析] 选项B说法错误,事业单位与工作人员订立的聘用合同,期限一般不低于3年。选项C说法错误,事业单位工作人员连续两年年度考核不合格的,事业单位提前30日书面通知可以解除聘用合同。选项E说法错误,初次就业的工作人员与事业单位订立的聘用合同期限3年以上的,试用期为12个月。故选BCE。

三、案例分析题

(一)

81. **ABD** [命题意图] 本题考查战略性薪酬管理,难度较高。

[解析] 选项ABD正确,稳定战略下,组织的薪酬管理内容包括:①薪酬决策的集中度比较高,薪酬的确定基础主要是员工从事的职位本身。②薪酬结构:基本薪酬和福利所占的比重较大。③薪酬水平:采取市场跟随或略高于市场水平的薪酬,长期内不会太大增长。选项C错误,如果企业实行成长战略,在长期将实行奖金或股票期权计划。故选ABD。

82. **D** [命题意图] 本题考查薪酬体系设计的步骤,难度中等。

[解析] 薪酬体系设计的步骤包括:①明确企业基本现状及战略目标;②工作分析及职位评价;③薪酬调查;④确定薪酬水平;⑤薪酬结构设计;⑥薪酬预算与控制。故选D。

83. **A** [命题意图] 本题考查薪酬体系设计的步骤,难度较低。

[解析] 薪酬调查主要是为了解决薪酬的外部竞争性问题。故选A。

84. **ACD** [命题意图] 本题考查专业技术人员的薪酬,难度较低。

[解析] 专业技术人员的薪酬由基本薪酬与加薪、奖金、福利与服务构成。故选ACD。

(二)

85. **AD** [命题意图] 本题考查派生需求定理,难度较高。

[解析] 选项B错误,本地区的大部分企业都是劳动密集型企业,劳动密集型企业的劳动力需求的自身工资弹性较高。选项C错误,无法根据案例背景找到依据。根据派生需求定理,产品需求价格弹性越大,生产此产品的劳动力需求弹性越大。在其他条件相同的情况下,对劳动力需求的弹性越大,则工会在尽可能保障其成员就业安全的情况下为他们赢得的工资增长幅度就越小,不利于工资水平的提高。故选AD。

86. **AC** [命题意图] 本题考查劳动力需求的交叉工资弹性,难度较高。

[解析] 劳动力需求的交叉工资弹性是指劳动力自身的工资率变化1%导致的另一种劳动力的需求量变化的百分比。男性和女性劳动力的交叉工资弹性为负值,则意味着男性劳动力的工资率上涨

会导致女性劳动力的需求量减少,这说明两者之间是一种总互补关系。故选 AC。

87. A　[命题意图]　本题考查劳动力市场均衡,难度较高。
[解析]　根据第三种情况,未来几年中本地区的劳动力需求会增加,而劳动力供给却不会出现大的变化。根据劳动力市场均衡曲线图,劳动力供给曲线不变,劳动力需求曲线向右上方移动,则市场均衡工资率和就业人数会同时上升。故选 A。

88. AC　[命题意图]　本题考查劳动力市场供求变化和市场均衡,难度较高。
[解析]　选项 B 错误,某特殊行业的生产规模及所使用的技术没有明显变化,这说明劳动力需求不会发生很大改变。选项 D 错误,未来几年一大批相关专业的大学毕业生会投入到该行业的就业队伍,这将导致该行业的劳动力供给在未来几年内出现大幅度增加,这必将会导致工资率的下降。故选 AC。

(三)

89. A　[命题意图]　本题考查管理方格图,难度较低。
[解析]　根据管理方格理论,管理者既关心任务,也关心人,即位于坐标(9,9),是最理想的领导风格。故选 A。

90. C　[命题意图]　本题考查领导者的生命周期理论,难度中等。
[解析]　下属成熟度是指个体对自己的行为负责任的能力与意愿,包括工作成熟度和心理成熟度。其中,心理成熟度是指从事工作的意愿或动机。心理成熟度越高,自觉性越高,越不需要外力推动。反之,则要规定员工的工作任务和角色职责。因此,对于个别员工,仍需规定其工作任务和角色职责,这是出于对影响领导风格因素中心理成熟度的考虑。故选 C。

91. A　[命题意图]　本题考查领导者的生命周期理论,难度较低。
[解析]　在领导者的生命周期理论的四种领导风格中,指导式领导风格指的是领导规定工作任务、角色职责,指示员工做什么,如何做。故选 A。

92. AD　[命题意图]　本题考查动机,难度较低。
[解析]　寻求挑战性工作,获得为工作和组织多做贡献的机会以及充分实现个人潜力的机会,均属于内源性动机。故选 AD。

(四)

93. ABC　[命题意图]　本题考查劳务派遣,难度较低。
[解析]　选项 D 错误,用人单位不得设立劳务派遣单位向本单位或所属单位派遣劳动者。故选 ABC。

94. BD　[命题意图]　本题考查劳务派遣,难度较低。
[解析]　选项 B 说法错误,如实告知被派遣劳动者劳务派遣协议的内容是劳务派遣单位的法定义务。选项 D 说法错误,用工单位应当根据工作岗位的实际需要与劳务派遣单位确定派遣期限,不得将连续用工期限分割订立数个短期劳务派遣协议。故选 BD。

95. AD　[命题意图]　本题考查劳务派遣,难度中等。
[解析]　选项 BC 属于劳务派遣单位的义务。故选 AD。

96. C　[命题意图]　本题考查劳务派遣,难度中等。
[解析]　选项 A 错误,被派遣劳动者在无工作期间,劳务派遣单位应当按照所在地当地人民政府规定的最低工资标准,向其按月支付报酬。选项 B 错误,劳务派遣单位应当与被派遣劳动者订立 2 年以上固定期限劳动合同。选项 D 错误,只有劳动者出现法定过失,公司才能随时解除与小张的劳动合同。故选 C。

(五)

97. A　[命题意图]　本题考查劳动合同,难度中等。
[解析]　选项 B 错误,根据法律规定,每日工作 8 小时,每周工作 5 天。选项 C 错误,合同履行期间发生伤残,公司应负责。选项 D 错误,应享受年休假。故选 A。

98. C　[命题意图]　本题考查工伤的认定,难度较高。
[解析]　在工作时间和工作场所内,因工作原因受到事故伤害的,应认定为工伤。故选 C。

99. BC　[命题意图]　本题考查工伤认定,难度较高。
[解析]　劳动争议仲裁委员会无权对王某所受伤做出工伤认定,可以向社会保险行政部门申请工伤认定。故选 BC。

100. A　[命题意图]　本题考查终止劳动合同的经济补偿,难度中等。
[解析]　不满 6 个月的,按向劳动者支付半个月工资的标准向劳动者支付经济补偿。故选 A。